目　录

责任编辑:陈　蓉
责任校对:王　冰
封面设计:米迦设计工作室
责任印制:王　炜

图书在版编目(CIP)数据

宗教的文化符号学 /（意）马西莫·莱昂内
（Massimo Leone）著；魏全凤，黄蓝，朱围丽译. —成
都：四川大学出版社，2018.6
（符号学译丛 / 彭佳，方小莉主编）
ISBN 978－7－5690－1975－9

Ⅰ.①宗…　Ⅱ.①马…　②魏…　③黄…　④朱…
Ⅲ.①宗教－符号学－文集　Ⅳ.①B91-53

中国版本图书馆 CIP 数据核字（2018）第 132145 号

书　名	宗教的文化符号学
	ZONGJIAO DE WENHUA FUHAOXUE
著　者	〔意〕马西莫·莱昂内（Massimo Leone）
译　者	魏全凤　黄　蓝　朱围丽
出　版	四川大学出版社
地　址	成都市一环路南一段 24 号 (610065)
发　行	四川大学出版社
书　号	ISBN 978－7－5690－1975－9
印　刷	郫县犀浦印刷厂
成品尺寸	170 mm×240 mm
印　张	13.5
字　数	235 千字
版　次	2018 年 6 月第 1 版
印　次	2018 年 6 月第 1 次印刷
定　价	45.00 元

◆读者邮购本书,请与本社发行科联系。
电话:(028)85408408/(028)85401670/
(028)85408023　邮政编码:610065
◆本社图书如有印装质量问题,请
寄回出版社调换。
◆网址:http://www.scupress.net

The sign is not only what stands for something else's wholeness, hinting at the ... of its completion and trigger... and emotional desire of achievement in the indefinitely delayed pleasure semiosis

四川大学哲学社会科学出版基金资助

符号学译丛 。 丛书主编 彭佳 方小莉

符号与传媒
Semiotics & Media

面纱与隐身，灵魂与主体
瑜伽与火刑，超越与障碍
意义无处不在
超越无坚不摧

宗教的文化符号学

A Cultural Semiotics of Religion

〔意〕Massimo Leone／著

魏全凤 黄蓝 朱围丽／译

四川大学出版社

一、当代城市中的可持续宗教：
一种符号学方法

本章提要：符号学是一门研究表意与传达的学科。当代符号学意在对文化进行分析，对此，符号域的概念极为重要。同样，这一概念在社会符号学和民族符号学中也举足轻重。社会符号学和民族符号学是一般符号学的两个分支学科，二者研究的对象是被视为文本的社会行为模式。现代生态学对当代文化符号学产生了巨大影响。"可持续性"概念是典型的生态话语，在符号学领域尚未被引入。一般而言，可持续性可被定义为一个演变系统所具有的属性，该系统能保持其身份与资源有限性之间的关系。人们对评估文化可持续性是否可能持怀疑态度：表意与传达的浪漫主义想法、激进的文化相对主义以及基于语言的朴实经历的文化感知，是导致这一怀疑态度的主要原因。但是，文化的符号资源也是有限的：意义的表达方案、符号在表达与内容层面的社会阐释以及传达编码、渠道、接收者的数量和认知能力在本质上都是有限的符号资源。因此，涉及某一符号域的身份时，文化或多或少被认为是可持续的。宗教文化符号学将这一理论框架用于研究宗教，评估其可持续性。众多迹象表明，在当代意大利城市的符号域中，宗教之间对有限符号资源的竞争愈演愈烈，引发了紧张的社会局势和持续不断的冲突。所以，宗教的文化符号学必须制定新型概念工具，以便知悉这一趋势；若有可能的话，还应在各宗教和平共处的基础上重塑该趋势，从而保持欧洲符号域的身份。

1. 文化符号学发展历程：符号—文本—文化

符号学是一门研究表意和传达的学科。它起源于 20 世纪初的现代晚期，繁荣于 20 世纪 60 年代，直至现在。在此期间，符号学家已逐渐将更多的现实部分作为研究对象①。然而，皮尔斯（Peirce）和索绪尔（Saussure）均主要关注作为认识论核心单元的符号（皮尔斯 1982－2000；索绪尔 1972）。后来的符号学家意识到：如果把符号作为意指关系的复杂网络组成部分进行研究，就更好理解了。符号学将这些意指关系称为"文本"（格雷马斯 1975）。然而近来，尤其是在洛特曼（Juri Lotman）和"莫斯科/塔尔图学派"的推动下，符号学家逐渐接受了这一事实，即文本不能作为孤立事物来研究，而必须使用元话语来描述，要考虑文本与其文化语境的关联（洛特曼 2001）。符号学家因而越来越相信：为了分析文本（比如小说、画作和电影）的意义，他们首先必须提出一些假设，来说明该文本产生、传播、接收甚至毁灭等的文化背景是如何成为符号机制的。

"符号域"是文化符号学的关键概念之一（洛特曼 1992）。符号域可被定义为一种符号学假设，该假设的内容是文化如何通过管理边界内文本的表意与传达以及边界之间的要素转换，从而产生、维持和变更其边界。因此，当代意大利文化的符号域是关于文化如何通过文本的产生、传播、接收和破坏，从而产生、接收和破坏意义的假说。与此同时，它也是关于相关事物的转变是如何塑造文化边界的符号学假设：一些无意义的事物被排除在符号域之外，而另一些事物则跨越边界，转化成有意义的文本——这些转变不仅引发了对符号域的局部修正，还引发了对意指文本总体网络的重新调整。因此，符号域既是关于文化如何在排除一些文本的同时又包含一些文本的符号学假设（此处的符号域作为意义的静态存储库来看待），又是关于文化如何将无意义（文化外的）事物转化为有意义（文化内的）文本的符号学假设（此处的符号域作为意义的动态机制）。

当代符号学的两大分支——社会符号学和民族符号学，将这一认识论框架用于研究符号域与小说、绘画、电影和歌曲之类的"封闭"文本之间的关系（封闭文本的界限和内部结构相对容易识别），也用于研究符号域与社会行为模式之类的"开放"文本之间的关系（开放文本的界限和内部结构须由符号学家进行解释）［兰多夫斯基（Landowski）1989；1997；2004］。

---

① 符号学相关文献数量众多。入门级文献如艾柯（Eco）1975；格雷马斯（Greimas）和库尔特（Courtès）1979；格雷马斯和库尔特 1986；波斯纳（Posner）、罗贝林（Robering）和谢伯克（Sebeok）1997－2003。用于有效整合的文献如弗利（Volli）2003。

2. 文化符号学的生态根源：生物域—人类域—符号域

现代生物学，特别是现代生态学，对现代文化符号学的发展产生了重大影响。实际上，"符号域"一词本身来源于一种文化哲学趋势，该哲学趋势主要借助了达尔文的进化论。洛特曼首创了"社会域"（sociosphere）这一表达，之后又转变为"符号域"。然而，这个表达的提出以"人类域"（noosphere）为基础，洛特曼在《生物域》（*The Biosphere*）一文中读到了人类域的定义，《生物域》一文由矿物学家和地球化学家弗拉基米尔·维尔纳茨基（Vladimir I. Vernadskii）（1998）于 1926 年以俄文首次发表。维尔纳茨基最初从英国地质学家爱德华·修斯（Edward Suess）（1883－1909）那里借用了"生物域"（biosphere）一词，为了便于在岩石域和生物域之后命名地球发展历程中的第三阶段，将其改为"人类域"。维尔纳茨基的主要假设是：正如生命的出现深刻改变了岩石域，人类认知的出现也深刻改变了生物域。

和维尔纳茨基一样，洛特曼也采用了达尔文的进化生物学认识论框架，用以形成一种假设，即文化演变必须基于与其类似的机制：生物域是一个综合生态系统，整合了所有生物及其相关关系，包括生物与岩石圈、水圈和大气中元素的互动；因而，符号域是一个综合符号系统，整合了某一文化的全部意义文本及其关系，包括其与符号域边界外的文本之间的互动。了解洛特曼"符号域"概念的历史起源，让我们更易理解为何可持续性概念（生态、经济领域经常用到这一概念）也可以用符号学术语来定义。

3. 可持续性的定义：演变、系统和资源

虽然不同学者对可持续性的定义不同，但都暗含了三个核心要素：时间概念、同一性概念和界限概念[①]。关于时间：如果某物不会随时间流逝而改变，则这个物体具有可持续性。这句话是没有意义的。关于身份：如果某物随时间

---

① 关于可持续性的文献数量众多。可参考巴特利特（Bartlett）1994；诺顿（Norton）2005；布莱克本（Blackburn）2007；科斯坦扎（Costanza）2007；亚当斯（Adams）2009。

流逝而变化，那么该事物具有可持续性。这句话也是没有意义的。因此，第一要素和第二要素之间存在着辩证张力：某个可持续的事物在某些方面必须有所改变，但在其他方面又必须保持不变。关于界限：如果某物没有被认为能够转变为其非存在，则这个物体具有可持续性。这句话仍然没有意义。

时间要素产生了演变这一概念，身份要素产生了系统这一概念，界限要素产生了资源这一概念。因此，可持续性可以被定义为一个演变系统的属性，该系统能保持其身份与资源有限性之间的关联。

例如，一个社会的市场经济与其有限资源关系的演变能够保持系统的身份，则该系统可被定义为一个可持续系统。如果通过供求机制分配资源的能力被视为该市场经济身份中的核心要素，而且，如果其演变会导致该机制被另一机制所取代（另一机制通过主体间的暴力冲突来分配资源），则该市场经济是不可持续的，因为其演变有可能导致其身份的消亡，即自我毁灭。

类似地，如果生态系统的身份基于日益增多的主体概念，这些主体使用有限资源来满足日益昂贵的资源需求，则该生态系统是不可持续的，这也是因为其演变有可能导致自我毁灭。

这些简例表明，评估某物的可持续性意味着将之视为（1）具有身份的某物，在（2）与有限资源的关系中进行（3）演变；同时暗示了（4）一种预测——系统演变将会对其身份和资源造成何种影响。

评估经济系统或生态系统时，大多数学者均认为可确定前三个要素：经济系统和生态系统通常被视为具有两个特征——不断演变的身份和资源的有限性。学者们在如何确定该身份和与有限资源的关系上存在分歧，在关于演变和对资源的影响方面也存在分歧，但他们并不质疑从可持续发展的角度来评估这些系统的可能性（科斯坦扎 2007；布莱克本 2007；亚当斯 2009）。

4. 关于文化可持续性的争论

"可持续性"的概念也可应用于文化系统。然而，这一观点却较难被人们接受。人类学家和其他文化研究学者将文化描述为具有某种身份特征，同时这一身份具有不断演变的特性；他们甚至还预测了这种演变的结果。然而，文化系统可能与有限资源相关联的观点并未得到广泛认可。因此，对许多人来说，将一种文化评定为"可持续的"或"不可持续的"文化似乎是不可接受的，至少在"西方"世界如此。

造成这一矛盾的第一个原因是关于表意与传达的普遍浪漫主义概念：表意与传达这两个过程都涉及一个纯粹的精神维度。这一观点在许多文化中都根深蒂固，以至于无法将物质资源设想为对这种充满灵性的自由表达的限制（弗利1994）。

造成这一矛盾的第二个原因是关于文化的普遍相对论概念：承认一些文化可能被认为是不可持续的，意味着可对文化进行比较和排名。这种观点对于激进的文化相对主义者来说是站不住脚的。

第三个原因与文化的哲学和意识形态都没有任何关系，尤其是与语言在塑造文化系统和塑造我们对文化系统认知上的普遍作用无关。洛特曼表示，语言是"一重模态系统"；这是一个非常重要的机制，借助这一机制，符号域将意义赋予边界（文本）内的物体。其他机制，如视觉语言、手势、建筑风格等——洛特曼称之为"二重模态系统"，也能将符号域之外令人费解的混沌进行组织，并纳入符号域内部可理解的范围中，但是，他们是通过将较少的结构次序赋予文本来达到这个目的。一般来说，这些二重模态系统需要对元语言（一重模态系统）进行解释。鉴于语言在塑造符号域时起着关键作用，似乎可合理地提出假设：结构塑形机制最显著的一个特征——说话者创造无限符号序列的能力，被很多人视为符号域的本质特征：在某一特定文化的边界内，文本的产生方式和再生方式是无限的。

5. 符号资源的有限性

然而，如果从符号学的角度将文化作为基于表意与传达的机制进行研究，我们就很难忽略文化资源的有限性。

至于表意，根据丹麦语言学家叶尔姆斯列夫（Louis Hjelmslev）基于索绪尔符号学提出的理论模型（该模型得到广泛的认可），符号通过表达式与内容之间的相关性进行意指（叶尔姆斯列夫1943）。表达式和内容均通过符号域内赋予语言特点的形式来表示。举个例子，讲意大利语的人将意大利语语音学（表达形式）与其语义学（内容形式）之间的关联性所形成的符号相结合，从而产生意义文本。尽管内容可被视为非物质的，表达方式却不可被视为非物质的。事实上，目前表达方式被人们用作非物质内容的物质的、可感知的对等物。因此，表达方式在本质上是受限的。例如，语言的语音表达式的产生离不开认知努力，即使是最执着的演讲者也只能在一定的时间内维持认知努力。

此外，表意的可持续性还取决于另一种不太容易感知的资源：内容和表达式的正式表达方式，通过这一正式表达方式，语言完成意指。此类表达方式必须为整个符号域所共享，以便人们将其用于该符号域内，产生意义。这一点在语言中尤为明显：为了将之用作符号域的一重模塑系统，符号域中传播的所有语言文本需共享其阐释形式，几乎不作变动。然而，符号表达方式的内在社会本质是它们通常不接受个体的修正。比如，作为一个讲意大利语的人，如果我希望我的话语符合语法规则并被认可，从而在该符号域中有意义，我就必须遵守整个意大利语符号域在几乎不作变动的情况下所共享的意大利语语音学和语义学。

因此，如果符号表达方式是社会共有的，这就意味着符号表达方式也是有限的资源：在由我自己的符号域中有效符号组成的系统所提供的可能性矩阵中，我创造意指文本的能力是有限的。所以，或多或少，表意系统也可被评定为是可持续的。比如，如果某一文化的身份是建立在所有成员能自由表达自身想法这一原则之上，但该文化的符号域演变会导致某一特定群体（如语言学多数派）完全控制符号域中文本在表达层面和内容层面的形成方式，那么，在此情况下，这一文化是不可持续的，因为其演变有可能将其转变为一个完全不同的系统，一个在其身份原则中没有言论自由的系统。

如果从文化与传播（符号域中的另一核心过程）的联系中来研究文化，就如评估经济系统或生态系统那样，我们也可从可持续性的角度对文化进行评估，这样就会愈加明晰。根据广受欢迎的传播模型［罗曼·雅各布森（Roman Jakobson）主要基于香农（Shannon）和韦弗（Weaver）的信息模型而提出的模型］可知，这一过程必须暗含六要素：发送者、接收者、信息、渠道、编码、语境（雅各布森 1960）。对这些要素的符号学解读表明，其中大部分要素都具有有限性特征。

有人已指出编码的有限性：符号域中的文本必须按照该符号域所接受的编码进行生成，否则文本将会居于符号域之外，而非符号域之内；并且，文本也不会成为易于理解的文本，而是含混不清的噪音。因此，编码是符号域的有限资源：采用特定组合的编码意味着放弃其他替代性编码。所以，文化的可持续性取决于如何通过与有效编码有限性相关的演变来维持文化身份。

同样，也必须指出传播渠道的有限性。举例来说，当我作讲座时，我就在使用教室的空气这个渠道，教室里的空气把我的信息传达给教师和学生。如果很多学生在讲座期间大声说话，如果他们用跟我一样的渠道把他们的信息传递给他们的接收者，那么，对许多人而言，我传播的内容就会变得难以理解，因为我的信息和学生的信息混杂在一起，变成了混乱的噪音。在媒介化传播中，渠道的有限性甚至更容易理解。比如，当今意大利最具争议的一个问题是：现任总理西尔维奥·贝卢斯科尼（Silvio Berlusconi）是多个意大利重要媒体的所有者（主要国家电视频道、报纸、杂志、电影公司等）。因此，他既是一位控制着大多数公共媒体渠道的总理，又是一位控制着众多私人媒体渠道的个体公民。按照评论家的话说，这一情形造成了意大利媒体文化的不可持续：尽管是以自由原则为基础，但目前来说，意大利符号域分配其有限传播资源——尤其是主要媒体渠道使用权——的方式有可能会颠覆这一原则。

最后，对于某一文化符号域内的传播进行可持续性的评估不仅要涉及编码和渠道，也要涉及接收者。接收者也是符号域的有限资源，表明接收者的数量和认知能力也是有限的。尤其是随着传播技术的全球化和数字化，在今天的全球符号域范围内，越来越多的文本都在争相获取有限的接收者的有限注意力和记忆力。比如，如果我注意到一个商业广告并记住了其内容，这无疑将减少我分配给符号域中传播的潜在文本的注意力和记忆力。因此，涉及此类有限性的符号域演变可能会导致不可持续性。

举个例子，意大利文化的身份，至少从文艺复兴时期开始，便基于核心人士赋予古罗马和古希腊文化遗产的价值。因而，许多掌控符号域中的注意力和记忆力的系统，包括意大利教育系统便已形成，目的是确保尽可能多的意大利人将其认知能力用于关注并记住这些"经典文本"的意义。然而近来出现了一种趋势，即提倡优先注意和记忆当代事物——当代知识、当代娱乐、当代技术（经济技术、信息技术、传播技术等）。这种趋势在教育体系中也有所体现，因此许多意大利人的注意力都从古老的文本上移开。但是，这一趋势很可能与接收者数量和认知能力的有限性相互影响。这样一来，一些文本及其意义很快就会被排除在意大利符号域之外，变得越来越边缘化。因此，基于希腊和拉丁文化遗产的意大利文化身份以及文艺复兴时期的人文主义，都会随之发生变化。在涉及意大利文化的身份时，意大利符号域中的这一趋势可被评定为是不可持续的。

6. 宗教文化符号学

宗教文化符号学意在采用目前已有的概念性工具，以便在涉及某一符号域时，用以分析宗教并评估其可持续性/不可持续性。

宗教符号学研究的是与宗教有特定关系的表意与传达，其认识论发展历程与一般符号学相同〔德洛姆（Delorme）和若尔特兰（Geoltrain）1982；佩特（Patte）和沃尔尼（Volney）1986〕。起初，符号学家主要研究宗教符号的概念，比如，天主教中圣礼的符号地位。但是，不久之后，分析的焦点便转向文本，比如那些被宗教视为"神圣"的文本：《古兰经》《福音书》《摩西五经》等，均已从其表意和传达方式的角度，对其进行了研究〔帕尼耶（Panier）1984；1991；1993；佩特 1976；1981；1983；1990a；1990b〕。当今符号学家的目标是构建宗教的文化符号学，将宗教文本（不仅包括书面文本，也包括图像和其他传播产物以及社会行为模式）置于与特定符号域的关系中进行研究。例如，从宗教文化符号学角度研究宗教信仰转变，意在理解宗教信仰转变（还有作为社会经历的宗教信仰转变）的表征是如何与某一符号域产生联系的（莱昂内 2004）。

宗教文化符号学的发展历程非常有趣，因为它承诺对一些现象进行新的阐释。这些现象迄今还尚未从表意与传达的角度研究过。与此同时，宗教文化符号学的发展也是人们迫切渴求的：不同宗教在同一个符号域内进行互动的机会正在增加，这既带来了不同宗教间的和平相处，也导致了暴力冲突（莱昂内 2007）。如果人文学科和社会科学需要一个理论框架来分析这些状况，了解宗教如何在相互影响中发生变化，促进和平共处，制止暴力冲突，那么宗教文化符号学便能成为这一框架，"可持续宗教"这一概念也一定能形成。

7. 可持续宗教与不可持续宗教

基于上文提及的可持续性定义，并鉴于符号域中表意与传播资源（编码、渠道和接收者）本质上的有限性，可持续宗教不太可能促使某一符号域走向自我毁灭，比如，该符号域的身份被完全颠覆。

一些不同的宗教在当代城市中相互影响的例子将阐明这一定义。城市对宗教文化符号学的发展尤为重要，主要因为城市——许多观察者认为，未来城市的数量会更多——是不同宗教之间相遇、对抗、交流和冲突的场所。

当代城市中的宗教对城市符号域中有限的表意与传达资源的竞争越来越激烈。比如，若某宗教会对城市符号域中的阐释（表达和内容的形式编码过程）产生重大影响，各个城市就会争抢该宗教。举个例子，在意大利的城市中，就像在所有欧洲国家那样，时间形式——时间的社会经历方式——目前是按照基督教的编码来表示的：星期天是圣日，而星期一至星期五是工作日。尽管其他时间法典提出了时间的不同语义表达，但仍试图与基督教表达互争高下：不同宗教将"神圣"这一特性赋予其他日子（例如，犹太教认为星期六是神圣的日子，而伊斯兰教认为星期五是神圣的日子），然而，全球商业的社会准则提出了另一种时间表达法：不存在圣日（即一周七天中，每天 24 小时都要工作的心态），或在圣日不得从事非宗教活动，如足球、购物和娱乐活动。

目前，时间法典之间的竞争形成的紧张局势偶尔会发生：天主教的宗教领袖经常抱怨星期天不应被用于踢足球或购物之类的活动，而应通过民众仪式公开表达对基督教的信仰；犹太教领袖有时抱怨不应在星期六进行制度性活动；如果穆斯林工人不能在星期五得到休息，他们也会抗议；如果宗教性的时间法典会阻碍经济生产力，商人们便会恼怒；等等。不过目前这种紧张局势已在相互妥协下得到缓解或消除：大多数天主教会也在星期六晚上举行弥撒，以便让公民既能成为虔诚的基督徒，又能成为合格的足球爱好者；意大利政府会努力确保不在星期六或犹太教节日举行重大制度性活动（如选举）；工会已与许多穆斯林工人协商，尽可能根据宗教日历来安排工作进度；商人们也同意增加工人假期，减少盈利，来尊重工人的宗教信仰；等等。

这些妥协的原因可能是：（1）相互竞争的时间法典相对较少；（2）天主教

法典在很大程度上占据着主导地位；（3）相互竞争的法典会产生一个相对"灵活的"时间表达方式。然而，许多迹象表明，宗教在意大利符号域以及大多数"西方"国家的符号域中所扮演的角色正在发生改变。比如，关于时间法典，可缓解相互竞争的紧张局势的表达要素正在被颠覆：（1）随着全球化和大规模移民现象的出现，在许多意大利城市的符号域内，相互竞争的时间表达方式越来越多；（2）宗教人口学的趋势是，在许多意大利城市中，基督教时间法典的优势很快变得不那么明显①；（3）相互竞争的时间法典变得更加"严格"。如果说，过去意大利人对时间的阐述与基督教法典无关，是"理所当然"的结果，那么，在意大利城市的符号域中，宗教之间（宗教和非宗教公民之间）更加激烈的竞争则产生了一种对时间的"宗教性再度语义化"行为：时间的表达方式日益与宗教法典相关，并被认为是宗教对城市符号域施加影响的方式。

在城市符号域的宗教再度语义化与该符号域内宗教竞争之间，存在一种循环：宗教竞争越大，宗教就越努力地在城市符号域内对文本进行宗教上的再度语义化；与此同时，在符号域中，越多的文本进行宗教上的再度语义化，与之相关的宗教竞争和城市符号域中用于形成意义的编码的竞争就越激烈。

意大利城市符号域中用于对时间进行忏悔式再度语义化的宗教，以及根据严格编码形成的独有时间表达方式，如果二者之间的竞争几乎不可见，那么，关于空间的竞争就会达到前所未有的紧张程度。这并不令人意外，因为我们对时间感知的相关现象学与我们对空间感知的相关现象学是不同的。我们经历的时间是瞬时性的（尽管在回忆过去和展望未来时，会经历认知扩展），但我们感受的空间却是扩展式的。这就是为何按照某一编码进行空间认知要比时间认知更加清晰［本德（Bender）和维纳（Winer）2001；谢尔德雷克（Sheldrake）2001；莱昂内2006］。

此外，这也解释了为何相互竞争的宗教之间，时间的紧张局势比空间的紧张局势更易重组：我们很愿意"共享"时间，根据不同的宗教法典来经历时间，但前提是我们能在不同空间里去做这样的事情（星期五，基督徒在工厂里工作，而穆斯林教徒在清真寺祷告）。与此相反，我们十分不愿意"共享"空

---

① 这一点在城市的某些局部环境中已经比较明显，比如，尽管大部分工人是穆斯林教徒，商业活动还是会遵守基督教日历。

间，不愿意按照不同的宗教法典体验空间，即使我们能在不同的时间去这样做（虽然有一些例外情况证实了这一规则）。

例如，鉴于一些穆斯林移民很难找到适合他们进行星期五祷告活动的地方，自2004年起，阿尔多·达尼埃利（Aldo Danieli），意大利东北部一个名叫"Paderno di Ponzano Veneto"的小村庄的教区牧师，便让他们使用当地天主教教会的祷告室作为宗教集会场所［富马加利（Fumagalli）2007］。然而，2008年12月，反穆斯林政治宣传助长了当地天主教社区对穆斯林的敌意，促使当地天主教当局撤销了公共"神圣场所"的提议［巴龙（Baron）2007］。对于大多数宗教人士来说，两种宗教在同一时间表达同一空间的观点更加让人无法接受，通常只有高级的象征性宗教活动除外（比如，教皇本笃与伊斯坦布尔总穆夫提一同在"蓝色清真寺"里祷告）。

因此，许多宗教表达空间的方式是：在符号域内引入排他性概念和占有概念。时间并不存在于我们的时间体验现象学中：通过宗教法典来阐释时间，形成一个对时间的未来阐释方式的虚构抽象概念。相反，空间存在于我们的空间体验现象学中：通过宗教法典阐释空间，形成这样一个观点，即以此种方式阐释的空间不得以另一种方式进行编码。事实上，大多数宗教文本不会因为宗教法典（符号学观点）的阐释而宣称某一地方是"神圣的"，而是认为：因为地方是神圣的，所以必须根据宗教法典对该地进行阐释。

将超然的、非创造的神圣性赋予空间，这一做法的深层原因，可能是当宗教在争夺空间时，它们实际上是在争夺有限的符号资源：它们在争夺被视为宗教表意与传达渠道的空间（即在争夺权力）。当然，时间也是如此。但是，当时间被视为用于表意与传达的符号资源时，它实际上被视为在某一空间被用作符号资源的时间。例如，在教室缺乏的情况下（这是资金短缺的意大利大学的常态），我和我的同事都争着在星期二和星期三上课，而不是在星期四和星期五上课，实际上，我竞争的不是时间阐释，而是随时间推移的空间阐释。

很多迹象表明，在当代意大利城市的符号域中，用作宗教传播的符号资源的空间紧张局势正在加剧。自从北方联盟（目前是西尔维奥·贝卢斯科尼联合政府下的一个仇外政党）将之转化为政治宣传要素以来，这种紧张局势已经变得尤为严峻。如上所述，在意大利，越来越多的穆斯林移民在争取宗教仪式空间的道路上步履维艰①。一些北方联盟成员认为，在许多穆斯林国家，公共空间是完全根据伊斯兰法典阐释的，没有为少数宗教群体留有做礼拜的空间。因此，意大利完全是一个基督教国家，也没有必要给伊斯兰礼拜留太多空间。

为了证实这一原则，北方联盟的成员既采用了引人注目的媒体行动，又采用了复杂的法律行动：一方面，北方联盟的高级成员以及草根活动家，经常使用猪或猪的排泄物，抢占先机玷污那些地方政府曾为清真寺或伊斯兰中心的兴建做出让步的空间［弗雷戈纳拉（Fregonara）2007；曼贾罗蒂（Mangiarotti）2007a 和 2007b；等等］。另一方面，北方联盟代表安德烈亚·吉贝利（Andrea Gibelli）和罗伯托·科塔（Roberto Cota）最近向意大利议会提出了一个明确的法律计划。如果得到批准，该计划将会针对想要在意大利兴建清真寺或伊斯兰中心的穆斯林教徒引入严格的限制条件（科塔和吉贝利 2008）。

该法律计划第 3.1 条 "b" 项尤其重要，北方联盟将当代意大利城市空间的宗教阐释问题转变为政治宣传要素，这样能够获得意大利仇外人士的同情和投票。该款规定，未与意大利政府签订正式协议的宗教社区，包括伊斯兰社区，均不能在距离现有礼拜场所一千米的范围内新建宗教建筑。该计划规定，意大利城市空间的阐释方式，不为基督教和伊斯兰教共存以及二者之间的连续性留下任何余地。事实上，该计划规定，伊斯兰社区必须远离意大利天主教徒礼拜场所。

结　论

本章中的示例和其他示例证明了在意大利和其他地方，宗教如何利用城市符号域的有限符号资源（表达方式与内容的表达方式、渠道和编码使用权、接收者的注意力和记忆力）来激进地确认其独有的社会身份；该身份不允许存在与其他宗教共享的行为，也不允许其他宗教对相同资源进行替代性使用。

考虑到大多数欧洲城市的符号域身份基于这样一种理念，即必须给予所有

---

① "无论是合法移民还是非法移民，非基督徒居民都在继续大量增加，主要是来自北非、南亚、阿尔巴尼亚和中东的穆斯林教徒。内政部报告说，现有 258 个伊斯兰教礼拜地点（主要是'车库'清真寺）和 628 个伊斯兰协会，主要集中在伦巴第、威尼托、拉齐奥、艾米利亚－罗马涅和托斯卡纳"；美国国务院 2008 年（"意大利"之声）。

具有独立宗教信仰的公民平等使用符号资源的机会，上文提及的宗教趋势很容易被贴上"不可持续性"的标签，至少根据上文提出的文化可持续性定义来看，确实如此。事实上，关于这些资源的日益严格且排他的见解，最终有可能导致欧洲宗教符号域的自我瓦解，从而限制大多数未来公民接触宗教意义与传播的可能性。这种趋势可能产生的社会紧张局势一旦爆发，将会非常可怕，甚至令人无法想象。

为了理解这一趋势，宗教文化的符号学家们必须迫切提出新的知识假设，并且，有望为促进更具有可持续性的宗教制定新型符号域替代机制。

参考文献：

Adams，William Mark. 2009. Green Development：Environment and Development in a Sustainable World. London and New York：Routledge.

Baron，Ferdinand. 2007. "Islamici in parrocchia，il vescovo impone l'alt al parroco." Corriere della Sera（November 11）：9；accessible at www. corriere. it.

Bartlett，Albert A. 1994. "Reflections on sustainability，population growth，and the environment." In Population & Environment，16，1（September）：5—35.

Bender，Barbara，et al.，eds. 2001. Contested Landscapes：Movement，Exile and Place. Oxford：Oxford University Press.

Blackburn，William R. 2007. The Sustainability Handbook：The Complete Management Guide to Achieving Social，Economic，and Environmental Responsibility. Washington，D. C.：Environmental Law Institute.

Costanza，Robert，ed. 2007. Sustainability or Collapse：An Integrated History and Future of People on Earth. Cambridge，Mass.：M. I. T. Press.

Cota，Roberto，et al. 2008. Project of Law n. 1246 proposed to the Italian Parliament："Disposizioni concernenti la realizzazione di nuovi edifci destinati all' esercizio dei culti ammessi"，accessibile at www. camera. it.

Del Ninno, Maurizio. 2007. Etnosemiotica—Questioni di metodo. Rome: Meltemi.

Delorme, Jean, et al. 1982, "Le discours religieux." In Sémiotique—L' École de Paris, ed. Jean-Claude Coquet. Paris: Hachette.

Eco, Umberto. 1975. Trattato di semiotica generale. Milan: Bompiani.

Fregonara, Gianna. 2007. " 'Maiale day anti moschea', sfda di Calderoli. " Corriere della Sera (September 14,): 15; accessible at www. corriere. it.

Fumagalli, Marisa. 2007. "La parrocchia diventa moschea ogni venerdì. " Corriere della Sera (November 10): 23; accessible at www. corriere. it.

Greimas, Algirdas Julien. 1975. Maupassant: La sémiotique du texte, exercices pratiques. Paris: Seuil.

Greimas, Algirdas, Julien. et al. 1979. Sémiotique: Dictionnaire raisonné de la théorie du langage. Paris: Hachette.

Greimas, Algirdas, et, al, eds. 1986. Sémiotique: Dictionnaire raisonné de la théorie du langage. Tome 2, Compléments, débats, propositions. Paris: Hachette.

Hjelmslev, Louis. 1943. Omkring sprogteoriens grundlæggelse. Copenaghen: Ejnar Munksgaard.

Jakobson, Roman. 1960. "Linguistics and Poetics. " In Style in Language, ed. Thomas A. Sebeok. Cambridge, Mass: M. I. T. Press.

Landowski, Eric. 1989. La Société réfléchie: Essais de socio-sémiotique. Paris: PUF.

Landowski, Eric. 1997. Présence de l'autre: Essais de socio-sémiotique 2. Paris: PUF.

Landowski, Eric. 2004. Passions sans nom: Essais de socio-sémiotique 3. Paris: PUF.

Leone, Massimo. 2004. Religious Conversion and Identity: The Semiotic Analysis of Texts. London and New York: Routledge.

Leone，Massimo. 2006. "Ospitalità permanente. Intorno alla semiotica dello spazio sacro." Carte semiotiche 9—10: 117—131.

Leone，Massimo. 2007. "Conflitti religiosi." In Diritti umani: Cultura dei diritti e dignità della persona nell' epoca della globalizzazione，ed. Marcello Flores，6 vols. Turin: UTET.

Lotman，Juri，et al. 1992. La semiosfera: L'asimmetria e il dialogo nelle strutture pensanti. trans. Simonetta Silvestroni. Venice: Marsilio.

Lotman，Juri. 2001. Universe of the Mind: A Semiotic Theory of Culture. Engl. trans. Ann Shukman. London: Tauris.

Mangiarotti，Alessandra. "Lega，iniziativa choc contro la moschea." Corriere della Sera (November11，2007a): 1; accessible at www. corriere. it.

Mangiarotti，Alessandra. "La Lega con un maiale contro la moschea." Corriere della Sera (November11，2007b): 9; accessible at www. corriere. it.

Marsciani，Francesco. Tracciati di etno—semiotica. Milan: FrancoAngeli.

Norton，Bryan G. 2005. Sustainability—A Philosophy of Adaptive Ecosystem Management. Chicago: University of Chicago Press.

Panier，Louis. 1984. Récit et commentaires de la tentation de Jésus au désert—Approche sémiotique du discours interprétatif—Étude. Paris: Cerf.

Panier，Louis. 1991. La Naissance du fls de Dieu: Sémiotique et théologie discursive—Lecture de Luc1—2. Paris: Cerf.

Panier，Louis，ed. 1993. Le Temps de la lecture: Exégèse biblique et sémiotique—Recueil d'hommage spour Jean Delorme. Paris: Cerf.

Patte，Daniel. 1976. What Is Structural Exegesis? Philadelphia: Fortress Press.

Patte，Daniel. 1981. Carré sémiotique et syntaxe narrative—Exegèse structurale de Marc，ch. 5. Besançon: Groupe de recherches semio-linguistiques.

Patte，Daniel. 1983. Paul's Faith and the Power of the Gospel—A Structural Introduction to the Pauline Letters. Philadelphia: Fortress Press.

Patte，Daniel. 1990a. The Religious Dimensions of Biblical Texts：Greimas's Structural Semiotics and Biblical Exegesis. Atlanta，GA：Scholars Press.

Patte，Daniel. 1990b. Structural Exegesis for New Testament Critics. Minneapolis：Fortress Press.

Patte，Daniel and Gay Volney. 1986. "Religious studies." In Encyclopedic Dictionary of Semiotics，ed. Thomas A. Sebeok，3 vols. Berlin：Mouton de Gruyter.

Peirce，Charles Sanders. 1982 — 2000. Sebastian，Writings of Charles S. Peirce：A Chronological Edition，6 vols. Bloomington：Indiana University Press.

Posner，Roland，et al. 1997 — 2003. Sebeok. Semiotik：ein Handbuch zu den zeich entheoretischen Grundlagen von Natur und Kultur. 3 vols. Berlin and New York：Walter de Gruyter.

Saussure，Ferdinand de. 1972. Cours de linguistique générale，ed. Tullio de Mauro. Paris：Payot.

Sheldrake，Philip. 2001. Spaces for the Sacred：Place，Memory and Identity. Baltimore：Johns Hopkins University Press.

Stump，Roger W. 2008. The Geography of Religion：Faith，Place and Space. Lanham，MD：Rowman & Littlefeld Publications.

Suess，Edward. 1883—1909. Das Antlitz der Erde，3 vols in 5. Prague：F. Tempsky.

US Department of State，2008. Report on International Religious Freedom，2008；accessible at www. state. gov Vernadskiǐ，Vladimir Ivanovich. 1998. The Biosphere. Engl. trans. David B. Langmuir. New York：Copernicus.

Volli，Ugo. 1994. Il libro della comunicazione：Idee，strumenti，modelli. Milan：il Saggiatore.

Volli，Ugo. 2003. Manuale di semiotica. Rome and Bari：Laterza.

二、示播列的悖论：语言与宗教中的
共同体和免疫体

1. 宗教和语言：比较的两种形式

本章围绕一种假说展开，即宗教与语言之间的系统比较，会对许多宗教现象提出前所未有的新见解，包括那些看起来似乎为众多当代社会的和平生活蒙上一层阴影的宗教现象［莱昂内（Leone）2007］。这种假说有两种不同的说法。较为温和的版本认为，尽管宗教和语言在很多场合有交集，例如，语言塑造了仪式的话语，证实了神圣文本的内容，体现了宗教共同体的祷告［基恩（Keane）1997，索耶（Sawyer）和辛普森（Simpson）2001］——由于宗教和语言在本质上属于两种不同的领域，所以，它们之间的交集大多是偶然的，无足轻重的。只有在诗人用比喻手法比较两个物体时，前者才可被比作后者。事实上，信天翁的生存境遇与波德莱尔（Baudelaire）的生存境遇有一些共同之处，但鸟和诗人仍然是两个独立的现实元素，如果没有这种独立性，比喻就无法进行。

相反，第二种更加激进的版本认为，宗教和语言实际上是同一动态的两种表征（莱昂内 2009）。因此，由于语言学和其他学科承担着一个关于语言的系统理解的项目，如果这一项目的范围延伸至宗教现象，我们将会对宗教有新的认识［德洛姆（Delorme）和若尔特兰（Geoltrain）1982，帕特（Patte）和沃尔尼（Volney）1986］。根据第二种假说可知，宗教与语言之间的比较不是比喻性的，而是结构性的。从表面上来看，宗教和语言是两个不同的领域，但能够掌握这些领域深层机制的人会发现这些领域存在同质性。

简言之，第一种假说认为语言现象与宗教现象之间的差异性远大于相似性，而第二个假说版本则表示，这些相似之处的数量和性质表明，宗教和语言必然共享一些东西。在没有明白"语言"和"宗教"这两个词的意义的情况下，在两者中二选一，或者同时否决两者，都是不可能的。

2. 语言的定义

就第一点而言，最好是从语言的定义说起，目前本章中尚未提及这一点。首先，"语言"一词不仅仅用于指言语。事实上，语言可被视为由两个平面构成的系统：一是表达平面，表达人类可以发出的声音[1]；另一个是语义平面，表达人类思维能够思考的内容[2]。但是，思考内容还可以用其他方式表达：比如，一幅壁画、一曲交响乐或一出哑剧。虽然都采用了不同的表达手段（颜料、声音和姿势），但它们体现了相同的机制：颜料、声音和姿势不是用于展现自身，而是用于呈现不在场的物体，如讲述遥远的历史事件，表达已故音乐家的情感和展现远程行为的动态。这些表达手段与语言的共同之处就是现时化（presentification）机制。因此，如果颜料、声音、姿势或其他表意物质的表达效果能达到与语言相媲美的复杂程度，则它们也可用同样的词来表示：图像语言[3]、音乐语言[4]和活动语言[5]等。然而，未作说明的情况下，"语言"一词，并未特别涉及这些系统（尽管，根据代称的说法，它通常与其中最丰富的系统联系在一起，即言语语言），而是涉及这些系统所依据的现时化机制。

因而，在本章中，"语言"一词指的是一种机制，借助表达工具的在场表达呈现思想的不在场表达。

3. 作为统一维度的语言

20世纪，语言学和其他语言科学发展迅速。一些表达为了被认可为"语

---

[1] 发音是一种带有差异性的模式，比如，言语语言的表意发音模式可区分不同的人声。

[2] 对这一语言概念的评论，见基恩 2003、2007。

[3] 见卡拉布雷塞（Calabrese）1985。

[4] 见塔拉斯蒂（Tarasti）2003。

[5] 见哈尔（Hall）1966。

言"，可能会变得复杂，尽管对此可能还存在一些分歧，但如今大多数学者会认同上文提出的语言定义［本维尼斯特（Benveniste）1966；1971］。例如，与语言学家相比，结构符号学家可能倾向于在较低层次上确定这一阈值。有人可能会提出一些替代性定义，但是，在大多数情况下，这些替代性定义都是对本章提出的定义的补充，而非与之相矛盾。

然而，很少有人会反驳这一定义的主要原则："语言"一词指的是一种机制；无论如何描述，它在概念上与其所产生的表征是不同的。如果这些表征可带来多重体验，则可认为其背后的机制是独特的。除极少数的例外情况之外，语言科学得出的结论是：尽管不同语言（言语语言、图像语言、姿势语言等）之间、不同言语语言（意大利语、英语、波斯语等）之间、言语语言在时间和空间上的不同演变结果（18 世纪的西西里方言、19 世纪的那不勒斯方言、20 世纪的佛罗伦萨方言）之间、不同语言使用者之间甚至是同一说话人的不同话语之间，均存在差异，但人类语言实际上只有一种；它是一个人类在所有时空中的人类系统性共享的实在，因而，它通常被视为一个可以区分人与非人的元素。

这一语言概念受到学者们的一致赞同，在某种程度上已成为当代主流文化的一部分。如今，没有语言学背景的人仍然可能会说，意大利语是一门"优美的语言"，或者说，汉语是一门"难学的语言"。① 然而，很少有人会认为，某种言语语言实际上优于其他语言形式，或与其他语言形式相比，言语语言可以用更恰当的方式表达思想。这种表述在语言科学的框架中，是一种毫无意义的说法，通常是语言种族中心主义甚至是种族主义的一种表现：如果语言是一种多方面表征不一致的机制，那么，所有言语语言都有可能根据语言共同体的需要充分利用这一机制。

4. 语言种族中心主义：野蛮人的发明

语言概念具有"潜在的统一性"，可在任何时间、任何地点由所有人平等

---

① 从语言学角度来看，这样的陈述实际上没有任何意义，只是揭示了主流社会对言语语言使用的判断。社会语言学家恰当地解决了这个问题。

共享，但它并非一直都是主流。事实上，关于某一特定语言优越感的想法反复出现在人类历史上，"野蛮人"（barbarian）一词的词源和来历见证了这一切［索绪尔（Saussure）1972：262］。

这个词是通过中古拉丁语从希腊语"Βάρβαροι"引入英语的，该词指的是"母语非希腊语的人"。它是一个拟声词，"*bar-bar*"表示的是当人们听到不理解的语言时所产生的嘈杂的感觉。由于民族中心主义的诱导，在公元前 4 世纪，希腊文化把野蛮人视作孩童，不能正确地说话或推理，认为他们懦弱、柔弱、放纵、残忍，无法控制自己的食欲和欲望，在政治上不适合进行自我管理。基于这种偏见，像伊索克拉底（Isocrates）这样的作者向波斯宣战了（哈尔 1989）。后来，针对某一特定语言优越感的偏见成为民族中心主义宣传的一贯来源，它在南斯拉夫冲突中再次出现便证明了这一点［塞尔斯（Sells）1998；韦施勒（Weschler）2004］。

所有这些民族中心主义现象都依赖于这样一个事实，即人类生活的语言维度本质上体现了对立两极之间的紧张关系：一方面，语言作为一种结构机制，是所有人的统一特征；另一方面，这一机制的表征是多样化的不竭来源。① 实际上，语言就如之前所定义的那样，是一种机制，借助表达工具的在场表达呈现思想的不在场表达。然而，在不同时间、不同空间、不同人群甚至是同一人群的不同个体之间，表达方式也可能会有很大变化。

因此，当民族中心主义运动想要区分内部人与外部人之间以及某个族群的成员与非成员之间的差异时，他们忽略了语言的统一本质，而强调不同表达方式之间的差异。在某些情况下，强调某一特定表达方式的优越感仿佛在否认所有替代模式的语言本质："外"语仅仅被视为噪音，被比作动物发出的模糊声音。然而，从语言科学的角度来看，这一政治性的、民族中心主义的语言概念却充满了矛盾。现今，所有学者都清楚地认识到：这一表达方式的特定构造，在决定它是否继承了语言维度时并不重要。真正重要的是使两种表达方式相关联的机制，从而来呈现现实和成为被呈现的现实以及能指和所指。此外，当语言表达方式被用来标记社会群体的身份时，它们就会产生一系列"示播列的悖论"的矛盾现象。

---

① 神话《巴别塔》便基于这种对立关系［斯坦纳（Steiner）1975］。

5. 示播列的悖论

"示播列"（shibboleth）一词来源于希伯来语"שבולת"，字面意思是"谷穗"或"激流"。在现代英语中，该词指的是表明某人的社会或地区来源的语言用法，或者更广泛地说，指的是识别群体成员的行为。这个词来源于圣经士师记12章中的一个故事：

> 基列人把守约旦河的渡口，不容以法莲人过去。以法莲逃走的人若说："容我过去。"基列人就问他说："你是不是以法莲人？"他若说："不是。"就对他说："你说'示播列'。"以法莲人因为发音不准确，便说"西播列"。基列人就将他拿住，杀死在约旦河的渡口。那时，以法莲人被杀的有 42 000 人。①

从现代语音学的角度来看，这一戏剧性的测试意在区分能发出清龈后擦音 [ʃ] 和清齿龈擦音 [s] 的人。第一个音确实存在于基列人的语音发音中，而以法莲人的语音发音中却没有这个音。在历史进程中，其他类似的示播列被创造出来用于区分不同人群，但幸运的是，这些示播列并不总是带有如此血腥的目的。

然而，不可避免的是，有人会怀疑，在这些未通过测试而被基列人杀害的 42 000 人中，还有一些无法发 [ʃ] 音的非以法莲人，而幸存者中也有一些能够模仿 [ʃ] 音的以法莲人。但不能仅因为示播列是民族归属的一种不可靠的证明方式，就说它是一个神话。它之所以是一个神话，主要是因为以下原因：民族宣传需要有辨别力的工具，以便将人类区分为自己人和外人，或者在最坏的情况下，区分人类和非人类。换句话说，民族宣传需要界限。但是从语言学家和符号学家在 20 世纪的众多发现中可知，语言间的不同点不能被认为是界限，而更像一种阈值。

---

① 英文译本来自新修订标准版——天主教版本。

6. 边界与阈值

边界与阈值在概念上有很大的不同。边界通常是一维的，是两个不同现实存在之间有巨大差异的地方：在无形边界线的一侧，意大利境内的人就必须遵守意大利法律；在边界线的另一侧，法国境内的人就必须遵守法国条规（莱昂内 2008）。与之相反，阈值通常是二维的，可被定义为两个对立值达到平衡状态的连续体区间。当逐渐靠近意大利与法国之间的边界时，意大利方言会包含越来越多的法语元素，而法语方言会呈现越来越多的意大利语特征。事实上，这仅仅是一种政治上强加的边界，用于区分包含众多法国元素的意大利方言和呈现多种意大利语特征的法语方言；实际上，在接近阈值的过程中，数值往往会向一种平衡状态靠拢。[①]

一些语言科学家甚至提出了这样一种假设，即人类使用的一切语言表达方式都属于同一语系，因此，都是同一连续体的组成部分。所以，在语言形式之间存在巨大差别的看法，例如，民族方言之间存在巨大差异，只是一种错误的认识。然而，正如索绪尔最初所理解的那样，这个假设虽然很吸引人，但却无法得到证实。这是因为学者们缺乏必要的历史信息来说明语言在成为人类表意工具后的演变方式（索绪尔 1972：63）。

然而，不变的是，语言主要是阈值的复合体，而非边界组成模式。这最终取决于这样的事实：根据丹麦语言学家和符号学家叶尔姆斯列夫的说法，语言不仅包括形式，也包括物质（叶尔姆斯列夫 1943）。对于那些不了解结构语言学的人来说，这一概念可能显得有些复杂，但只有理解了这一概念，才能意识到示播列为何是一个政治宣传神话以及差异性地使用语言和进行宗教比较。这一点会在后文进行解释。

7. 内容、形式和实质

叶尔姆斯列夫认为，语言是由两个平面——表达平面和内容平面——构

---

① 因此，当语言地图想要呈现两个或多个区域间的差异和相似之处时，便采用气象图所使用的图形工具（例如，等压线），以便强调语言变体不是突然形成的，而是沿着一个连续体不断演变的。

成，而这两个平面又由三个层次组成：形式、内容和实质。这些术语表示的是一些复杂的概念，由当代语言学从底蕴深厚的哲学传统中继承而来。① 也许，比喻手法是解释这些概念意义最简单的方式。在许多文化中，孩子们喜欢带着各种形状的模具在沙滩上玩耍，他们用沙子填满模具，制作三维物体。在出现任何发音之前，内容的语言概念可被比作被塑形之前的沙子。而形式的语言概念可被比作孩童用于给沙堆塑形的小小模具。最后，实质的语言概念，只不过是形式所表达的内容，可被比作孩童用沙子填满模具而塑造的物体。

因此，在语言的表达平面，"内容"是由人类可以发出的声音组成的连续体，而不需要任何发音；相反，"形式"是具有差异性的模式，通过这一模式，人们可以发出连续体并将其转换为实质。语言机制的这一概念，可以解释为何语言发音之间存在差异。例如，在一些语言的发音中，如意大利方言，不存在清小舌塞音［q］，而在其他语言发音中，如阿拉伯语和叙利亚语，却有这一发音。

在结构语言学中，内容、形式和实质之间的辩证关系不仅涉及表达平面，也涉及语义平面（或内容平面）［格雷马斯（Greimas）1966］，记住这一点很重要。在涉及第二个平面时，内容、形式和实质的概念会更难以理解。在这个领域内，"内容"是某一特定文化共同体成员所能思考的一切事物，而"形式"是指某一特定文化共同体使用语言来表达所思考内容的方式。通过比较不同文化共同体所用的不同表达方式，可以更好地理解语义平面上的内容、形式和实质。也许，亲子关系体系及其语言派别就是最佳例证。在波斯语中，英语单词"cousin"（堂兄弟姐妹）可译为八个不同的词。事实上，阐明当代伊朗亲子关系体系的语义形式区分了男性和女性表亲，还将表亲区分为是母亲的兄弟或姐妹的孩子，还是父亲的兄弟或姐妹的孩子。在符号过程（即表意实质通过称为"阐释"的复杂过程而与语义实质相关联的过程）发生的瞬间，语言便恰好出现，语言表征也随之形成［马内蒂（Manetti）1998，科凯（Coquet）2008］。

示播列之所以是神话，是因为它忽略了一个事实，即符号过程通常涉及无显著差异的内容与挑选一些差异并使之有意义的形式之间的紧张关系。形式可约束内容，但因此产生的实质永远不会与形式本身完全同形。孩童总是用同样

---

① 主要是古希腊哲学，尤其是亚里士多德。

的模型来塑造沙子，但是得到的物体却并非模型本身，而是反映模具的独特性和沙子难以驯服的不规则性。这就是为何每个物体都与其他物体稍有不同，尽管这些不同之处几乎难以察觉。

同理，语言学家明白，某一语言共同体的成员不会以一种完全相同的方式使用语言，如果这个表达有意义的话。实际上，语音调查已经指出，即使一个人多次说出同一个词，每次发音也会与其他时候的发音略有不同。语言试图通过形式尽量减少这些无意义变化所产生的噪音，并最大限度发挥有意义的规则性的作用。然而，就像机器运转过程中所发生的那样，变化永远不可能完全消除①，因为形式必然涉及内容的不可预知性。因此，语言的规则性与不规则性、同质性和异质性之间一直存在强烈的辩证关系，而变化始终是系统进一步重组的潜在因素。②

但是，如果语言是一种机制，它引入的是阈值而非边界，是规则性与不规则性之间的紧张关系而非严格的区分条件，那么，人们又如何基于示播列来判定某人是自己人还是外人，是文明人还是野蛮人，是人类还是动物呢？

8. 相关性、共同体和免疫体

要解答该问题就需要详述下列三个概念："相关性"的语义概念以及"共同体"和"免疫体"的政治观念。

每次民族中心主义运动精心阐释示播列（即一种能够区分自己人和外人的语言工具）时，就是在进行一种类似于在领土上强加政治分界的行为。据地理学家所言，不存在所谓的"自然边界"。即使是那些通常被视为"自然边界"的领土要素，如山脉、河流甚至海洋，也不完全是自然形成的。相反，地理学和制图学的历史表明，这些要素的"自然性"是通过一个漫长而复杂的文化过程形成的。同理，语言中也不存在所谓的"自然边界"：语言其实是由连续体构成的极其复杂的拼凑物，其中，由符号过程和阐释过程所证实的形式与内容之间的辩证关系，产生了不可估量的变量。其结果是，语言是一种不能被推向

---

① 其故障表明，即使是在机器中，也总是发生变化。

② 在不考虑显著规则性与不显著例外情况之间强烈辩证关系的情况下是无法解释语言系统动态本质的；事实上，如果系统的表达方式中包含例外情况，那么，例外情况就非常重要。

绝对同质性的实在（这是远古语法学家、皇家语言学院和语言种族中心主义的梦想），但也不能因为一种共同机制构成了不同的语言表征，而将之推向绝对异质性。①

因此，考虑到语言的非差异性本质，将语言阈值转化为边界就暗含着有针对性的政治决心［施佩贝尔（Sperber）和威尔逊（Wilson）1986］。例如，基列人认为，发［ʃ］音的能力是一种有区分能力的语言元素，可区别出以法莲人与非以法莲人。在无限多的规则和人们在使用语言发生的变化中，只有一个因素被视为具有相关性。一个人可以用多种方式来遵守"基列人语言"的规则：如果他不能发出那个音素，那他就不会被视为基列人。同时，一个人也可以用多种方式背离"基列人语言"的固有规则：但是只要他能模仿［ʃ］音，就会被视为自己人。

一旦有人指出示播列自相矛盾的"非自然性"，就会出现下面的问题：谁来决定？一个特定的语言元素如何与人类语言的连续体分离，并被视为具有相关性，从而区分某一特定共同体的成员与非成员？对该问题的简洁回答是：权力。正是权力及其在特定社会中的复杂形态造就了各种各样的示播列。然而，想要获得更成熟的答案，就需要解释共同体和免疫体的对立概念。

意大利哲学家罗伯特·埃斯波西托（Roberto Esposito）提出了共同体和免疫体的绝妙定义。美国新社群主义和德国有机主义社会学将共同体的概念与归属感、身份、礼节的概念联系起来，这意味着通过"共同体"可确定个体的民族、地域和语言；而埃斯波西托指出，"共同体"一词最初的意思完全不是如此（埃斯波西托 1998）。实际上，"共同"指的是不被任何人所有。"共同"的开始便是私有的终结，专用的终结，因为"共同"实际上不属于一个人，而是属于很多人，甚至所有人。因此，共同性的概念，即共同体的概念，与同一性的概念无关，而是与他者性的概念有关。"共同体"一词的词源证实了这个假设：该词来源于拉丁语"communitas"（共同体），其中又包含"munus"一词，其意思比较复杂，可被译为"礼物""义务"或"责任"。因

---

① 确实，个人习语的概念，即单个个体所使用的语言，是一种不对应于任何实在的理论上的抽象概念：个人习语不是一种语言，因为它不能向任何人表达任何意义。即使是那些包含的变化多余规则性的语言表征（艺术家、神秘主义者和"傻瓜"的语言），也必然体现了个人习语诱惑力与语言是社会维度这一不可避免的现实之间的辩证关系［维特根斯坦（Wittgenstein）2001：第 244～271 节］。

此，埃斯波西托认为，共同体的成员不是由共同的归属感来确定的，而是由"变动的"共同责任确定，由相互的义务确定。这种义务驱使每个人放弃自己的部分个人身份以解决他者的身份，"剥夺"自身身份而利于他者（莱昂内2006）。这就是"munus"的意思：通过失去部分自我，剥夺部分自身身份，从而与他者建立关系的倾向。

因此，共同体的概念暗含了一种损失、减损和剥夺，因为它涉及的不是完满和整体，而是虚无和改变。因为共同体可能使其成员处于具有传染性的联系中，所以，共同体也被视为一种风险，视为对成员个体身份的威胁［兰多夫斯基（Landowski）2006］。对这种危险的恐惧促使现代社会制定埃斯波西托所谓的"免疫流程"：如果共同体推动个体自我超越，则免疫体（immunitas）会重建其身份，保护他们不与他人进行危险的接触，免除他们将自身向他者性敞开的义务（munus）（埃斯波西托2002）。实上，拉丁语"immunitas"也包含了"munus"一词，但它否定了这个词，因此恢复了共同体的逻辑。

人类存在的语言维度基于共同体的概念：语言个性被缩减，以便对另一主体开放主体性。事实上，把语言视为一种通用机制，在每个人使用语言的过程中，似乎也包含了普遍共同体的观点。然而，历史表明，诸如野蛮人主义的出现或示播列的出现，这样的免疫动态，一直存在于人类的语言嬗变中。

然而，在语言领域中，大多数现代社会强调的是共同体的概念，而非免疫体的概念。语言种族中心主义并没有完全被抑制①，但是，不同语言仅仅是同一现象的表征，这一观点在学者中普遍盛行，正如之前指出的那样，它也成为主流文化的一部分。语言多样性仍然是不同社会内涵的表示，其中一些内涵是贬义的，而语言也是持久政治压力的目标［约瑟夫（Joseph）2004］。但是，习语之间没有等级制度，其差异大多是随意的，这一观点越来越占主导地位。总之，从社会角度来说，语言功能的理解是：语言是一种社会生活工具。不同的群体以不同的方式塑造这个工具，但它的功能总是相同的，在某种程度上，所有这些工具是可以互换的。人们越来越少地强调语言的免疫效果，而越来越多地强调语言的传播效果。

许多现象对这种语言全球化做出了极大贡献，其中一些最重要的现象是：

----

① 1948年联合国《世界人权宣言》第二条写道，人类不同特征的语言不应成为歧视的依据。

通用语的概念和使用、翻译理论与实践以及比较语言学领域内的学术研究。仔细思索文化史的这三种动态也非常重要，因为正是在这样的领域内，语言与宗教之间的比较才会卓有成效。

9. 通用语

通用语的出现、传播和使用，在很多情况下是最古老、最常见的人类活动——贸易的产物。在人类历史之初，不同群体之间的接触往往会产生这样一种观念，即每个人类群体都不是完全自给自足的，它的一些需求和欲望可以通过与其他群体进行系统的、有组织的接触从而得到更好的满足。其中，众多群体将商品作为交流对象，以便资源在不同共同体之间进行流通。对共同体来说，这种流通是一个机会，或者说，是把两个或多个人类群体合并成一个更大共同体的机会。同时，不同群体间的接触也可能成为传染源。因此，各个群体引入了免疫流程来规范贸易。在某些极端情况下，某些共同体一直害怕与外界接触，从而形成了自给自足的制度。尽管如此，很少有人类群体会如此自我孤立，以至于避免一切贸易机会。更多时候，人们为了避免不受控制的接触带来的风险，采用了金钱之类的免疫工具。语言也可被视为其中的一种工具，或者可能是最重要的一种工具。

通过人类群体之间的接触，个体面临一个自相矛盾的迹象：不同共同体使用不同的语言，因此，相互理解并不是一件容易的事。但是，个体也意识到，在大多数情况下，这些不同的语言之间也有一些共性，因此，理解也不是不可能的。所以，贸易使得探索异质性与同质性之间、不理解与理解之间的神秘空间成为必要。根据埃斯波西托对这个词的定义，这一空间是一个由"变化"构成的地方，不仅包括个体之间的关系变化，也包括语言之间的关系变化：实际上，商务谈判必然包括以前的语言谈判策略。这样的文化动态与人类群体统治另一个群体的基本动态完全不同。在后一种情况下，两个共同体之间的中空地带只是被占主导地位的文化和语言所占据。相反，对等的谈判需要更复杂的语言拼凑。当然，很少有谈判是平等的，以至于能在所有相关群体之间建立一种完美的平衡。然而，这种语言谈判的机制，尽管有助于建立商业贸易，但它也含蓄地承认所有参与者之间存在一种共同的人性基础［哈伯马斯（Habermas）1981］。

从历史上讲，"通用语"一词指的是在 15 世纪到 19 世纪期间在地中海东南沿海地区使用的一种语言［梅科德（Meierkord）和克纳普（Knapp）2002：9］。通用语包含意大利南部方言、西班牙语、法语、葡萄牙语、阿拉伯语、土耳其语、希腊语和波斯语的语言元素。①

主流文化和一些语言学家已经延伸了"通用语"的意义，以涵盖不同种类的语言，即在不同语言共同体间接触时使用的语言。然而，"通用语"最初指的是当代语言学家更愿意称之为"皮钦语"（pidgins）的语言。"皮钦语"是一种语言变体的叫法，这些语言变体通常是通过混合其他不同语言变体而自发形成的，并供不同语言使用者交流使用。②

在皮钦语的语言定义中，混合的概念非常重要，在确定"通用语"这一表达的基本意义时起着根本性作用。如今，"通用语"以比喻的方式来命名接触语言，而这种语言并没有在相关程度上包含这一混合物，例如作为一种国际交流工具的英语。然而，最初的通用语并不意味着将某一特定习语作为一种接触语言，而是接触语言本身中出现了某一习语。因此，此类习语的出现与语言的殖民式强加，或人工交流语言的精英创造现象是完全不同的［艾柯（Eco）1993］。③

在这些现象中，接触语言产生于极度不平等的语言环境中：殖民者将其势力活动强加于殖民地，一位学者或一群学者希望将一种通用的人工语言赋予一个具有语言多样性的社会。相反，理想的通用语总是语言混合的产物，是所有谈判参与者之间完美的语言平衡状态所产生的皮钦语。此外，通用语不是克里奥尔语（Creoles）。当父母之间相互说皮钦语的一代人将皮钦语教给他们的孩子，作为其母语时，皮钦语就变成了克里奥尔语。在通用语的使用中，皮钦语不是"母语"，而是一种源自渴望（或需要）共同体的语言现象：语言谈判中的参与者会说母语，母语也是确定其主体身份的要素之一，但他们决定对母语做部分变动，"改变"母语以便接触他者。因此，通用语的使用，至少在这一

---

① 然而，对这种语言的使用早在第一个派别成为"通用语"之前就出现了。一些学者确实提出了这样一种假设，即太平洋地区或巴布亚新几内亚等具有多语言特征的地区，是第一个源自贸易渴望或需求的通用语发源地。

② 因此，皮钦语通常被划分为"辅助性交流语言"。

③ 由于语言是一种特殊的社会现象，这些强加行为的尝试要么注定失败（就像对完美或通用语言的学术搜寻），要么需要细密的社会控制策略（如许多语言殖民主义那样）。

表达的本义上，并不包括对主体身份的否定，而是包括免疫与接触、主体性与共同体、同一性与差异之间的辩证关系。

历史证据表明，通用语很少呈现所有相关语言身份之间完美的平衡状态。事实上，即使是"通用语"一词本身也暗示了偏见的存在，因为这一表达可能是由中世纪的阿拉伯人创造的，他们使用"法兰克人"（Franks）一词来命名所有西欧居民。历史上的"通用语"，也就是自15世纪起在地中海东南部港口所说的皮钦语，主要是以罗曼语为基础，如意大利语、西班牙语或法语。作为通用语的其他皮钦语也具有同样的不平衡特征，如中式英语、加勒比地区的皮钦语、挪威俄语、独特的法纳伽罗（Fanakalo）矿山语等。

然而，从本章的角度来看，真正有趣的并不是这些语言谈判的结果，而是这些努力的真实存在。通过创造皮钦语，人类日益意识到：虽然他们的主体身份和作为人类群体成员的身份也由语言所塑造，但这种塑造不受区分同一性与差异性的严格边界的限定，而是由不固定的阈值所限定。在一定程度上，这些阈值可被替换，以便使不同共同体的人类相遇。

10. 聋哑人的对话

鉴于本章提出的语言定义，皮钦语的创造不可能只是语言的相关现象。包含不同表达方式的语言也可以是谈判过程的对象。也许，这种皮钦语的一个最显著的例子是国际手语——有严重听力障碍的人有时会在国际论坛（如世界聋哑人联合会）和国际赛事（如残奥会）上，以及在旅行时或与不同国籍的人打交道时使用这种国际手语。1951年的第一次世界聋哑人大会讨论了对这种皮钦语的需求。然而，这种动态通用语主要源自具有不同语言背景的代表们试图相互交流时所进行的自发互动。1973年，手语统一委员会（Commission of Unification of Signs）发布了第一份标准化词汇。这份词汇被称为"国际手语"（Gestuno）［由意大利语"gesto"（手势）和"uno"（一个）融合而成］或"国际聋哑人手语"（International Sign Language of the Deaf）。这份词汇表包含了约1 500个词，是此次谈判的主要成果，例如，试图避免那些在某些文化中可能具有冒犯意义的手势，或者推广那些更容易为国际社会所理解的手势。国际手语并非一种具有完全平衡的通用语：美国和欧洲的动态词汇占主要地位，因而亚洲或非洲使用者可能会在使用中遇到更多的困难。此外，尽管对这一皮钦语的精心创造大部分是自发的、无组织的，但其创造更多地来自由个体组成的小群体先行发起的行动，而不是来自整个说话者群体的语言活动。①

我们应密切关注这一特别现象以及世界上其他地方的类似过程，因为这些现象展示了，通常被视为残疾源头的人类境况如何为人类不同能力的发展提供机遇，而这些能力大多数人都不具备或不能同等具备。尤其，跨文化交流的研究不仅存在于语言的领域，而且存在于语言变体之间的交流这一更广泛的领域中，可以从对"残疾"个体精心制作的策略的分析中获得极大的借鉴，而这些策略的目的是实现互相交流，或与拥有不同能力的人进行交流。例如，语言学家注意到，那些使用手语的人，即使在没有任何通用语的情况下，也比非手语使用者更精通跨语言交流［拉鲁索·卡多纳（Russo Cardona）和沃尔泰拉（Volterra）2007］。在手语使用者采用的策略中，有三个策略对跨文化交流的发展来说，尤为有趣。首先，采用灵活的语法：几个语言学家将国际手语视为一种词汇，而非一种语言，因为那些选择使用它的人必须依赖于自己国家的语法。因此，国际手语的使用者以及泛欧手语的使用者，都倾向于缓解僵化的语法，以提高语言互动的有效性。语法规范因而被视为阈值而非边界：在语言谈判过程中，在理想情况下，它们被所有参与者轻微转移，直到创造一种相互理解的空间。伴随这样一种语法"变更"活动而来的是第二种策略，即采用更多的词汇。分析家意识到，在跨语言交谈中，手语使用者往往使用更丰富的词汇，因为数量庞大的同义词使他们在与不同国籍的手语使用者接触时，有更多的机会来建立一个共同的词汇基础。语言交流也采用了这一策略。例如，以英语为母语的人与讲罗曼语的人交流时，试图通过使用拉丁语派生的英语词汇来阐明他们的话语意义，而在非正式谈话中他们通常会避免使用这些派生词汇。例如，对于一个以英语为母语的人来说，诸如"温度加强了"（the temperature has augmented）这样的句子，在形式上是很别扭的，但是，对于一个以意大利语（la temperatura è aumentata）或法语（la température a augmenté）为母语的人来说，这个句子比"温度增加了"（the temperature

---

① 然而，目前，一些语言学家对建立泛欧手势语越来越感兴趣，这种手势语的形成不是有计划的，而是完全自发的。

has increased）更容易理解。第三个策略——手语交流中皮钦语的出现特征，是使用广泛的正式量词系统。量词在描述事物方面，很好地跨越了语言障碍。

我们必须牢记这三种策略——灵活的语法、扩大的词汇和可转移的量词系统，因为它们可能在多种跨文化交流中起着核心作用，包括不同宗教之间的交流。事实上，如果"聋哑人的对话"这一表达已经成为一种最难以理解的比喻，那么，那些患有严重听力障碍的人所采取的用以克服其语言问题的策略，可能是对其他沟通困难进行有效重构的基础。

11. 翻译

通用语的出现和细化与语言谈判的某些自发过程的表征密不可分，语言谈判的骨牌效应可能产生复杂的皮钦语。这些自发过程中的许多过程可被称为"翻译"。然而，这一术语必须从广义范围来解释，翻译不仅涉及两种语言的活动，如文学翻译，也指其他语言或符号表达之间的活动［特洛普（Torop）1995］。例如，当手语使用者试图传达一句话的内容，他们所做的是试图创造一种手语，其内容至少与该话语的内容相匹配。换言之，翻译表达的产生，或多或少是为了传达原本想表达的内容。

我们不可能将人类实践确定为翻译的起源。事实上，可以说自以下三个要素出现起，翻译就已存在了：（1）语言差异；（2）语言差异之间的接触；（3）缩小差异范围的意愿。再强调一下，贸易早已成为一种人类活动，与任何其他活动相比，贸易可能更需要经常求助于翻译。

如果说翻译是人类交流的一个非常古老的特征，那对这一活动的理论见解是近来才有的。例如，在"西方"世界，关于翻译的理论见解可以追溯到西塞罗（Cicero）和昆体良（Quintilian）等古罗马知识分子的观点中［内尔高（Nergaard）1995；奥西莫（Osimo）2002］，这些观点出现在把希腊思想译为拉丁文的任务之时。这一理论方法，最终建立了 20 世纪的"翻译研究"领域，形成了各式各样的见解，其中两个见解尤其与现在介绍的主题极为相关。首先，翻译家和学者已经强调过语言的可通约性：世界上存在着不同的语言表达，但不存在因为差异太大而无法翻译的语言表达。这样的概念，含蓄地肯定了语言的统一性，乔姆斯基（Chomsky）的语言学将这一观点的发展推向巅峰，乔姆斯基认为，任何概念性内容都可以通过语言来传达（乔姆斯基1965）。

第二个结论是，翻译总是暗示着存在基本的语言谈判维度。艾柯在一篇关于翻译的符号学的文章最后声明：在翻译中，"忠实"是指在任何特定时刻都能协商出最优解决方案的能力（2003）。另一种哲学趋势——这一趋势在20世纪起源于本雅明（Walter Benjamin），由德里达（Jacques Derrida）推向高潮——对这一谈判过程进行重新解读，认为其不仅涉及译文，也涉及原文（本雅明1969；德里达1987）。根据这一趋势，译文文本和原文文本有关联，并不是因为免疫体的等级关系和系谱关系，而是因为共同体的存在，在共同体中，两种文本和语言都不可避免地因接触而进行转换。换言之，翻译是通过接触和谈判而产生的演变过程的一种体现，语言学家已在皮钦语的发展历程中明确指出这一点。

12. 比较语言学

如果说贸易和其他类型的人类接触促进了翻译实践和通用语的产生，最近则形成了关于统一不同语言表达的理论研究。这一方法遵循了两个一般趋势：一方面，重建语言的共时统一的尝试：不同言语表征被认为是一种共同机制的多种体现；另一方面，恢复语言的历时统一的企图。这样的项目是语言研究的一个特殊分支——"语言学史前史"的典型。该学科"将历史语言学的内容与考古学、历史人类学、历史、民族学类比法、人类生物学和其他关于人类过去的信息来源联系起来，以便获得一个更清晰、更完整的过去的画面"［坎贝尔（Campbell）2000］。

通过比较法、语言家园和移民理论、原始语、外来词和地名等重构词的文化目录、语言分类、内部重构、方言分布等方面的研究，语言学家们提出了一种假设：许多语言看起来似乎各不相同，但这些语言可以追溯到同一根源。因此，不同的语言，如芬兰语、爱沙尼亚语和匈牙利语，被视为同一假定语言——芬兰－乌戈尔语族的派生物。其他相关语言学领域也提出了类似的猜想，如原始龙头索克语（Proto-Mixe-Zoquean）语族文化领域和原始马雅语领域。尽管如此，这种假设主要出现在"印欧语系研究"领域，这一试图重建一个具有多样性的语言和文化领域的结构和历史统一性的项目会更有成效。

威廉姆·琼斯（William Jones）（1746—1794）于 1786 年 2 月 2 日在加尔各答举行了一次会议，这次会议被视为一种假说的首发声明，即不同语言，如梵语、希腊语、拉丁语、哥特语、凯尔特语和古代波斯语，可能拥有相同的起源。尽管如此，作为一门现代学科，印欧语语言学通常被视为起源于弗朗茨·葆朴（Franz Bopp）（1791—1867）在 1816 年发表的梵语动词形态学的一篇文章。正如这一学科最杰出的历史学家所指出的那样，这一学科的早期发展不仅受到了人类学对亚洲，尤其是对印度兴趣的推动，而且尤其受到比较解剖学提出的方法的推动［莱曼（Lehmann）1993］。葆朴为比较语言而采用的形态学策略，确实与林内乌斯（Linneus）用于物种分类的方法类似，或者，与促使乔治·居维叶（George Cuvier）（1769—1832）在 1812 年发表其四足动物骨骼化石研究（Recherches sur les ossements fossiles de quadrupèdes）的策略类似。

这段时期的人类历史既可被标记为"比较的年代"，又可被标记为"类型学的年代"：印欧语语言学专家以及比较解剖学家，不仅试图找出物种、化石和语法之间的相同之处与不同之处，他们还试图阐述一种类型学，其准则可以解释为何在同质性和异质性之间存在辩证关系。因此，他们含蓄地表示，共同逻辑和共同结构机制的存在，奠定了这一逻辑关系的基础；他们还提出了一种假设，即要了解这一机制的深刻本质，最有效的方式便是研究形式，分析其内部表达。

结　论

本章认为语言与宗教可以用比喻方法或构造方法进行比较。这种比较的基本原理最终由"语言"和"宗教"概念的定义方式所决定。人们日益将"语言"视为人类生存的一个统一维度，对此主要有两个原因：语言被视为一种机制，其不同表征并不否认不同表征之下机制的统一，并且语言被解释为由连续体和阈值构成的场所，而非由区分和边界构成的场所。纵观历史，语言一直被用作一种免疫体工具。然而，从现代性开始，其产生共同体效应的能力变得非常明显。这一趋势在与贸易相关的语言现象中尤为明显，如翻译和通用语的产生，同样，在语言差异的比较方法中也尤为明显。

我们不能用确定"语言"意义的方式来界定"宗教"这个词汇。当某个词的定义可以为人们所接受，则我们应将该词所能涉及的所有现实元素视为该词定义以合理方式描述的元素。但是，关于宗教定义的争议，要得出一个大多数人认可的结论，还任重而道远〔阿萨德（Asad）1993，曾泽知子（Masuzawa）2005 和莱昂内 2007〕。

尽管如此，本章所设定的概念框架，为通过语言与宗教之间的系统比较而得出定义提供了可能性。如果宗教不是一种机制，借助看得见的实在之在场表达来呈现看不见的实在之不在场表达，那宗教实际上又是什么呢？考虑到这个定义，语言与宗教之间的比较将不得不面对以下紧迫问题：（1）通用语的语言概念是否可以用某种方式借鉴到宗教领域？（2）宗教翻译是否是一个正统想法？（3）是否可能用学者们比较语言的方法来比较宗教？换言之：在 21 世纪——被宗教原教旨主义所困扰的一个世纪，是否可能存在一种现代的宗教观念，即将宗教理解为共同体领域而非免疫体领域。或者，与之相反，当代宗教文化是否注定被人们组建为示播列？本章的作者正在进行一项长期而复杂的研究项目，期望能对这些问题提出一些拙见。

参考文献：

Asad，Talal，1993．Genealogies of Religion：Discipline And Reasons of Power in Christianity and Islam，Baltimore：Johns Hopkins University Press．

Benjamin，Walter．1969．"the Task of the Translator-An Introduction to the Translation of Baudelaire's Tableaux Parisiens" In Id.，Illuminations-Essays And Reflections．Engl．Transl．Harry Zohn，New York：Schocken Books．

Benveniste，Émile．1966．Problèmes de Linguistique Générale，Paris：Gallimard．

Benveniste，Émile．1971．Problèmes de Linguistique Générale Ii，Paris：Gallimard．

Calabrese，Omar．1985．Il Linguaggio Dell' Arte，Milan：Bompiani．

Campbell, Lyle. 2000. Historical Linguistics. An Introduction, Cambridge: Mit Press.

Chomsky, Noam. 1965. Aspects of the Theory of Syntax, Cambridge: Mit Press.

Coquet, Jean-Claude. 2008. Le Istanze Enuncianti: Fenomenologiae Semiotica, Ed. Paolo Fabbri, Milan: Bruno Mondadori.

Delorme, Jean And Geoltrain, Pierre. 1982. "Le Discours Religieux" In Coquet, Jean-Claude, Ed. （1982）Sémiotique: L'École de Paris, Paris, Hachette.

Derrida, Jacques. 1987. "Des Tours de Babel", In Id. （1987）, Psyché. Inventions De l' Autre, Paris: Galilée.

Eco, Umberto. 1993. La Ricerca Della Lingua Perfetta Nella Storia Europea, Rome Bari: Laterza.

Eco, Umberto. 2003. Dire Quasi La Stessa Cosa. Esperienze Di Traduzione, Milano: Bompiani.

Esposito, Roberto. 1998. Communitas: Origine e Destino Della Comunità, Turin: Einaudi.

Esposito, Roberto. 2002. Immunitas. Protezionee Negazione Della Vita, Turin: Einaudi.

Greimas, Algirdas Julien. 1966. Sémantique Structurale, Recherche de Méthode, Paris: Larousse.

Habermas, Jürgen. 1981. Theorie Des Kommunikative Handelns, 2 Vols, Frankfurt Am Main, Suhrkamp.

Hall, Edith. 1989. Inventing the Barbarian: Greek Self-Definition Through Tragedy, Oxford: Clarendon Press; New York: Oxford University Press.

Hall, Edward Twitchell. 1966. The Hidden Dimension, Garden City （NY）: Doubleday.

Hjelmslev, Luis. 1943. Omkring Sprogteoriens Grundlæggelse, Copenaghen, Ejnar Munksgaard.

Joseph, John E. 2004. Language and Identity: National, Ethnic, Religious, Houndmills and New York: Palgrave Macmillan.

Keane, Webb. 1997. "Religious Language" in Annual Review of Anthropology, n. 26: 47—71.

Keane, Webb. 2003. "Semiotics and the Social Analysis of Material Things" in Language & Communication, n. 23: 409—425.

Keane, Webb. 2007. Christian Moderns: Freedom and Fetish in the Mission Encounter, Berkeley: California University Press.

Landowsky, Eric. 2006. Les Interactions Risquées. Nouveaux Actes Sémiotiques n. 101, 102.

Lehmann, Winfred. 1993. Theoretical Bases of Indo-European Linguistics, London And New York: Routledge.

Leone, Massimo. 2006. "Ospitalità Permanente. Intorno Alla Semiotica Dello Spazio Sacro" in Carte Semiotiche (9—10): 117—131.

Leone, Massimo. 2007. "La Religione Tra Libertà e Oppressione" in Flores, Marcello, Ed. Diritti Umani-Cultura Dei Diritti e Dignità Della Persona Nell' Epoca Della Globalizzazione, 6 Vols, Turin, Utet, v. 3: 273—313.

Leone, Massimo. 2008. "Appunti Per Una Semiotica Della Frontiera", in Solima —Margine, Soglia, Confine, Limite: Istituzioni, Pratiche, Teorie: www. media. unisi. it/solima/docum enti leone _ % 20appunti _ semiotica _ frontiera. pdf.

Leone, Massimo. 2009. "The Semiotic Therapy Of Religious Law", International Journal for the Semiotics of Law, v. 22, n. 3: 293—306.

Manetti, Giovanni. 1998. La Teoria Dell' Enunciazione - L'Origine Del Concetto e Alcuni Più Recenti Sviluppi, Siena: Protagon.

Masuzawa, Tomoko. 2005. The Invention of World Religions: or, How European Universalism was Preserved in the Language of Pluralism, Chicago: University of Chicago Press.

Meierkord, Christiane and Knapp, Karlfried. 2002. "Approaching Lingua Franca Communication" in Meierkord, Christiane and Knapp, Karlfried, eds. Lingua Franca Communication，Frankfurt Am Main，Peter Lang. Nergaard，Siri，ed. 1995. Teorie Contemporanee Della Traduzione，Milan：Bompiani.

Osimo，Bruno. 2002. Storia Della Traduzione-Riflessioni Sul Linguaggio Traduttivod All' Antichità Ai Contemporanei，Milano：Hoepli.

Patte，Daniel And Volney，Gay. 1986. "Religious Studies" in Sebeok，Thomas A.，Ed. Encyclopedic Dictionary of Semiotics，3 Vols，Berlin，New York and Amsterdam，Mouton De Gruyter，v. 3：797—807.

Russo Cardona，Tommaso and Volterra，Virginia. 2007. Le Linguedei Segni Storiae Semiotica，Rome：Carocci.

Saussure，Ferdinand de. 1972. Cours de Linguistique Générale，ed. Tulliode Mauro，Paris：Payot.

Sawyer，John F. A. et al. 2001. Concise Encyclopedia of Language and Religion，Amsterdam and New York：Elsevier.

Sells，Michael A. 1998. The Bridge Betrayed：Religion And Genocide in Bosnia，Berkeley：University Of California Press.

Sperber，Dan et al. 1986. Relevance：Communication and Cognition，Oxford：Blackwell.

Steiner，George. 1975. After Babel：Aspects of Language and Translation，New York：Oxford University Press.

Tarasti，Eero. 2003. Signs of Music：A Guide to Musical Semiotics，New York：Mouton De Gruyter.

Torop，Peeter. 1995. Total'Ny Perevod，Tartu：Tartu Ülikooli Kirjastus.

Weschler，Lawrence. 2004. Vermeer in Bosnia：A Reader，New York：Pantheon Books.

Wittgenstein，Ludwig. 1953. Philosophische Untersuchungen：Philosophica Investigations，the German text，with a revised English translation by Gertrude E. M. Anscombe，3rd edition，Malden. MA：Blackwell Publishing.

三、对绝对的想象：作为符号学工具的
"玛雅的面纱"

1. 引言："玛雅的面纱"作为绝对的形而上学形象的原型

　　纵观人类历史，哲学家、艺术家以及各类修行人士都力图对绝对进行设想。绝对是指不受人类存在经验有限性限制的维度，然而，由于对绝对的构想不是绝对在人类这一维度的表现，而是人们对绝对的想象，因而，哲学家、艺术家以及各类修行人士不得不将对绝对的设想装入形象之中，这些形象本身并不是绝对的，而是人类存在经验本身有限性的产物。从文化符号学的角度来看，这些对绝对进行设想的尝试，构成了一个关于文本模式、叙事技巧和社会文化现象的总集，这些社会文化现象能够用符号学来观察、描述和分析。

　　本章认为，人类对绝对的想象造就了绝对的形而上学形象，大多数情况下（极少会有例外），这一形而上学形象可纳入一个宽泛的类别，这一类别暂且被命名为"玛雅的面纱"。"玛雅"在梵语中的意思是"不"，它是印度宗教形而上学基本思想之一。因为这个词经常出现在大量的灵修文本和评注中，所以它的语义极其模糊。然而，此语义云的核心存在这样一个概念，即人类良心在现实的所有表现中所呈现的二元性是很清楚的——我们可以说"不是那样的"——因为所有的这些表现都是表象的二元面纱，隐藏了整体的真实统一。因此，灵性反思旨在鼓励人们掀开这块面纱及其引起的困惑，从而与面纱之外的绝对融合在一起。换言之，根据绝对的主要概念性形象，绝对只有一个，因为另一个存在的在场必然会对绝对施加限制，所以，绝对服从于他者这一理念。

　　这样的形而上学趋势不仅是"东方灵性"的特征，也影响了"西方"的灵性。亚瑟·叔本华（Arthur Schopenhauer）关于绝对的哲学以及他对"玛雅的面纱"这一印度隐喻的接受，展现了"东方"与"西方"汇聚时最明显的交集。再举一例——这个例子可能更贴近当代符号学家的学术敏感，尽管结构主义认识论并不涉及形而上学本体，因为符号学家和其他结构主义思想家主要关注对现象的元语言进行详细阐述，所以，符号学的集体想象物（imaginaire）与上述的绝对的想象有关。例如，格雷马斯（Greimas）不仅在关于缺乏的大作中，也在对激情符号学的构想中，甚至在对结构语义学的构想中，借助符号学家必须研究的复杂动力学，将语义现象设想为意义的海洋上漾起的波浪，而这些意义是完整的、不定的和绝对的。

本章要强调的，是绝对的此种形而上学形象具有伦理影响。将二元论和他者从人类对绝对的想象的形而上学核心中去除，会导致对痛苦的厌恶。基于不同的哲学和精神倾向，本章将试图探索一个能够替代绝对的形而上学形象，悖论性的是在此形象中，人们不会认为绝对是一个形象，不会认为绝对是一种将表象的二元性压缩为整体的矛盾修饰法，也不会认为绝对是位于表象的面纱背后不可企及的涅槃。相反，本章根据一种不同的符号学来想象绝对，将会研究一种形而上学传统，该传统置于绝对的人类经验核心之处的，不是统一性，而是二元性；不是涅槃的狂喜，而是痛苦的移情；不是形而上学的唯我，而是奉献。

对以下四个问题的回答将会引发绝对的替代性的形而上学形象：（1）精神生活是艺术吗？（2）艺术交流与超然存在共存吗？（3）与超然存在交流是对绝对的揭示吗？（4）对绝对的揭示与痛苦有交流吗？本章将通过与三位哲学家和神学家对话，试图解答以上四个问题，这三位哲学家和神学家分别是：路易斯·帕莱松（Luigi Pareyson）[1]，伊曼纽尔·列维纳斯（Emmanuel Lévinas）[2]，以及汉斯·乌尔斯·冯·巴尔塔萨（Hans Urs von Balthasar）[3]。

---

① 皮压斯科（意大利，库内奥省），1918—拉帕洛，1991。
② 考纳斯（立陶宛），1906—巴黎，1995。
③ 卢塞恩，1905—巴塞尔，1988。

2. 路易吉·帕莱松：精神生活与格式

因为路易斯·帕莱松的著作还没有英译版，所以英语学者对他知之甚少。然而，路易斯·帕莱松是 20 世纪欧洲大陆最重要的哲学家之一。作为都灵大学哲学系的一名教授，他的大半生都致力重塑美学，重释存在主义，重建宗教诠释学。他的智慧结晶不但被载入几本具有开创性的书籍中，还在他众多的意大利学生中传承下来：其中一些学生已得到国际上的认可，例如，安伯托·艾柯（Umberto Eco）和詹尼·瓦蒂莫（Gianni Vattimo）。

1953 年，在一场关于"美学与基督教"的会议上，作为一名天主教思想家，路易斯·帕莱松提交了一篇关于"艺术与生活"的文章。该文认为，艺术（指的是特定的、明确的行动）与生活（指的是一切人类活动的复合体）之间存在双重关系：一方面，整个生活都在为艺术做准备，以便美学特性可存在于生活的所有表现中；另一方面，正是经过这一过程，艺术被划定为独特的行动，整个生活贯穿在艺术之中，如此，艺术才能成为人们生活的理由，因为人们在生活中会运用艺术或思考艺术。精神生活为艺术做准备——帕莱松在文章中写道：只有牢记"美学范畴"与"艺术范畴"之间的差别，才能充分理解这一主张。精神生活的所有表现都属于美学，而"艺术"本来只具有从属于艺术的属性。

因此，其他形式的美超越了艺术的范畴，尽管它们并非严格意义上的艺术活动的结果。在这些情况下，帕莱松的文章继续说道，人们将"好的东西"即那些按照特定操作方式而完成的东西，定义为"美"。更确切地说，美的东西会在既定情况下引发正在操作的概念本身，在此既定情况下，这一切必须按照事情发生的唯一方式来完成，即人们乐意将此方式视为典型、典范和范例。帕莱松的文章提出了几个例子：一个精彩的论点要结构完善，能够在此条件下按照原因要求的方式得出结论；一个良好的解决方案能顺利阐明原因所要求的内容，从而解决一个既定问题；一个优秀的示范能根据原因的要求围绕并遵照逻辑顺序而不产生偏差，能在简洁性和完整性之间达到明智的平衡，并且具有一些独特的优雅气质，这些优雅气质是数学家尤其艳羡的。

诸如个人的举止美、言谈美、道德美、仿造品的美，帕莱松的文章认为，在以上所有情况中，美都是良好操作完成的结果。人们将完成得好的事物定义为美，因为做事情实际上就是塑造事物，换言之，做事情并不局限于执行一些既定操作方式，或是采用预定的技术，而是做事情这一行为本身也会创造做事的方式，这样做事不仅富有成效，也具有创造性；不仅执行行动，也塑造行动。按照帕莱松文章中的观点，做（塑造）事情的结果就是形式，所以，美就仅仅是指形式本身；其意义并非在于美是形式的属性之一，而是在于形式本身是美的，并且形式的美恰恰就在于形式就是形式。

在文章的第二部分，帕莱松详述了形式的特征：形式是结果、有机体以及模型。首先，形式是结果，这样说是因为形式是一次尝试的结果，这一尝试不一定会有好结果，但却一直面临失败的风险。尽管被失败的可能性包围，其结果必须呈现为这一尝试的绝妙解决办法。其次，形式是有机体，这样说是因为形式作为结果，它可按照自己的意志行事，而无需依赖于任何外部事物。形式有自己的意图，本质上是尽善尽美的。因此，形式是一个"整体"，是不可分割的，由一个内部的"组织法"所支配，形式不是部分的总和，而是一个不可分割的整体。最后，形式是模型，因为形式借助创造性能量，成功克服了产生形式的尝试所固有的失败威胁，创造性能量在产生结果后仍然发挥作用，引起执行、模仿和开发。这便是第一个问题的答案：在某种意义上，精神生活是艺术，因为它具有美学特性，因为它是"形式"的运作：作为结果、有机体和模型。

3. 伊曼纽尔·列维纳斯：形式与外表

无须对伊曼纽尔·列维纳斯做任何介绍，他是 20 世纪最杰出的哲学家之一。他的所有著作都已被译成英语，全世界的学者都对他的成就了解颇多。在《总体与无限：论外在性》（*Totalité et infini：Essai sur l'exteriorité*）中，列维纳斯认为事物隐藏在形式之下。他通过对比外观（façade）与外表（face）的概念来拓展这一思想。他写道，正是由于艺术赋予事物一种外观，并且通过艺术，物体不仅可以被人们看到，它们还可以自我展示，因此，模糊的物质就会成为没有外观的存在状态。从这一观点来看，外观这一概念是从建筑物中借过来的，它意味着建筑学是艺术中最重要的部分。但是，列维纳斯继续写道，在建筑学中，美的本质被定义为中立、冷艳和无声。借助外观，保存秘密的事物从囿于自身的不朽本质和神话之中显露，在那里，事物大放异彩，但却不进行自我展示。那么，按照列维纳斯的论点来说，如果超然存在是最主要的开端，并且，如果超然存在的所见之物就是存在的开启所见之物，则超然存在不可被称为外观，而应被称为外表。

对列维纳斯来说，外表既是一个现象学概念，也是一个伦理概念。在视觉和触觉上，特性隐藏了对象的他性，因此，特性变成了内容，隐藏在形式的背后。而事实上，外表存在于自身对被包含的拒绝之中。他者仍然处于无限超然，但语言将这一超然存在描述为外表本质的突然显露。对列维纳斯来说，语言因而成为打破存在与历史之间延续性的力量。语言的形式结构（即语言将他者构建为外表的能力）作为对话者，宣布了他者的伦理不可侵犯性，即他者的"神圣性"。这就是列维纳斯所说的"外表的欢迎"：超然存在的理念和无穷的理念产生于对话语的反对，产生于社会性之中。然而，与外表的关系，与绝对他者的不可自控的关系，以及与无穷他者的关系，就是交往。但是，这样的关系无须使用暴力就可维持，可与绝对差异性和平共处。

列维纳斯总结说，他者的第一次启示不在于利用自身进行消极抵抗，而在于通过策略绕行。"我不会反抗不露面的神，但我会响应他的表情和启示。"（Je ne lutte pas avec un dieu sans visage, mais réponds à son expression, à sa révélation.）正如帕莱松所言，若美是形式，则按照列维纳斯的观点，将自身显示为外表就是强制置于一个显示的、纯粹的现象形式之外，就是以不可归为显示的方式展现自己，不需要任何图像的介入，直接在赤裸状态和饥饿状态下即可。若美是光彩，照亮了发光的存在所未知的部分，则将存在强制表现为外表所引起的不是美，而是仁慈；不是再现，而是再次承担责任。这便是第二个问题的答案：若精神生活是艺术，若艺术是形式，则超然存在的无穷所发出的光芒不是来自某一外观、绘画或雕塑的美，而是来自外表的美，它通过语言，与我相对而立，却不将形式强加于我，而是将我的仁慈、天赋和热情好客置于自由状态。

4. 汉斯·乌尔斯·冯·巴尔塔萨：外表与揭露

汉斯·乌尔斯·冯·巴尔塔萨同样也无须赘述。在《世界的真相》(*Wahrheit der Welt*) 的第一卷《神学逻辑学》(*Theologik*) 中，他提出了关于真理、爱和仁慈的概念，在很多方面，这一概念会与列维纳斯的外表概念有契合之处。这两位哲学家拥有不同的宗教背景，列维纳斯处于基督教背景中，而巴尔塔萨处于天主教背景中。但是，受到相似的哲学趋势的启发，他们得出了相似的结论。

巴尔塔萨反复将真理定义为对存在的揭示。但是，正如在列维纳斯的书中一样，在巴尔塔萨的《世界的真相》中亦是如此，这样的开启并非随意的"自在开启"，而是有意图的、可企及的、隐含重要性的"自为开启"。巴尔塔萨试图证明，对于这一开启所涉及的主体，对象即刻就是对话者，以至于真理既是所揭示对象所固有的内容，对他者又包含可知的超然关系。

此外，在巴尔塔萨的书中，真理与仁慈相互交织：若真理是揭示，则真理本质上是交流。巴尔塔萨对交流中、交流后和交流本身进行了区分，交流中对应存在的基础，交流后对应作为显示的存在，而交流本身对应从基础到现象的发展。列维纳斯可能会说，按照巴尔塔萨的说法，只有通过交流，存在的事物才能实现其价值，并成功认识到自身的表面不是陌生的东西，不是自外部产生，不是外观，而是自身的基本特性。巴尔塔萨继续说道，通过同样的交流活动，存在放弃自为存在的贪念，以便揭示自身和进行交流，通过放弃来成就善，来获得不可复制的价值。鉴于真理与仁慈的共存，对巴尔塔萨来说，美只是所有存在的即时凸显，矛盾的是，这些存在扎根于无根据的基础上。凭借每一个现象，它具有存在的神秘基础的透明性。

按照巴尔塔萨的观点，真、善、美的互相交织和叠加说明，只有事物在以一个终极的秘密为基础时，才是可理解和可揭示的，而这一终极秘密的神秘性不在于清晰度的缺乏，相反，在于光亮的繁多。但是，若真、善、美作为透明和再现出现，这意味着，事物在本质上一直都是隐藏的。按照巴尔塔萨的观点，事物的隐藏状态意指对事物自身的公开和真理的限定。巴尔塔萨继续说道，实际上，隐藏不是公开简单的对立面，与其说隐藏是一道外部屏障，不如说隐藏是一种形式或是公开本身所固有的一种性质。

借助帕莱松、列维纳斯和巴尔塔萨详细的概念和术语来重构这一想法，可能有人会说，形式是面纱，面纱之下隐藏了真理、仁慈和外表的美。但是，戴面纱的行为对摘除面纱来说是必要的，因为揭示并不只是简单地将面纱从外表的过多、超然的无穷光亮中去除，也包括重戴面纱以及可被认为只有透过面纱的光才能被感知到的透明度。

在《自由的本体论》（*Ontologia della libertà*）中，帕莱松仔细思考了宗教经验阐释学中的戴面纱和摘除面纱之间的辩证逻辑。按照帕莱松所说，如果神如此超然，以至于人们在看到衪的脸之后无法继续存活下去，这是因为神有脸，神呈现、展示、揭露衪的脸，或撤回、隐藏衪的脸。帕莱松引用了一连串圣经段落，在这些段落中，超然存在被描述为借助戴面纱与摘除面纱之间的矛盾逻辑关系来显示自我。不过，他否认除去神话色彩和替代充满想象力的语言的尝试的有效性，在谈及神话和符号时，此语言是有说服力的。

实际上，按照帕莱松的说法，尽可能多地剥夺诗学特性和拟人特性，来成功理解神性并展示其本质，这一目标冒着在最小程度上揭示的风险（在此，帕莱松似乎在回应巴尔塔萨的直觉）而无法成功掌握辩证逻辑，通过此辩证逻辑，神在自身的"不可动摇的、不受影响的超然存在"中隐藏，并通过隐藏揭示自身，而且，如果没有隐藏就无法揭示自身，所以，关于神的每一个显示，我们都必须说，神在摘面纱的行为中戴面纱，反之亦然。我们不能说，神揭露的东西多于他隐藏的东西，也不能说神隐瞒的东西多于他展示的东西。

这便是第三个问题的答案：若精神生活是形式的运作，而且若交流是形式转化为外表并提供一览无余的场所，则这样超然的无穷、无穷的超然存在只能将自身显示为透明性，显示为透过语言和交流的面纱发出的光芒，显示为揭露。

5. 绝对作为受苦的他性

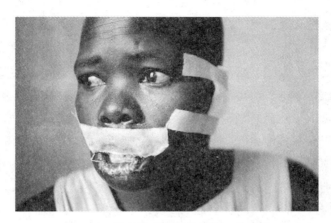

图 3-1　脸部被残害的洛科瑞·艾科罗

这张照片是弗朗辛·奥尔（Francine Orr）于 2005 年在乌干达基特古姆的圣约瑟夫医院拍摄的。照片中的人叫洛科瑞·艾科罗（Lokeria Aciro），是一位 40 岁的女性难民，住在难民集中营内。一天，她走出集中营的边界去寻找柴火。突然，她在当地游击队的一次入侵中被抓捕并被一名战士所迫害，那名战士用弯刀割掉了她的嘴唇和耳朵，具有讽刺意义的是，这只游击队叫"主的反抗军"。或许，这一事件中最骇人听闻的部分是，那名侵犯者才十一岁。

根据国际人权观察员和活动家的报道可知，"主的反抗军"的战士们经常残害受害者的脸部，犯下如此罪恶的残暴者队伍中经常会有小孩。由于这些残缺具有系统特性，所以它们很可能是"主的反抗军"内部代代相传的系列暴行的一部分，通过暴力传授仪式（暴力在此仪式中起着关键作用），旨在保存"主的反抗军"使北部乌干达居民胆战心惊的能力。

我们没有时间来回忆这一暴力的悲剧性的地缘政治背景，也没时间来概述文化史、现象学或关于残缺的符号学。尽管，在此案例中，残缺的目的很显然不仅使受害者感到恐惧，也使受害者所属的社区感到恐惧。正是由于这个原因，受害者才没有被杀死。正是由于这个原因，她脸上最显眼的部分才被割去了。割掉嘴唇和耳朵改变了受害者的容貌，这一无声的恐惧信息在社区中传播，在此信息中，受害者既有无法忍受的生理痛苦，也有同样煎熬的心理痛苦，这些心理痛苦不仅来自容貌的损毁，还来自不能用言语表达这一痛苦的无奈。正如吉奥乔·阿甘本（Giorgio Agamben）所说，失去任何外貌、形式或人性的面容会引起将赤裸的生命交给孩童（暴力会将孩童变成恶魔）处置的想法以及"神圣的人"的想法，这些想法都具有强大的破坏性。

创造文化、社会、政治条件（正是由于这些条件，暴力才得以停止）超越了神学话语的能力范围。在很多地方，人类苦难无处不在。此处仅列举几个例子，如乌干达、苏丹、阿富汗和缅甸。这些地方的受害者主要需要的不是美学的神学，而是国际社会的坚定承诺。但是，若没有受到人性理念的鼓舞、宣传、培养和引导，很难相信这一承诺会成为现实。如帕莱松提出的理念，承认精神生活必须追求美；又如列维纳斯提出的理念，在借助他者外表而大放光芒的神圣中识别美和其超然无穷的韵味，又如巴尔塔萨提出的理念，把与超然存在的交流看作对生存真实的、仁慈的、美丽的揭示。

如果这一人性理念是包容性的，则洛科瑞·艾科罗残缺的外表必须被解释为存在的损坏、罪孽在世界和历史中的踪迹和消极力量的典型（消极力量反对精神生活的一切可能性）。残缺的外表否认他者外表的人性，并将其无穷的透明转换为深不可测的不透明。然而，在强调区分罪孽本身（即罪行和罪恶）与苦难的必要性时，帕莱松是对的。按照帕莱松的观点，罪孽无法具有建设性：依据辩证法的必要性，即使走向极端，罪孽也不能通过逆转而通往积极性。罪孽本身具有毁灭性和破坏性：它的力量巨大，但只是毁灭性的力量。而承受痛苦是胜过深重罪孽的唯一力量。罪孽的力量是巨大的，但承受痛苦的力量更大。帕莱松将之定义为世界的隐藏能量，它是唯一能够对抗一切破坏性趋势并且战胜罪孽的致胜力量。帕莱松谈到了苦难的逻辑演算：人类自由导致罪孽，而罪孽导致痛苦，但是这两者的消极性产生了积极性。

然而，在见到洛科瑞·艾科罗被损毁的脸之后，又如何可能来构想这一积极性？帕莱松详尽阐述了天主教神学的一个典型趋势，他认为，痛苦的力量不仅存在于赎罪和救赎中，也存在于意识到自身的救赎价值时，痛苦会变成揭露这一事实：它打开了现实的痛苦内心并揭示了存在的秘密。但是，痛苦的力量来自哪里？它又揭露了什么秘密？在对这些问题的回答中，帕莱松强调，神自己也会遭受痛苦；痛苦实际上是神的特征；神想要遭受痛苦，并且开始遭受来自创造的痛苦，在此，祂自行引退，并自愿给自己设限，以便把空间留给自由的人类。因此，遭受痛苦是神人大团结的表现，只有在遭受痛苦时，神和人才能携手共同努力。

显然，帕莱松的思想来源于某个特定的宗教文化和个人对该宗教文化的神学传统的解读。但是，帕莱松的观点以及列维纳斯和巴尔塔萨的观点在部分上超越了一切特定信念，并形成了关于人类意义诗意的神学对话。在对话中，关于无穷和超然存在的神学冥想，与关于有限和无处不在的美学思考相遇，也正是基于此论述，我们才可以对绝对进行想象，人类外表才可以被赋予绝对理念，我们才可以在人类外表中发现关于绝对的理念。甚至从更基本的层面来说，正是基于此次美学与神学的对话，我们才能在人脸上发现绝对，罪孽试图毁坏这张脸，试图隐藏在丑陋的外观之下，试图将这张脸推入非存在和无人性的深渊。最后，也是因为美学与神学的对话，我们不仅能够拒绝美学，还能拒绝罪孽的美学，才能阻止自己对罪孽的默认，将他人遭受痛苦的外表视为对绝对的真实揭示，视为与超然存在进行交流的最珍贵的机会，并视为对真、善和美的提倡。我认为，这就是第四个问题的答案：绝对并没有在玛雅面纱的后面等着我们，而是在正处于痛苦中的另一个人的外表之中。

四、隐身的文化：犹太教面纱的符号学研究

本章提要：本章主要有四个目标：（1）对犹太教面纱符号学的研究框架进行概述；（2）简述犹太教文化中有关面纱的符号学分析；（3）将此分析结果与之前有关面纱的其他符号学分析结果进行对比（古罗马时期的分析和早期基督教的分析）；（4）说明深入理解隐身文化有助于理解如何更好地考察"超现代"世界中的全球交流。

1. 引言：关于"隐身文化"的研究

本章旨在展现一个长期而复杂的研究所取得的进展，这一研究项目暂且被命名为"隐身的文化"（Culture of Invisibility）（莱昂内 2007，Forthcoming 1）。支撑本研究的一个主要假说的内容是：目前，视觉研究——从美学到艺术史、从视觉人类学到图像学、从现象学到意象哲学的特征是具有普遍偏见性；由于衍生出这些学科的背景是不同文化的复杂糅合，在这些文化中，古希腊－罗马文化以及基督教输入占主流——强调视觉再现的作用，因此，这些学科都隐含着这样一个观点，即了解一个社会视觉文化的最佳方式是观察、描述、分析和解释该社会的视觉人工产物以及该社会将图像在场（iconic presence）赋予不在场物体的方式。相反，暂且被称为"隐身文化"的研究主张，能够而且有必要从视觉文化中隐藏内容的角度，对视觉文化进行研究，这样，便将图像不在场（iconic absence）赋予在场物体。图4－1试图以一种形象的方式概括符号动力学。符号动力学是详细阐述可见文化的基础，同时也是详细阐述隐身文化的基础：

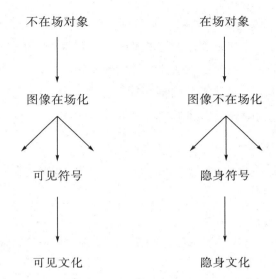

图 4-1　符号动力学作为阐述可见文化与隐身文化的基础

一方面，通过"图像在场化"，可见符号可意指不在场对象；另一方面，通过"图像不在场化"，隐身符号可意指在场对象。

利用当代"西方"世界的美学知识和视觉知识，可相对容易地理解什么是"可见符号"：图纸、图画、绘画以及各种形象表达的再现，即由视觉代码产生的可见符号形成视觉文本，使缺失的对象得以在场〔格雷马斯（Greimas）1984〕。相反，在同样的知识范围内，理解什么是"隐身符号"却困难一点。为了理解"隐身符号"的含义，本章提出了第一组假说：

（1）可见符号（更贴切的说法叫文本）不仅仅旨在使一个不在场对象变得在场；相反，它还将图像在场赋予对象，在场是通过图像调解来完成的；视觉符号学已解释了大量此类图像在场化中涉及的符号学机制〔卡拉布雷塞（Calabrese〕1985；艾柯（Eco）1997；卡拉布雷塞 2003〕；

（2）隐身符号（更贴切的说法叫文本）不仅仅旨在使一个在场对象变得不在场；例如，隐藏一个对象不会引起任何隐身性话语，因为不在场本身不能作为符号；相反，隐身符号旨在将图像不在场赋予对象。

现在，如果"图像在场"这一表达在"西方世界"的符号学意识形态（莱昂内 Forthcoming 2) 中言之有理，那么，"图像不在场"这一表达听起来就像是一种矛盾修饰法。如果将"赋予图像不在场"设想为一个视觉阐释的过程，可更好地理解这一概念：考虑到对象的现象学结构，这一过程在于使该结构的某些特征隐身，而不是使全部特征隐身。图 4-2 试图以一种形象的方式概括视觉阐释，视觉阐释一方面强化了可见符号的产生，另一方面也强化了隐身符号的产生。

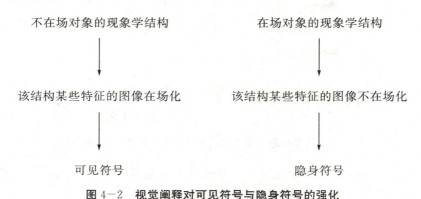

图 4-2　视觉阐释对可见符号与隐身符号的强化

　　一方面，可见符号从对象的现象学结构中选择某些特征，并将图像在场赋予这些特征（即符号通过结构相似物的图像逻辑来意指这些特征）；然后，可见符号就可以交织在一起，形成图像关系的复杂网络，这些复杂网络被称为"可见文本"。另一方面，隐身符号从对象的现象学结构中选择某些特征，并将图像不在场赋予这些特征；考虑到可见文本（上文已给出定义），隐身符号"阻碍"了符号过程，通过该符号过程，可见符号指代所指对象的现象学特征。

　　当然，每个视觉符号和每篇视觉文本中的可见与隐身之间都存在一个复杂的辩证关系。一方面，可见文本无法通过将图像的在场赋予对象本身的所有现象学特征，来使一个不在场对象在场，因为，按照定义，意指是对所指对象某些方面的选择；另一方面，隐身文本无法通过将图像的不在场赋予对象本身的所有现象学特征，来使一个在场对象不在场，因为，这相当于隐藏对象本身，从而消除意指的所有可能性。相反，只有参照隐身性的意义时，我们才能理解可见性的意义，反之亦然。符号学家的任务是了解在特定历史时期和社会文化环境中，一个特定的视觉文化如何在使不在场对象在场的符号与使在场对象不在场的符号之间达到平衡。

例如，图 4-3 是在某种视觉文化中创作的文本。在这种视觉文化中，相比在场对象的不在场化，不在场对象的在场化〔在这种情况下，耶稣死后历史上对耶稣不在场身体的在场化（1）和创作之后耶稣不在场身体在内在世界的超然存在（2）〕被突出显示：

图 4-3　安东内洛·德·梅西纳（Antonello da Messina）
《**救世主**》（*Salvator Mundi*）（1465，**伦敦，国家美术馆**）

这一"可见文本"也包含一些"隐身符号"（例如，画中耶稣身体的勾画方式、衣服覆盖耶稣身体的方式、耶稣面前的建筑元素以及他身后光线的缺乏，这些是阻止图像符号过程的全部元素，通过这一过程，耶稣的整个身体都可被意指并使之在场）；然而，耶稣的姿势——他的上身与这幅画作的平面完全平行，耶稣的眼神——从画中凝视着观众，最重要的是耶稣的手势——左手触摸着具有建筑元素的物体，将画作与观众象征性地分隔开，右手通过一个祈福的手势扰乱了这一象征性的分隔——隐含着并实现了对可见性的渴望，这一渴望大于对隐身性的渴望：这幅画旨在通过一个视觉符号阐释学机制，有效创建耶稣不在场的身体与再现其现象学的视觉符号之间的符号过程，从而使观众觉得耶稣的身体在场。

与前者相比，图 4-4 所示的视觉文本明显为隐身文本。

图 4-4　朱塞佩·萨马尔蒂诺（Giuseppe Sammartino）《裹纱的耶稣基督》（*Veiled Christ*）（1755，圣塞韦罗教堂，那不勒斯）

这一"隐身文本"也包含一些"可见符号"（例如，观者从图中可以辨认出一个人体的外形及其姿势甚至容貌）；但是，覆盖在耶稣身体上的薄纱（名家精湛的雕刻技术使其生动地展现在图中）隐含着和实现了对隐身性的渴望，这一渴望多于对可见性的渴望：这一雕塑旨在通过一个视觉阐释的符号学机制，有效阻止不在场的耶稣身体与再现耶稣身体现象学的视觉符号之间的符号过程，从而使观众觉得耶稣的身体不在场。确实，如果安东内洛·德·梅西纳表现的是荣耀时期的耶稣（由于耶稣的化身和复活，耶稣作为超然存在，其在场出现在内在世界），那么，朱塞佩·萨马尔蒂诺则表现的是苦难时期的耶稣，由于耶稣的死亡，耶稣作为超然存在，其在场从内在世界中消失了。在第一个例子中，耶稣的身份被在场化，被再现为化身的超然存在的身份，而在第二个例子中，耶稣的身份被不在场化，被隐藏进了具有凡人内在性的非身份的薄纱中。

这一对比表明：（1）从"增强对象可见性的机制"这一意义上来说，可见文本起到了屏幕的作用（即该屏幕作为投射场所，可见符号在此投射对象的现象学）；（2）从"阻碍对象可见性的机制"这一意义上来说，隐身文本也起到了屏幕的作用（即该屏幕作为排斥场所，隐身符号在此排斥对象的现象学）。

通过第二种假说可更好地掌握这一不同之处：（1）投射符号（更贴切的说法叫投射文本）首先指（a）投射符号通过图像中介向对象赋予在场，其次指

（b）中介本身，投射本身；相反，（2）排斥符号（更贴切的说法叫排斥文本）首先指（b）中介本身，排斥本身，其次指（a）排斥符号通过图像中介向对象赋予不在场。换言之：投射符号（可见符号）是关于可以看到什么；相反，排斥符号（隐身符号）则关于谁可以看到。投射符号隐含了视觉本体论（是什么？可能看到什么？在是什么的基础上可能再现什么？在被再现内容的基础上可能看到什么？）；相反，排斥符号体现了视觉规范性（谁被允许去看？谁被允许再现所看的内容？谁被允许看所再现的内容？）

事实上，同一视觉符号，或同一视觉文本，根据其意指和传播的文化符号域，可以是投射的，也可以是排斥的。例如，在一些"再现经济"（economies of representation）［基恩（Keane）2003］中，衣服主要为排斥的视觉符号：在特定的历史时期和社会文化环境中，衣服意指不允许别人看见或再现的内容，或者不允许别人看见被再现的内容；衣服是阻止身体与外界目光直接接触的屏幕，因此也阻止了身体现象学指向外来目光的符号过程。然而，在一些不同的"再现经济"中，衣服主要为投射符号：它们意指某人必须看见或再现，或者某人必须看见被再现的内容；它们通过将图像在场赋予身体，从而帮助塑造个人身份；衣服就是促进身体与外部目光进行直接接触的屏幕。

超现代性的一个主要问题是：不同的甚至互相矛盾的再现经济，与不同的甚至互相矛盾的符号学意识形态，以前没有机会或是很少有机会能共存，现在却在同一个历史时期和社会文化环境中逐渐交织在一起。因此，同一社会的不同群体既可将其"视觉景观"的某些元素视为可见符号和文本，也可将其视为隐身符号和文本；既可将其视为投射符号，也可将其视为排斥符号；既可将其视为意义1的屏幕，也可将其视为意义2的屏幕。

在过去几年中，本章提到的研究主要关注作为隐身符号的面纱。在这一研究框架中，面纱并非简单地被视为一件服饰，而是被视为（1）一个复杂的符号学工具，（2）一个现象学范畴，以及（3）一个将图像不在场赋予某些现实元素的视觉阐释机制，这样便使特定的历史时期和社会文化背景中的视觉规范具体化。当然，事实亦暗示了这一选择：面纱作为大多数伊斯兰教女性的着装规范之一，这一现象学范畴中独特的隐身符号最近已被当代媒体话语选为区分基督教和伊斯兰教的所谓"文明冲突"的视觉符号，甚至是视觉体现，这也是对社会秩序的世俗理解和宗教理解。然而，大多数非伊斯兰教的媒体评论员在处理伊斯兰面纱问题的方式上常常受到上述偏见的影响：可见性和再现通常被认为在伦理上优于隐身性和再现缺乏；因此，面纱就变成了落后的典型象征，正好与有关社会进步的非伊斯兰观点相反。

在上述理论框架内，面纱的视觉符号学旨在达到三个目的：

（1）民族符号学目的：表明面纱这一视觉阐释机制并不是"东方"的特权，而存在于众多视觉文化中，包括"西方的基督教"；

（2）社会符号学目的：展示共存于同一社会空间中的不同视觉文化（超现代性的特性之一）如何引发歧义和误解的情形，以及如何产生隔阂和自我理解的情形；

（3）符号伦理目的（莱昂内 Forthcoming 3）：鼓励人们从自身的视觉文化中将自己陌生化，以便不再简单地将面纱视为视觉文化，而是将其视为一个可能系统内的视觉文化（视觉相对主义）。

2. 犹太教面纱的符号学研究

本节将对犹太教面纱的符号学进行讨论。由于篇幅有限，无法对整个犹太教面纱的符号学进行分析①，因此，本章仅仅讨论犹太教面纱的符号学的某些方面，此外，犹太教"隐身文化"的某些趋势把面纱用作视觉阐释工具，从而将视觉规范性强加于女性身体之上的方式也是本章的主要关注点。

2.1 头发作为美和魅力的符号

尽管圣经中并没有文字明显提及这样的事实，即在某些情况下，女性应不应该遮住头发或头部或脸，但犹太圣经中有文字提及女性的头发与美丽有关，例如，《雅歌》（*Song of Songs*）6:5：

> 求你掉转眼目不看我，因你的眼目使我惊乱。你的头发如同山羊群卧在基列山旁（《雅歌》6:5，英王钦定本）。

---

① 有关此话题的完整介绍，请参阅布朗纳（Bronner）1993。

相反，根据大多数解释者的说法，圣经中有文字将头发被剃的女性描述为没有魅力（女性俘虏法律）：

> 就可以领她到你家里去。她便要剃头发，修指甲。（申命记 6:5，英王钦定本）

俘虏者可在一个月之后娶被俘虏的女性，在这一个月之中，没有头发意指归顺还是哀痛，取决于解释者。根据犹太教对申命记 6:5 的经典评论可知〔例如，迈蒙尼德（Maimonides）的《密西拿律法书》（*Mishneh Torah*）〕，俘虏者给女性俘虏剃头是为了削弱她们的魅力，从而降低性欲。[①] 在中世纪，给有婚约的女性剃发是个罕见的犹太习俗，但在近代早期的中欧地区，尤其是在匈牙利，给女性剃发却成为一种常见习俗；有人认为，这一习俗暗示了申命记 6:5 中的女性俘虏与犹太新娘有相似之处（爱波斯坦 1948：55—60）：犹太新娘被视为丈夫的俘虏，给她们剃发已经成为在婚姻初期削弱她们魅力的一种方式，如此，夫妻之间可逐渐培养感情；当然，这只是犹太习俗的众多解释中的一种。

图 4-5 试图形象地概述此半符号体系（莱昂内 2004），并在犹太文化这一特殊的背景下构成头发的在场与不在场之间的对立：

E 女性头发在场　　　　　女性头发不在场（头发被剃之后）

————————————————————————————

C 美，魅力，自由　　　　丑陋，没有魅力，囚禁

图 4-5

2.2　面纱作为美和魅力的排斥符号

犹太人将面纱用作排斥符号可能与上面提到的半符号体系有关：遮住头发

---

① 因此，给女性俘虏剃发这一行为成为视觉规范性的一种符号学手段，这一手段通过时间逐渐进行自我修整：随着头发生长出来，女性也慢慢恢复魅力，此渐进性使得男性俘虏者与被俘女性之间的关系也相应地发生改变。

这一事实强加到女性身体之上的视觉规约性，类似于通过剃发强加到女性身体之上的视觉规约性（对象不在场替代了对象消除）。①

即使圣经没有明确规定用面纱遮住女性的头部、头发或面部，但是也会用许多文字将女性在某种情况下遮住头发的姿态与积极内涵（尤其是端庄）联系在一起；相反，这一姿态的缺失会与消极内涵（尤其是粗鲁）联系在一起。最能体现这一点的描述是：利百加（Rebekah）一看到她的未婚夫以撒（Isaac），就用面纱遮住头发（创世纪 24:65）：

> 问那仆人说："这田间走来迎接我们的是谁？"仆人说："是我的主人。"利百加就拿帕子蒙上脸。（英王钦定本）

这段圣经内容似乎在暗示，一个订了婚的女性在即将见到她的未婚夫时，她不应该露出自己的头发。因而面纱就被用作排斥符号来执行这一视觉规范性。然而，一般而言，这一规定似乎并不涉及男性与女性之间的视觉关系。事实上，在见到以撒之前，利百加的头发并未被遮住，尽管她由亚伯拉罕（Abraham）的仆人大马士革人以利以谢（Eliezer）陪同。在类似这些情况下，被遮住的头发与未被遮住的头发之间的辩证逻辑似乎不仅仅将面纱作为排斥符号，也将面纱作为过渡符号（尤其是在剃头的时候）：描写从人生的一个阶段到另一个阶段的篇章，意味着影响女性身体的视觉规范性发生了改变，面纱被用于达成两个目的：（1）执行视觉规范性（排斥符号）；（2）暗指视觉规范性（过渡符号）。

2.3 在戴面纱（badeken）仪式中，作为排斥符号的面纱是隐身符号。

在正统犹太教婚礼中，戴面纱仪式（badeken 为意第绪语，意为"覆盖"）被视为对利百加姿态的再现。在《巴比伦塔木德经》（*Ketubot* 17b, Rashi ad loc）中，有关于一位戴着面纱的贞洁新娘的少量描述；但是，关于

---

① 在两种情况下，这一视觉阐释的逆反效果都可能增加魅力或欲望，只是时间结构不同而已（头发会慢慢再长出来，而面纱可被立即取下，露出诱人的容貌）。

这一风俗的详尽描述可见于《犹太法律精选》①（*The Kitzur Shulchan Aruch*）147:3：

> 这些国家的风俗是，娶一位贞洁的新娘时，镇上的头面人物会在新娘的头上盖上面纱并祝福她："我们的姐妹，愿你赋予千万人生命"；我们称之为"华盖"，之后我们将幕帘覆盖在柱子上，新郎和新娘进入其中，在众人的见证下使新娘获得合法地位，并许下承诺，接受祝福（……）。②

按照正统犹太教仪式传统，在新郎和新娘举行短暂的婚前宴会之后，戴面纱仪式便开始了。新郎率领一队人前往新娘会客室，在那里，新郎在新娘的脸上盖上面纱。新郎给新娘盖上面纱之后，新郎和新娘的父亲们以及祖父们便走向新娘并祝福她。然后，新郎的随从人员便退出新娘会客室。新郎和新娘准备彩棚③，其他人也前往彩棚搭建点。在彩棚仪式过程中，新娘的脸上要一直盖着面纱。戴面纱仪式不仅规定了面纱的在场和用法，也规定了面纱的现象学性质：（1）面纱不能含有任何银质或金质，而新郎和新娘在彩棚仪式前也不能佩戴任何珠宝；（2）面纱的厚度必须足以使别人完全看不到新娘的脸。

这一简要描述表明，正统派犹太教将戴面纱仪式中的面纱视为排斥符号，它能够展现一个复杂的视觉规范性：

> （1）新娘不应看到外面的景象：新娘不应看到她在婚礼上戴上的戒指，以免她错误地低估或高估其价值，从而使得这一场"交易"建立在错误的假想之上；
>
> （2）新娘也不应被外面的人看到：从戴面纱仪式开始，新娘就应该只

---

① 由所罗门·本·约瑟夫·冈兹弗里德（Solomon ben Josef Ganzfried）（匈牙利，1804—1886）所作，《犹太法精选》是基于《犹太律法》[即"摆好餐桌"，是拉比·约瑟夫·卡罗（Rabbi Yosef Karo）所著的关于犹太法律的一本 16 世纪的法律汇编（葡萄牙，1488—Safed，奥斯曼帝国，1575）]的一本汇编。

② 《犹太律法精选》——《新版犹太律法经典指南的顺译和注释》，由亚伯拉罕·戴维斯（Avrohom Davis）英译，纽约：Metsudah 出版社；马萨诸塞州，布鲁克林：由以色列书店经销。

③ 彩棚是犹太教婚礼上按照传统会使用的华盖。它由布或纸张组成，有时由犹太教男人晨祷时的披巾组成，由四根柱子展开或支撑，或者有时由仪式随从举着。

为丈夫维持自己的美；

（3）卡巴拉教派意义：新郎不应只注重新娘的外在美，也要关注新娘的内在美。

如果人们不仅将面纱视为一件服饰，也将其视为（1）一个复杂的符号学手段，（2）一个现象学范畴，和（3）一个视觉阐释机制，那么正统犹太教婚礼则展现了几个排斥符号间的复杂交互作用：

（1）犹太教新娘的面纱体现了夫妻之间关系的视觉规范性（新郎应如何看待新娘，新娘又应如何看待新郎：隐身才能像可见那样得到赏识）；

（2）犹太教新娘的面纱体现了夫妻二人与外部社会现实之间关系的视觉规范性（除新娘丈夫以外的男性应如何看待新娘）。

从第二点来看，若要理解犹太教新娘面纱所体现的视觉规范性的本质，我们必须从其与婚礼上其他排斥符号（如彩棚）的关系来理解。彩棚表达了一个复杂的符号体系，但是从本章的观点来看，它似乎主要引发了下列观点：一方面，彩棚下的空间是投射性的，从这一"虚拟的、不可见的帐篷"四周可以看到这对夫妻；另一方面，彩棚本身是排斥性的，它体现了彩棚上下空间之间的视觉隔离〔从这一点来看，它使人想起了犹太教中（如犹太小圆帽或犹太教男人晨祷时的披巾）和其他宗教传统中的排斥符号〕。[①] 因此，要对戴面纱仪式所涉及的排斥符号和投射符号网络进行解释，我们需要明白（1）新娘（对于社会）的隐身性与（2）新娘（对于新郎）的可见性之间的辩证逻辑；以及（3）这对新人（对于超然存在）的隐身性与（4）这对新人（对于社会）的可见性之间的辩证逻辑。

2.4　宗教传统中视觉文化的含混

宗教原教旨主义认为，要理解某一宗教团体的视觉规范性在当下的意义，

---

① 在我之前的一篇文章中，我已经讨论过普鲁塔克（Plutarch）试图解释这一古罗马习俗（即在一些宗教仪式上用面纱遮住头部）的方式，（莱昂内 2007）；以及伊斯兰教花帽、索罗亚斯德教遮阳帽、罗马天主教无边帽以及佛教袍子等的符号学。

我们应该看看这一视觉规范性在该宗教团体处于辉煌年代时的意义，要是这一辉煌年代受到某一超然媒介的有力推动，那就更好了（莱昂内Forthcoming 4）。但是，为了支撑视觉规范性的某一"体制"，原教旨主义者通常将历史用作（强有力的）修辞工具：此修辞工具被称为"传统"（即文化信息由上一代人传给下一代，通常要经过好几代人）。相反，符号学分析表明，通常情况下，从历史中挑选出传统的方式是不公平的，并且，传统通常涉及背叛。例如，众多正统犹太教注释家将关于利百加的圣经内容视为戴面纱仪式的起源。然而，符号学分析指出，该段圣经内容和正统犹太教婚礼仪式基于不同的（如果不是相反的）目的性结构。实际上，在创世纪 24：65 中，是利百加自己用面纱遮住了头发，而在正统犹太教戴面纱仪式中是未婚夫通过使用排斥符号来掌控（1）新娘、（2）夫妇、（3）社会以及（4）超然存在的视觉规范性。而且，这两个排斥符号拥有不同的现象学结构：利百加的面纱遮住了其头发的美丽和潜在魅力，但该段圣经并没有明确说明此面纱是否阻止她看到外面的情形以及阻止面纱外的人看到她；相反，戴面纱仪式中的面纱遮盖了新娘的整个脸部，阻止新娘看到面纱外的情形，同时也阻止新娘被面纱外的人看到。

此外，凡是期望通过以过去为模型建立此规范性，从而掌控当代犹太教中女性身体视觉规范性的人都会发现，过去的矛盾并不比现在的矛盾少，或至少可供使用的历史证据太少，而不能确定这些规范性在圣经时代或塔木德经时代是怎样的情况。思考一下，例如创世纪 38：14 中关于他玛（Tamar）的情节：他玛是犹大（Judah）的儿媳，先后嫁给他的两个儿子。因为她的第一任丈夫珥（Er）作恶多端，耶和华将其杀死；第二任丈夫俄南（Onan）拒绝将其精液给予兄长的前妻，耶和华也将其杀死。因此，犹大承诺将他玛嫁给他的第三个儿子示拉（Shelah），但由于示拉还不到结婚的年纪，犹大便要求他玛打扮成寡妇，直至示拉长大。一天，犹大前往亭拿剪羊毛，创世纪 38：14 记述了接下来发生的事：

> 他玛见示拉已经长大，还没有娶她为妻，就脱了她作寡妇的衣裳，用帕子蒙着脸，又遮住身体，坐在亭拿路上的伊拿印城门口。（英王钦定本）

所以，他玛的反应类似于利百加的反应：她们都知道自己即将与要嫁的男人进行视觉接触；因此，她们用面纱将自己遮住，以表示和传达对男性欲望的无效性；但是，在他玛情节中，接下来发生的事却是自相矛盾的（创世纪38:15）：

犹大看见她，以为是妓女，因为她蒙着脸。（英王钦定本）

阿伦特·德·格尔德（Arendt de Gelder）在1667年创作的一幅绘画形象地说明，在这样的情况下，应作为隐身的排斥符号、作为屏障的面纱是如何消除视觉接触的可能性的，因此，他玛和示拉之间的爱欲便突然变成了可见的投射符号、展示屏，将他玛的身份变为妓女：

图4-6 阿伦特·德·格尔德《他玛和犹大》（1667年，私人收藏）

结 论

前面的例子意在表明，在犹太教以及其他宗教的视觉文化中，只依靠某一传统的语言文字及其解释，不足以理解面纱充当可见符号或隐身符号的原理，因为这一传统经常出现自相矛盾的一面，正如他玛和犹大之情节所展现的那样。相反，与其他隐身符号一样，面纱必须放到复杂的符号学网络框架中进行研究，可以用图4-7进行形象概括。

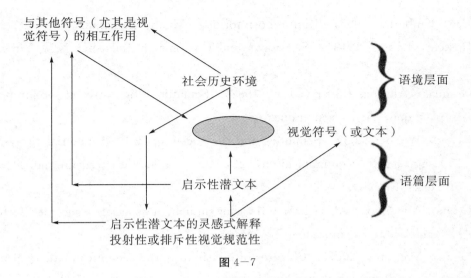

图 4—7

某一视觉符号（或文本）在某一宗教视觉文化中是充当视觉规范性的投射符号还是排斥符号，取决于语篇层面（视觉符号与"启示"文本之间的关系，视觉符号与启示文本的"灵性"解释之间的关系）与语境层面（社会历史环境，此视觉符号与其他视觉符号之间的关系）之间的复杂交互作用。

只有全面理解这一网络，符号学才能对超现代性中不同视觉文化的和谐共处做出有效的贡献。

参考文献：

Bronner，Leila Leah（1993）. From veil to wig：Jewish women's hair covering，Judaism.

Calabrese，Omar（1985）. Il linguaggio dell'arte. Milan：Bompiani.

Calabrese，Omar（1999）. Lezioni di semisimbolico— Come la semiotica analizza le opere d'arte. Siena：Protagon Editori Toscani.

Calabrese，Omar（2003）. Semiotic aspects of art history：Semiotics of the fine arts. In Semiotik：ein Handbuch zu den zeichentheoretischen Grundlagen von Natur und Kultur，Roland Posner，Klaus Robering and Thomas A. Sebeok（eds.），3，3212 − 3233. Berlin and New York：Walter de Gruyter.

Eco，Umberto（1997）. Kant e l'ornitorinco. Milan：Bompiani.

Epstein，Louis（1948）. Sex Laws and Customs in Judaism. New York：Ktav.

Greimas，Algirdas Julien（ed. ）（1984）. Sémiotique figurative et sémiotique plastique，Actes sémiotiques，60.

Keane，Webb（2003）. Semiotics and the social analysis of material things. Language & Communication，23，409 — 425，Amsterdam and New York：Elsevier.

Leone，Massimo（ed. ）2004. Il semi-simbolico，special issue of Carte Semiotiche，6，Florence：Le Monnier.

Leone，Massimo（2007）. Cultures of invisibility：the semiotics of the veil in ancient Rome. In Semio Istanbul 2007，proceedings of the 8 th Congress of the International Association for Visual Semiotics，held in Istanbul，June 2007，1069—1079. Istanbul：Istanbul Kültür Üniversitesi.

Leone，Massimo（Forthcoming 1）. Cultures of invisibility：the semiotics of the veil in ancient Christianity. In：Living in Between – Being in Between，proceedings of the symposium held at the American University of Girne，Girne（North Cyprus），April 2008.

Leone，Massimo（Forthcoming 2）. From language ideology to semiotic ideology：meta-perceptions of meaning across cultures. In Metamind 2008，proceedings of the symposium held at the Latvian Academy of Culture，Riga，Latvia，October 2008.

Leone，Massimo（Forthcoming 3）. Religion and Law-Semiotics versus Semio-ethics. International Journal for the Semiotics of Law.

Leone，Massimo（Forthcoming 4）. Stile semiotico del fondamentalismo religioso. In Il fondamentalismo，Roberto Mastroianni（ed. ），Milan，Baldini Castaldi Dalai.

五、后宗教人群：当代的火刑、葬礼和奇迹的符号学分析

本章提要：人数众多的瑜伽大师班在马德里马约尔广场吸引了成千上万的年轻女性；一群人在一位著名大学教授的葬礼上鼓掌；为了在克里斯托的装置——悬浮的码头——上行走，游客们要排几个小时的队。如果从符号学的方面来分析，所有这些明显不同的现象揭露了一个共同点：宗教仪式的消亡，使后忏悔社会对社群主义超然存在有着不可磨灭的渴求。虽然，这些实现超然存在的后宗教方式成形于后宗教"符号域"的空白框架中，而这些后宗教方式反过来又时常处于被后资本主义营销话语所操控的危险中，从而转化为神秘的精神异化的场合。

> "若所有人都选择更简单的东西，
> 那谁将会拥有更华丽的东西呢？"
> ［克莱门斯·亚历山卓鲁斯（Clemens Alexandrinus）《导师基督 II》，13，268；菲利普·沙夫（Philipp Schaff）译］

1. 后宗教火刑

那是春末夏初，一个阳光灿烂的周六，马德里时间早上八点半，对一个在周末慵懒的城市来说，这还是一个相当早的时间点。我从拉蒂纳（La Latina）的居民区走向国家图书馆，想要在那座豪华的图书馆中度过几个小时的时光。在马约尔广场与太阳门广场之间的一条街道上，我看见一群人排成一条长队。其中大部分人是女性，各个年龄层都有，但主要还是年轻女性。她们都穿着五

颜六色的舒适衣物，并拿着橡胶垫子。偶尔，我也看到有男性在排队，他们中的一些人默默地站着，另一些人会与周围的人进行一些交流。当我随着队列移动时，我才意识到它比我预想的还要长：实际上，人们从太阳门广场的地铁站开始排队，然后一直沿着整条街道，直至马约尔广场的附近。我好奇地观察了几分钟，想要知道最终的结果。这一队列似乎与办事处、医院和领事馆清晨还未开门之前的队列相当不同。我非常清楚人们排队等着提交签证申请时的状态：通常情况下，人们是疲倦的、烦躁的，手中拿着令人厌烦的文件夹，倦意和顺从使得他们的脸上面无表情；相反，这是一个朝气蓬勃、充满欢乐的队列，散发着自信和活力。但是，这些人这么早就在马德里最著名的两个广场之间排队（如图5-1所示），是要做什么呢？

图5-1 2016年6月4日清晨，马德里，从太阳门广场到马约尔广场的队列

我开始礼貌地和其中一些人攀谈起来。一位女士告诉我，一个大型瑜伽活动将在马约尔广场举行。我问她活动的时间。她回答道，十一点时会开门。十一点？这意味着这些人至少会排两个半小时的队才能进入广场参加瑜伽活动。虽然现在还不是夏天，但很快她们将被马德里炙热的阳光照到全身。我问道，是否有一位了不起的瑜伽专家来主持活动，但很快我就从人们的表情中意识到我问了一个无关紧要的问题。她们回答说，不，她们并不知道谁会来指导此次瑜伽大会。她们说，每年都会举办一次这样的活动，而她们非常渴望能加入其

中。我小心翼翼地拍了几张照片便离开了。

在去国家图书馆的途中，我经过了几座漂亮的巴洛克风格教堂，教堂的门已经开了，几位老年信徒在占座。我突然想起，天主教教会年历规定在这一天是"圣母圣心"庆祝节，这一节日是法国 17 世纪的法兰西国王圣·让·奥德（Saint Jean Eudes）[1] 在他的《对圣母玛利亚圣心的忠诚》（*The Devotion to the Very Saintly Heart of the Blessed Virgin Mary*）（1648）一书中发起并制定的。在这本礼拜仪式的专著中，国王详细论述了耶稣的心与圣母的心之间的协同作用。我想知道，这种协同作用是否经过转变，贯穿在我刚刚遇到的队列中。我也想知道，当一位年轻母亲的心跳和她圣洁的孩子的心跳同步时，这位年轻母亲内心的灵性概念目前是否还不太抽象，这种同步是否会被众多男女同步的肢体所取代，这些男女按照来自遥远东方的、超越基督教起源的精神传统来协调肢体动作。思考着这一神学想法，我已经到达了目的地，登上图书馆入口处的大理石台阶，然后进入二楼安静的阅览厅。一位年老女士正对着一本厚重的书做笔记，除此之外，就没有其他人了。我在想，是否我也应该在马约尔广场的入口排队，等着和成千上万的年轻美丽的人一起舒展身体。

恰恰是在试图使这种公众现象变得更好理解时，我们必须将所谓的"语言与宗教"研究范围从语言学中心延伸至一个更加具有包容性的——但是，不可避免地，也更加含糊的——符号学领域。此次马德里活动的几个方面都包含语言元素，因而涉及语言学研究。首先，活动的联络要通过语言进行（尽管不是唯一方式）。在网络上快速搜索一下就会发现，该活动是通过一个专业网站（http://www.freeyoga.es）发起的，而该网站属于奥依修（Oysho），是一家西班牙服装零售商，专门售卖女性家居服和内衣。奥依修是西班牙公司印地纺织（Inditex）所拥有的众多品牌之一。印地纺织是世界上最大的时尚集团（拥有众多世界知名品牌，如 Zara，Mango，Zara Home，Massimo Dutti，Bershka，Pull and Bear，Stradivarius，Uterque）。该活动在网页上的宣传语是"人数众多的免费瑜伽大师班"。对这一广告语的语言学分析要关注该广告所选之词的语义内涵。例如，"免费的大众瑜伽大师班"或"免费的集体瑜伽大师班"之类的表达都会传达不同的信息。一方面，现如今没有人喜欢被视为

---

① 罗德岛，诺曼底，法兰西王国，1601 年 11 月 14 日—卡昂，1680 年 8 月 19 日。

"大众"的一部分。实际上，和"大众市场"一样，"大众瑜伽"这一表达听起来带有贬义，而且听起来像不入流的、非专属的体验。另一方面，"集体瑜伽"实际上会让人想起在柏林一栋被占建筑中，或是在马德里的烟草厂所举行的免费活动。再者，"人数众多"是这一广告的关键励志词。这个词让人们觉得他们将会在与成千上万名瑜伽练习者和谐共处中授权自己的身份。它在唯我主义与融合之间设置了一个精明的平衡。① 最重要的是，它并不会与此次活动敏感但重要的商业性质相矛盾：人们必须要忘记自己是在一家全球内衣零售商的鼓励下做瑜伽运动，但同时要谨记：当这一庞大的人群突然安静下来练习瑜伽，他们必须以某种方式将自己肢体超脱尘世的灵活性与奥依修的内衣质量联系起来。

那这一切与宗教有什么关系呢？此次活动网站上的语言尽力避免将这次"人数众多的瑜伽大师班"呈现为宗教的甚至枯燥的灵修活动。如果宗教在此次文本分析中起作用，也是起着消极或对照的作用。完全没有提及东方、印度、隐蔽的静修地或者神秘的"勋章"。相反，网站强调琐碎的实际操作，而且主要强调此次活动的着装要求。这样做的原因很清楚，他们还在网页底部做了醒目的渲染：身材苗条的模特展示了一系列色彩柔和的内衣和运动装，贴的标签是"我们建议穿着奥依修品牌各种样式的衣服，以便练习瑜伽"。没有关于品牌起源或其延伸意义的描述。然而，不可否认的是，"奥依修"听起来与奥修（Osho）非常相似②，奥修是世界著名的大人物、神秘主义者以及精神领袖的名字。从某种意义上说，人们期望免费的瑜伽大师班把充满欢乐的、自由的、幽默的、非忏悔性的精神性与内衣品牌相联系，这种精神性类似于人们在奥修的众多书籍中所发现的机智内容。

"奥依修"与"奥修"之间的关系，是精神现象和宗教现象的语言学研究能够解释的，正如它能够分析贯穿在活动中的口头话语一样：人们在马约尔广场开门前排队时说的话一定是其中重要的一部分。例如，我在队列中简单"采

---

① 从这个角度来看，此次活动体现了对社会结构的一次市场开发，后马克思主义的作者们认为该社会结构注定成为资本主义社会中重大社会变迁的领导者；参见哈特（Hardt）和奈格里（Negri）2004，哈特和奈格里在政治哲学中引领了这一潮流；参见维尔诺（Virno）2004 和 2008 的同一行。

② 奥修：古其瓦达村，巴雷利区，瑞森区。博帕尔州（现代中央邦，印度）1931 年—印度马哈拉斯特拉邦普纳，1990 年 1 月 19 日。

访"的大多数人都会强调该活动"一年举办一次"。对该活动独特性以及重复性的强调，意味着这是一种礼拜仪式的场合，活动的日程安排很有可能让人们产生期待和渴望。

然而，活动的精神氛围不仅少量地源自那些通知、描述、评论和贯穿活动的语言，而且也大多源自伴随语言的其他符号，和形成此次人数众多的瑜伽大会的认知意义、实用意义尤其是情感意义的符号所构成的其他系统。人们如果忽略了这样的事实，则不能完全理解此次活动。

一方面，正如尤里·洛特曼①（Yuri Lotman）所言（1984），显然，对这一现象非语言方面的分析并不等同于细察口头话语所达到的连贯水平，有声语言仍然为大多数宗教的、精神的或准精神体验的"主要模型系统"。另一方面，把对精神活动的理解简化为纯粹的语言学维度是不够的②，尤其当语言不遵循预定的礼拜仪式，并以混合不同风格（精神的和商业的，运动的和冥想话语等）为特色时，如马德里的瑜伽聚会。

为了符合索绪尔③（Ferdinand de Saussure）对符号学所下的创造性定义，宗教符号学必须要考虑语言与其他表达手法之间的相互作用，因为它们共同决定了意义和精神现象体验所构成的框架。例如，在类似上文提到的活动中，符号的众多配置都有助于实现符号的语义内涵和情感色彩的组合。我们要考虑的第一个元素是队列本身。排队是人们生活中经常发生的事情。关于排队等待的符号学仍有待发展，而且应当被视为等待的一般符号学的一个特例。④

在格雷马斯看来⑤，等待构成了主客体之间的语用排列和时间排列：等待中的主体已与客体处于重要联系中。然而，等待是由下列事实造成的：主体还未拥有适当的能力来获得客体，所以就一直搁置客体直至获得该能力。因此，从世俗的观点来看，等待的特征是持续性，即一种暂时制度，该制度的主要体

---

① 在俄罗斯：彼得格勒，现在的圣彼得堡，1922 年 2 月 28 日—塔尔图，1993 年 10 月 28 日。
② 参见雷里希（Lehrich）2014。
③ 日内瓦，1857 年 11 月 26 日—维夫朗城堡（Vufflens-le-Chateau），沃州，1913 年 2 月 22 日。
④ 关于等待的人类学，参见哈格（Hage），2009；关于等待的现象学，参见埃比希豪森（Ebbighausen）2010；语义学视角和叙述视角，参加本茨（Benz）2013；也可参见邦皮压尼（Bompiani）1988 和卡列罗（Cariello）2014。
⑤ 即从符号学家格雷马斯（Algirdas J. Greimas）（图拉，现在的立陶宛，1917 年 3 月 9 日—巴黎，1992 年 2 月 27 日）提出的符号学来看。

貌特征是在时间上延伸而又不被（外部？）事件所打断。主体的渴望、主体与客体的距离与等待的持续暂时性之间的关系以及主体本身的欢快/悲伤，一起决定了主体的认知、语用和情感色彩［格雷马斯和丰塔尼耶（Fontanille），1993］。

一方面，为了获得客体，主体会变得不耐烦，并且想要停止等待，如恋人等待约会时便会发生这样的情况；另一方面，如果主体本身实际上就是其他消极主体的客体，那么，主体可能会想延长等待。例如，被判死刑的人希望增加时间间隔，从而将自己与死刑分隔开。虽然，在两个例子中，等待本身是如此折磨人的一种经历，从而变成次要客体。自相矛盾的是，恋人可以在见到爱人之前决定离开，因为他们无法忍受等待爱人的焦虑；相应地，死刑犯出于同样的原因可能想要尽快死亡。

但是，排队等待并非简单的独自等待，而是和其他人一起等待。这些众多的等待者会觉得是在互相竞争。某人等着被银行职员接待时也是如此。在那样的情况下，前面的人更接近于获得客体这个目标；反之，后面的人则离该目标远一些。人们经常对前者怀有敌意（希望比前面的人更接近客体），然而，人们对后者也经常怀有敌意（希望保持比后面的人更接近客体的状态）。在这些情况下，插队被认为极度不公平，因为它破坏了等待的时间等级制度和存在等级制度。竞争激烈的等待队列迫切需要组织和监督，以免发生冲突。

然而，也存在等待的参与者并不觉得他们是在互相竞争的情况，例如，相反的，在政府机关或医院前排队时，人们会觉得他们在一起等待。在格雷马斯看来，他们由个体的等待者融合为一个集体的等待"行动素"（actant）（格雷马斯 1998）。在这些例子中，虽然人们仍然在排队，而且遵循"前"和"后"的等级制度，但他们认为当队列中的所有人作为一个群体而不是个体，来获得客体时，他们才能获得客体。这就是在一家著名餐厅前排队等待与在一个体育场前排队等待的不同之处。第一种等待队列激发对暂时性、持续性和渴望的个体体验。相反，第二种等待促进对暂时性、持续性和渴望的合作体验。等待马约尔广场开放的年轻女性急着获取她们在广场中的位置，但是，她们本质上想要成为等待群体的部分。虽然她们想要进入，但是她们想要与一大群人一起进入。

正如营销家所熟知的那样，由于人们经常等待对他们有价值的东西，所以让人们等待某些东西时常会增加他们对所等待东西价值的感知。没有一个巴黎人会认真对待不需要长时间排队等待的餐馆、展览会或者政治集会。然而，就这一点而言，我们必须注意到个体队列和集体队列之间的差别。对于那些排队的人和发现餐馆的人来说（尽管必须维持兴奋的顾客和恼怒的顾客之间微妙的平衡），人为创造的队列能够增加餐馆的吸引力；在这种情况下，等待的队列提高了客体的价值。相反，在集体队列中，与其他人一起排队等待有助于集体行动素的产生。在队列中长时间等待，人们会逐渐剥夺自己的个体免疫力，而开始追随他们所选共同体的世俗的、本能的节奏［埃斯波西托（Esposito），2010］。在队列中，人们学会如何成为一个集体的主体，如何跟随他人的节奏，同他人一起渴望。

这便是必须将宗教语言学扩展至宗教符号学的主要原因。若不考虑等待的叙事结构、等待队列的语用学及其内部躯体①的空间关系学（即由于共享相同的社会组织空间，人们的身体开始与他人的身体产生共鸣），便不能掌握排队等待参加"集体的"瑜伽大师班和排队等待参加宗教仪式之间的相似点。虽然，奥依修活动明显是按照精明的营销策略而筹划的商业活动，但是，它安排等待的时空方式使其获得了精神内涵：如果关闭马约尔公共广场的实际原因不是将其变为宗教性等待队列的目标空间，那又是什么呢？

活动的空间是宗教现象的符号学分析必须考虑的另一个基本元素。本质上，宗教仪式和礼拜仪式编排通常会包含等待的时间和空间。关于宗教仪式的结构通常专注于宗教仪式的节奏维度，然而，若不在作为与不作为、动态与静态交替转换之间进行谨慎调节，这样的节奏就无法形成。② 在众多宗教文化中，信徒需要按照两种方式来等待：一是遵守宗教仪式的秩序，二是之前等待加入宗教仪式本身的时间和空间。因此，等待队列的营销利用了一种符号学模式，该模式的起源在本质上带有宗教性质：年轻的马德里女性满怀期待地等着马约尔广场的开放，正如她们的祖母等着教堂的开放、牧师的到来，或者游行期间圣人的塑像从寺庙大门出现的那一刻。从这个意义上讲，只有按照等待队列和执行空间维持的拓扑辩证法（在此拓扑辩证法中，个体主体所需的时间和

---

① 关于内部躯体的符号学解读，见兰多斯基（Landowski）2004。
② 关于节奏的符号学解读，见塞里亚尼（Ceriani）2000。

耐心导致目标客体的集体重聚），我们才可深入理解等待队列的符号学、空间关系学、缓慢的姿态学、微观交互作用以及队列在活动符号经济中的叙事意义。由于等待的队列是公共的、非竞争性的，因此队列流入的时空是空间性的、共时性的。然而，在竞争性的等待中，个体一个接一个地同意——最多以小团体方式前进——表演空间和实现愿望（例如，当某一餐厅的顾客逐渐就座，其他排队等待的顾客就会更饿，会更紧张地期待着）。在社群性的等待中，队列允许个体成为一个群体，只要寺庙一打开大门，他们便愉快地冲入表演区域。大门的关闭和大门后面二维空间的存在赋予等待队列一个更加显著的宗教仪式特征。排队队列向大面积聚集的转变标志着宗教仪式叙事的两个状态的过渡，以及个体主体阶段向集体行动素阶段之间的过渡。

正如活动照片明确展示的那样，广场的宗教特征并不与即将在广场上举办活动的商业性质相矛盾，按照广告语的说法，广场的宗教特征起作用，恰恰是因为其内涵。

图 5-2　2016 年 6 月 4 日，马约尔广场正在进行的群体瑜伽班

换言之，活动的符号句法将广告话语转化为宗教仪式话语：这一话语的都市化和建筑上的支持有助于资本主义与神圣之间的融合。若太阳门广场是这座城市的社会中心［著名的"零点"（Kilometro Zero）便在此，即马德里的一个点，从这个点开始测量到西班牙首都的距离］，则马约尔广场理所当然是这座城市的历史中心（它是马德里和西班牙的近代史中最著名的公共活动场所）。尤其，自从西班牙法庭在 1560 年搬至这座城市，马约尔广场便一直起着给宗

教团体提供公共空间的作用。在此，西班牙人举行公共行动、斗牛活动。（如图 5-3 所示）

图 5-3　弗朗西斯科·里齐（Francisco Rizi），1683 年，马德里马约尔广场，对异教徒处火刑，帆布油画，277 cm × 438 cm，马德里：普拉多博物馆

无数的死刑在此执行，每一次执行都具有精确的暴力拓扑。断头台设置在被称为"the portal de pañeros"（掠夺之门）里，预示着公开执行处决；断头台的对面是"Casa de la Panadería"（面包店），意味着需要绞死；更讽刺的是，断头台的前面是"Casa de la Carnicería"（字面意思是"屠夫的房子"），意味着需要用刀或斧头。几个世纪以来，这一正方形广场作为集体宗教仪式媒介的发生场所，马德里市民已经学会将此广场连同广场的几何结构、雕像、瓷砖以及入口处的复杂拓扑学一起考虑，以便体验暴力的预期狂喜和一定限度内摧残肉体的狂热。更直白地说，纵观马德里的历史，马约尔广场已等同于世俗牺牲的竞技场。这些世俗牺牲发生于严格意义上的教堂和宗教空间之外，但却承担牺牲的所有符号标志。血液汩汩地在广场上流，不管是来自一头不幸的公牛或是一个不幸的人，其目的是加强西班牙社群主义行动者的集体主义，因为社群主义行动者遵守国家和君主政体这一神圣的等级制度。

2016 年 6 月 4 日，西班牙皇室的昂贵挂毯为纯紫红色的毯子所取代，该毯子印有奥依修庄重的、具有东方特征的商标。在广场上，虽然众多身体本应该呈现出扭转、扭曲以及克制的痛苦表情，但事实上，没人被肢解、烧死或执行死刑（如图 5-4 所示）。

图 5-4　2016 年 6 月 4 日，人们在马德里马约尔广场练习群体瑜伽

此外，这一狂热群体的宗教仪式由皇家装置实施暴力，没有国王来主持这一场献祭。然而，难道这些成千上万的排队女性，还有其中有一些男性不是既涉及个体又涉及整个群体吗？他们都对后现代、后资本主义消费主义"献祭"（在这些消费主义中，购买不再仅仅是效忠于市场以及营销的行为，而是将自身伪装为"自由"的行为）。究竟是什么能够促使这么多人在马德里春末的周六早起呢？如果不是对瑜伽话语所承诺的集体释放的期待，那又是什么呢？瑜伽话语被商业话语精心地操纵和控制。

等待队列和公共广场这两幅图的空间关系学和空间拓扑，借助上文描述的辩证法，呈现出一种双重的、模棱两可的性质。等待队列让人想起"等待"，关于营销和资本主义消费的修辞将等着选为强有力的价值隐喻（即"值得等待"）。近年来，苹果公司（或者规模小一点的三星集团）每发布一款新手机，都会在世界范围内引发排队购机的现象，在队列中，买家争着购买上市的第一台产品。与此同时，这些人还会通过自己的坚持等待来证明史蒂夫·乔布斯产品的超自然价值。在上文分析的宗教仪式活动中，后资本主义营销话语通过与广场（队列解散的场所）的符号史之间的相互作用，从而精明地鼓励竞争性队列转变为社群主义队列。因此，在这种情况下，等待队列作为价值的累加器，虽然，其最终结果不是个体对某一品牌宗教气氛简单的喜爱，而是集体对该品牌精神升华气氛的崇拜。马约尔广场上的人并不是简单地想拥有奥依修的内衣和运动服；他们想要属于这个魔法协同世界，奥依修积累的经验会允许他们进入这个世界，比如 17 世纪西班牙的死刑执行。

由此看来，群体的瑜伽活动体验是具有创新的体验，因为它赋予个体——正如社会学和宗教人类学的经典著作中所描述和分析的众多宗教仪式那样——本体感受的、情感的和超认知的信仰，坚信这些个体不再孤独。他们在烈日下排队等待数小时只为祈福时刻。在那一刻，他们感知到诅咒其生活的、空荡老旧的教堂无力驱散的存在孤独感，消失在对集体表演的渴望中，消失在对广场的共时占用中，也消失在商业品牌的"牧师"精心安排的一千个身体的融合动作中（图 5—5）。

图 5—5　2016 年 6 月 4 日，人们在马德里的马约尔广场上集体表演瑜伽

这些元素中没有一个元素可单独证明宗教活动结果的合理性：与队列相关的广场拓扑学；贯穿其历史的符号学内涵的沉淀；通过后资本主义品牌含糊的建筑学话语和装饰性话语来展现活动的空间。然而，所有这些元素一起形成了符号学"轮廓"，将这座城市的时空碎片转变为一次即兴的宗教体验，一场"低强度的宗教仪式"。借助此宗教仪式，参加者通过群体及其后世俗的宗教仪式和该群体下意识表达的商业忠诚之间的联系，会感受到柔和的转变与提升。

2. 后宗教葬礼

意大利一所大学一位杰出教授几年前去世了。他是一位符号学家。该大学在文学系图书馆的花园里设置了一间荣誉葬礼墓室，之后又移至一座漂亮的中世纪建筑中。亲戚、门徒、同事和学生都极其悲伤，极其感动。安伯托·艾柯（Umberto Eco）当时也在场，表达对已故者的敬意。亲朋好友和同行同事发表了一些感人的致辞，之后，四位同行将棺柩抬在肩上，离开墓室。就在那一瞬间，庞大的人群中爆发出一阵雷鸣般的掌声。然而，与此同时，安伯托·艾柯用他独特的沙哑却洪亮的声音对人群吼道："葬礼上不要鼓掌！"

那天，我因为失去了那位优秀的教授而悲痛欲绝。但是，几个月之后，安伯托·艾柯的话还在我脑中回响。为什么不应该在葬礼上鼓掌呢？而意大利人又为什么有序地在公众葬礼上鼓掌呢？最后，为什么这种行为会让安伯托·艾柯如此恼怒呢？

在传统的、近现代社会中，葬礼在本质上是一场宗教活动。公众都会同意下列事实：葬礼是从生到死的过渡，是对死者的纪念以及哀悼的过程，必须按照一系列的准则来管理。而这些准则的本质并不仅仅是合乎律法或道德的，而是会引发对来世的反思，比如对超然存在的反思，或者至少是对存在的精神维度的反思。[①] 对世界上一些主要的宗教来说，葬礼、埋葬、哀悼和对死者的纪念并不是个人或家庭突发奇想，而是借助一个技术设备来调控，该技术设备应使哀悼过程的每个方面都仪式化。只有伴随某些社会所谓的"世俗化"，才会出现关于举办葬礼的问题，这些葬礼并不一定明确地直接涉及宗教准则。由此看来，国葬便是典型的例子。当一个国家想要公开而郑重地纪念一位著名人物的死亡，而又不侵犯教会与国家、忏悔与行政之间相分离的原则，此时会发生什么呢？更广泛地说，当死者生前并未表明信奉任何宗教或可能已明确要求埋葬时不需要任何宗教仪式，那么该如何安排葬礼呢？一个国家级的非宗教性的葬礼是什么样子的呢？

以上关于葬礼的问题是极具现实意义的，因为它不仅涉及死亡，也涉及人类在现代和当代社会中生存的其他重大阶段。必须设置传统宗教仪式的世俗版本这一窘境，不但在葬礼上从宏观方面进行了自我证明，而且也会影响其他类似的存在阈值，如婚姻：当一场婚礼被剥夺了所有宗教元素（该宗教元素认为

---

① 关于葬礼的人类学的文献有很多。经典的有埃里斯（Aries）1974 和 1981；狄·诺拉（Di Nola）1995a 和 1995b。

婚姻合法性与超然框架有关），如何将符号的庄严性、神奇的有效性与婚礼结合起来？市长对新郎新娘宣读某个宪法章节，规定他们作为已婚夫妻的权利和义务，就如神父或毛拉或者拉比阅读圣典。在此圣典中，神圣的词语规定了他们对爱情结合的形而上意义的看法，对新婚夫妻及其社群来说，前者能达到与后者相同的符号有效性吗？几个世纪以来，在罗马教堂内，男人和女人一直在神和立法机构面前说"我愿意"。现代建筑风格的市政厅及其满是文件的办公室能以同样庄严的方式举行典礼吗？

在这种情况下，正如在之前的例子中那样，宗教符号学必须与宗教语言学进行合作。为了对这两种话语风格的差异点和相似点进行对比概述，对宗教仪式和世俗宗教仪式进行比较语言学分析是必不可少的。例如，一方面，为了在众多管辖范围内完成现今的民事婚姻，法律规定的准则似乎避免提及宗教、超然存在以及婚姻的形而上学基础；然而，另一方面，一个微妙的文体分析表明，在很多情况下，这些准则往往会再现它们的宗教对应物的韵律、节奏和句式风格。换言之，或是更抽象地说，"世俗化的"宗教仪式准则远离一切宗教内容，但经常下意识地使用类宗教的表达。葬礼也是如此：虽然，公民的国葬可能将明确的宗教话语从典礼中排除，但是，国葬的语调和一般语域都类似于宗教葬礼。这一发现可被概括为一个关于死亡的宗教仪式的世俗化更具包容性的假说：虽然其语言的语义学系统地清除了一切宗教背景框架，但是，其宗教仪式有效性的语用学仍然依赖于它们对宗教意义模式的潜在依附。

然而，仅仅从语言学的角度来讲，我们并不能完全掌握世俗化的宗教仪式中宗教次文本的延续性。为了确定严格的宗教典礼与后宗教典礼之间的亲缘关系，对语言的分析是极其重要的；但是，也是在此种情况下，对举足轻重的非语言系统的分析最大限度地揭露了后宗教社会的宗教仪式焦虑。当今诸如葬礼和婚礼仪式的民族志正在生成一部扩大的、日益成熟的文献。[1] 多亏了这样的民族志或民族学解释，我们才能明显感觉到个人、团体和群体做出的努力，以便在恢复存在主义仪式的符号有效性时，在思想上与过去的宗教框架完全隔离。例如，如果拒绝一切传统洗礼，那一对后基督教夫妇如何庆祝孩子的诞

---

① 有关"替代宗教"的概念的介绍，以及对马尔科·西蒙切利（Marco Simoncelli）（意大利，卡托利卡，1987 年 1 月 20 日—马来西亚，雪邦，2011 年 10 月 23 日）——一名著名的摩托车骑手，在马来西亚的一场摩托车比赛过程中不幸死亡——葬礼的明确分析，请参阅贝尔扎诺（Berzano）2000。

生？越来越多地，人们预料到"洗礼"这一基督教仪式会被"婴儿浴"这一"世俗的"仪式所取代，这在西方国家日益普及。即使不利用心理分析来指明净化之水的意义如何在"世俗仪式"中存留，也可以明确的是，"婴儿浴"的起源与普及的社会文化原理在于从符号方面取代洗礼的必要性。洗礼作为宗教仪式，有效标志着社区中一个新个体的诞生。

完全的宗教仪式可能已被完全或不完全世俗的方式解构并重构，在这样的情况下，与宗教语言的语言学分析并行的符号学分析的紧迫性更加显著。最近，我参加了一场后天主教婚礼（有意思的是，新郎和新娘都来自天主教家庭，但都宣称自己是不可知论者和无神论者）。婚礼上，一位好友取代了神父的地位，乡村别墅的场景取代了教堂，对新郎新娘的过去的调侃取代了礼貌的客套话，最后，在所有出席者戴着红色的小丑鼻子时，婚礼落下帷幕。试图颠覆、解构甚至愚弄天主教婚礼传统的礼拜仪式，这一意图是很明显的。但是，也是在这些情况下，更深入的符号学分析揭露了这一颠覆的紧张不安。事实上，解构主义逆转预设了上文所述的符号现状，涉及引起模仿所必需的东西。因此，关于上述婚礼，虽然婚礼上没有看到神父，但神父仍然存在，通过奇特的对应人员而存在于婚礼上；婚礼的庄严性因小丑鼻子而受到明显的愚弄，但是，作为一种精神和一种充满悲伤的迷失幻影，庄严将仍然萦绕在这对夫妇的周围。婚礼中的一切已被周密计划来意指醒悟，但是，仪式框架还是存在，标志着魅力作为损失，作为讽刺的怀旧之情，以一种消极的形式存留着。若不采用结构的分析方法，如符号学，将很难准确描述宗教魅力在仪式复苏的后宗教环境中的这种存留。例如，在这场滑稽的婚礼中，不仅仅语言学分析显示了开玩笑的音调、停顿、总体的情感共鸣，甚至句法选择也泄露了宗教潜台词在嘲弄之下紧张不安的存留。而且，与语言学分析并行的符号学分析指出，赋予整个环境一种宗教仪式气氛的东西——尽管婚礼出席者具有觉醒和亵渎的意图，恰恰就是出席者的空间关系学，新郎和新娘单独站在神父——小丑的前面，而所有宾客有序地坐在他们后面。对天主教婚礼的这一模仿排除了教堂、神父、圣坛、墙壁上的圣像等，但却无法排除天主教婚礼的空间关系学，而且单单此空间关系学就能使人们想起所有那些符号装置（如教堂、神父、圣坛等）的物质不在场和模糊在场。要解构和去魅婚礼之类的宗教仪式，并非易事，因为，宗教仪式的历史性和集体性想象将自身与宗教符号域紧紧地联系起来，以至于要消除此关联，就要消除仪式。我们可以尝试以"世俗的方式"结婚，但是，婚礼将以拼凑传统宗教话语的碎片以致过去的碎片完成一次大杂烩而告终，不仅有意识的符号学分析家，而且宾客自身也会察觉出宗教性。实际上，对大多数宾客来说，正是因为后天主教仪式将自身构建为替代的、寄生的对应物，所以，后天主教仪式的符号有效性看起来会有一种怀旧的苍凉。

后宗教仪式对先存又毁掉的宗教仪式的符号有效性，尤其是语用有效性的符号学结构的内在依赖性并不排斥下列情况：符号的新元素和新结构可能会出现在这个或多或少自发形成的大杂烩中，个人或社群凭借此大杂烩，力图在世俗环境中重新定义存在转折点的仪式性。我们必须从这点来理解在葬礼上鼓掌的怪异行为。首先，应强调的是，在葬礼上鼓掌还不是一个普遍的习惯，但是，这个习惯已经在意大利大部分地区固定下来了。每个社群都会形成一种独特的方式来表达集体感受，在意大利，鼓掌享有的实用气氛与其他社群中察觉到的实用气氛不同。当飞行员在恶劣的天气状况下完成了一次特别平稳的着陆时，意大利人会为他们鼓掌。在那种情况下，鼓掌意味着对机长的飞行技能和着陆技能的称赞，这可能会让非意大利游客感到困惑，但通常会使非意大利飞行员感到高兴。然而，这并不是鼓掌的唯一意义。除了祝贺飞行员的这一主要功能，鼓掌也起着手势兼声音代码的作用，意味着产生和表达这一集体感受："我们活着，并且所有人都活着，因此，我们欢快地鼓掌来表示紧张着陆之后的慰藉。"在接近机场的途中，大家各自都很焦虑，想着生命可能会突然悲惨地结束，因这一想法而饱受折磨。着陆之后，这些个人焦虑融合为一种集体的兴高采烈，因此，这种感觉不仅要通过个人的语言交流（例如，离开飞机时对机组人员表示祝贺）来显示，也要通过集体的、非言语的、有节奏的交流来显示，如鼓掌。

这两个要素也出现在新的甚至更使人困惑的葬礼上鼓掌的习惯中。有人可能会问，谁是掌声的主要接收者。当然，人们不是为死亡鼓掌，尽管死亡似乎是此次典礼活动的真正主角。相反，他们是为已故者鼓掌——尤其，当死者在某种程度上来说是公众人物时，从而表示对一个人过去人生的集体认可。在这种情况下，鼓掌意味着："你的人生过得很好，所以，我们为你过去人生的圆满而鼓掌。"在已故意大利符号学家的例子中，鼓掌表示："你是一名伟大的教授，为你任教的大学做了诸多贡献。因此，我们为你鼓掌。"然而，在乘客为飞行员平稳着陆鼓掌的例子中，鼓掌不仅具有主要的符号学功能，表示集体认可，而且还具有次要功能，通过简单的、有节奏的手势声音代码，创造一个集体行动者。① 进行这一创造的目的不仅仅是形成一个集体主义主体，赞许已故者（某飞行员）的人生。在葬礼上因相同的原因鼓掌从而形成集体行动者，同理，在经过危险而着陆后，飞机中也会形成集体行动者。人们力图不与死亡独处，并且需要集体互相确认一个事实：他们还活着。当向死者表达敬意时，他们也不自觉地为自己的幸存而感到高兴，相互确认他们还活着。这是一种只有集体仪式可以赋予的个人感觉。一个人独自生存时是感觉不到的，尤其是在经历心爱之人的死亡时。在传统文化中，默哀仪式总是集体性的，因为只有借助哀痛之人与社会环境之间的相互作用，哀痛者才能坚定存在信念，即他们属于活着的一方，从而逐渐将自己与已故者区分开来。在将失去亲人的个体结合为一个哀痛团体时，葬礼这一宗教仪式起着重要的作用，在此框架下，死亡本身通常升华至一个更高级的维度，有时还会升华至一个超然维度。

然而，在经历"世俗化"、社会与社群的平行分裂后，葬礼和哀悼之类的宗教仪式被逐渐废除，失去亲人的亲属、朋友和同事在描述心爱之人死亡的悲痛经历时，便没有任何仪式指导，这时，会发生什么呢？一个人如何在没有仪式、没有社群的情况下哀悼呢？独自哀悼是一种难以忍受的经历，这恰恰是为何一个自发的拼凑符号能在世俗的、后天主教社会（如意大利社会）中形成集体哀悼的新方法，尽管涉及死亡的传统宗教仪式已逐渐消亡。因此，当意大利人在葬礼上鼓掌时，他们不仅表示"我们共同向一个模范人生致敬"，也表示"我们通过鼓掌这一实体同步，将自身转变为一个哀悼群体"。但是，为什么安伯托·艾柯却对鼓掌的人群吼叫呢？

微妙的线索可以将之前描述的广场聚集与葬礼上鼓掌的人群的表现联系在一起。在这两种情况下，宗教仪式逐渐消亡的符号结构留下一个空白框架，在此框架中，会发生社群的后宗教拼凑，并获得现有仪式的新形态。等待寺庙开门的老年信徒让位于等待马约尔广场开门的年轻瑜伽爱好者；集体哀悼这一精心安排的礼拜仪式为鼓掌社群的自发形成留有空间。在这两种情况下，尽管觉醒的后宗教个体的社群主义复魅并非完全无罪，但这表明，宗教仪式不在场化

---

① 关于人群的符号学的经典研究，请参阅卡内蒂（Canetti）1973。

与其在后宗教形式中的新型在场化之间的缺口，是外部中介一直试图占领的空白空间。换言之，一个传统社会的宗教机构（如西班牙的天主教会）所废除的神力框架并不会随着权力的消失而消失。从传统的、前现代宗教社会过渡到后现代、后宗教的"世俗"社会，产生了一个关于符号阶层的空白结构和信仰模式，该空白结构和信仰模式在传统的宗教声音消亡之后仍然完好存在。后天主教社群（如意大利）可能会抵制"教皇无谬论"的教条，甚至可能会抵制作为宗教机构的教皇本人，但是通过在其他生活领域展示其意图，他们却不自觉地在暗中继续寻求教皇。就如，意大利人对乌托邦和完美政治领袖之魅力的向往，能够毫不费力地将他们传送至一个更加美好的存在主义王国，这种渴望只有了解神圣的圣统制传统（天主教生活方式消亡后遗留下来的）的情况下才容易理解。

同样，甚至更具体地说，宗教集会的终结并不只是创造了一个空缺，而是创造了一个兼具象征主义和实用主义的空白模式框架，其他机构可以占有并利用这一框架来达到效能。在第一个例子中，全球资本主义、市场营销和消费主义明显剽窃了宗教仪式的符号结构，以便将后宗教个体的象征主义拼凑物与商业起源联系起来。在第二个案例研究中，渗入社群后宗教结构中的是"景观"概念本身。安伯托·艾柯之所以反对在葬礼上鼓掌这一新习惯，是因为按照定义，鼓掌是对一场演出表示肯定和认可的有节奏的有声手势。现今，死亡并非一场演出。即使是人们选择自杀，死亡也不可能被视为成就，而是被视为被动遭受的事物。然而，在葬礼上鼓掌的行为不可避免地形成了一种符号学场景，在此场景中，新旧仪式间的缺口被社会机构占据并以某种方式利用，这些社会机构创造、呈现，最重要的是，将景观销售给受众。在鼓掌的过程中，哀悼人群通过将神圣场景转变为一种模拟场景，否定自身在仪式上的后宗教自我定义。从某种角度来说，在葬礼上鼓掌，把死亡、逝者及其失去亲人的亲属们从死亡、痛苦和哀悼的现实中剥离出来，最终，对人群本身来说，不可能深刻地共同意识到死亡所蕴含的存在主义和本体论深渊。当葬礼变成一场表演时，它必然成为一场无意义的表演。在这场表演中，死亡意识及其仪式阐述让位于悬置解决的景观化。

3. 后宗教奇迹

　　2016 年 6 月 8 日，由保加利亚的著名艺术家克里斯托（Christo）打造的一个新型装置向公众开放。该装置为一个临时漂浮码头，连接意大利伊塞奥湖（Lake of Iseo）苏尔扎诺（Sulzano）村至湖上小岛蒙泰伊索拉（Monte Isola），然后连接至湖中央的私人岛屿圣保禄堂（San Paolo）。该码头 24 小时开放，随时都可免费在两条道路上行走，没有容量限制，可漫步于码头中心 8 米宽的通道上（码头总宽度为 16 米）。该装置由 20 万个高密度聚乙烯平行六面体组成，洞穴截面为（50×50×40）厘米，与 100 米长的漂浮模块连接在一起，通过 150 个锚，该码头在湖面 100 米以下固定，每个锚重达 7 吨。漂浮码头的总长度为 4.5 千米，其中，1.5 千米在陆地上，3 千米在水面上。之后，该码头于 2016 年 7 月 3 日关闭、拆除并回收利用。克里斯托——这位艺术家，在离开 40 年之后又回到意大利，他在开幕式上说："我能让你在水上行走；最好赤脚而来；在行走时，你会感觉到脚下的流水。"

　　这位名叫"克里斯托"的艺术家向观众承诺他会让他们在水上行走，其讽刺意味太明显，无须赘述。更有意思的是，恰恰相反，该装置吸引的人群多得令人难以置信。成千上万的人排队等候数个小时，以便能够在伊塞奥湖的平静水面上漫步（如图 5—6 所示）。

图 5—6　参观意大利伊塞奥湖克里斯托漂浮码头的人群　2016 年 6 月下旬

这一美学实验的巨大成功并不仅仅因为其宏大场面。成千上万的人千里迢迢，排着长队，以便获准进入这一临时设施，这一现象需要更具包容性的解读。在一个后宗教社会中，人们渴望奇迹的发生。但他们不一定渴望宗教神迹的发生，如一个人在福音书中看到的奇妙治愈，尽管这些宗教神迹也在当今社会、主要在信徒社群中起着重要作用。然而，即使是那些声称自己与所谓的世俗社会中的宗教信仰完全无关的人，也越来越渴望美学奇迹，因为他们沉浸在经验和知觉环境中，这些环境以某种方式将他们从通常的符号习惯中剥离，并以崇高包围他们。当克里斯托邀请成千上万的公民赤脚在伊塞奥湖的表面行走时，他赋予他们的与其说是一次宗教神迹经历（考虑到装置附带的客观技术说明以及其创造者以半开玩笑的方式提及耶稣在水上行走的神迹，这显然不是一个奇迹，也并不展示为一个奇迹），不如说，克里斯托以某种方式将自己嵌入了世俗社会中的传统宗教仪式消亡后留下的空白框架，以便将耶稣神奇地在水上行走的故事转变为后基督教的、世俗的崇高体验潜文本。在装置开放的几天之内，蜂拥而至的人们受到码头暂时开放的鼓舞，尽其所能，以便在对崇高的集体体验中赶紧加入一个临时的、后宗教社群。

同样，在此情况下，一个再精致的市场仍然是市场，渗入从信仰宗教神迹过渡到艺术崇高体验之间的中空中。孤独星球（Lonely Planet），作为突出显示装置的网站，已将克里斯托的漂浮码头列为"2016 年十大观光景点"。十大景点列表无足轻重的营销与艺术家的美学雄心相交融，从而将大众旅游的消费主义逻辑引入上述仪式性的空白空间中。正如马德里的年轻女性一样，她们可以免费参加人数众多的瑜伽大师班，而游客，即新的朝圣者，将会涌入湖泊周边的城市，在当地旅馆入住，在当地餐馆就餐，免费进入这个设施。

但是，这些活动、装置和掌声真的是免费的吗？难道其代价不是真实形成的但被临时社群取代的社会联系？临时社群对意义及其集体感知的渴望不断被资本主义剥削形式所胁迫。在仪式的祭祀圈之外，在营销安慰剂的范围之外，是否可能存在一个社群，承诺在当代社会中治愈伤痕？

结　论

本章既关注方法论，也关注主题。首先，本章指出，无论对宗教现象的语言分析有多复杂，它很难从并行的符号审视中分离。在许多宗教文化事件中，语言所起的基本作用是精神和宗教体验的"一重模塑系统"。然而，对专门的语言结构进行孤立的研究，可能会在某种程度上忽略这些意义模式与特定非语言环境之间的共鸣。语用学已经形成了极其复杂的工具和技术，以便精细地剖析宗教话语的语境特征。但是，不提及索绪尔、皮尔斯、洛特曼、艾柯等提出的符号学框架，便无法对这些特征包括的要素进行充分解释。举例来说，在上述三个案例研究中，按照人数众多的瑜伽大师班的宣布方式、葬礼在仪式上的执行方式以及装置向受众呈现的方式，突出了意义的语言模式。对这些文本进行语言分析，可以发现潜在的宗教或精神上的含义。然而，正是因为语言是大多数符号域的一重模塑系统，当一种文化经历"世俗化"过程时，它也是所有宗教内容或宗教追寻中首先被净化的系统。从一个社会的宪法中消除任何宗教背景，是一项相对容易的任务。相反，更复杂的是，监控宗教内容在意义模式中的在场，而意义模式不像语言那样可控。① 换言之，同一符号域内，国家之前的圣物往往会在意义的非语言结构中留存，尽管如此，这也构成了话语的语境，并促成了其意义的更改。一场瑜伽集会的语言可能被剥夺关于精神和宗教的参照，但是，形成语言的拓扑结构仍然会携带前世俗化的潜在含义。同理，葬礼可能以一种编程式的非忏悔方式进行，但出席者想要加入鼓掌这一手势社群的渴望，却泄露了一种礼拜式的怀旧之情。最终，艺术家的装置演说可能会嘲弄其姓名和艺术品的宗教潜文本，然而，参观这一装置的人们将渴望集体体验崇高（以一种让人想起已消亡宗教集体狂喜仪式的方式）。

第一个的关注点——方法论，与第二个关注点——主题问题，交织在一起。通过采用宗教语言和非语言符号学的方法论框架，增加了宗教话语语言学的分析能力，使文化分析者认识到，在社会逐步世俗化的过程中发生了一种特殊动态。一方面，其一重模塑系统（其中最重要的是语言系统）与占主导地位的非忏悔多元集体的符号需求相一致；然而，另一方面，世俗化社会的宗教历史仍然存在于象征主义中，尤其是存在于二重模塑系统的实用主义有效性中，比如，空间（队列和广场）、手势（鼓掌）和运动（克里斯托艺术装置的动力学）。正是在一重模塑系统有意世俗化，与二重模塑系统宗教或精神内涵无意

① 见苏利万（Sullivan）、耶尔（Yelle）和陶西格－鲁博（Taussig-Rubbo）2011。

识存留之间的缺口处，外部机构可将自身置入其中，以便暗中利用这一空白的、几乎不可见的神圣框架。以前的宗教国家在其世俗的消亡过程中留下这一神圣框架，作为社群主义生活一种不可见的外壳。资本主义利用这些象征主义商机，为其营销策略赋予一种近乎宗教但又不引人注目的力量：我们卖衣服，但我们也相信能加入一个非常健康的社群；我们销售一场演出，但我们也相信通过创造瞬间的社会联系可战胜死亡；我们在推销一个旅游景点，但我们也相信我们会一起走向崇高。符号学并不一定反对魅力，而是反对魅力营销必然产生的异化。只有对语言和非语言符号进行客观分析，才能揭露当代社会中此类虚假复魅的诱惑。

参考文献：

Arieès，Philippe. 1974. Western Attitudes Toward Death：from the Middle Ages to the Present. Translated by Patricia M. Ranum. Baltimore，MD：Johns Hopkins University Press.

Arieès，Philippe. 1981. The Hour of Our Death. Translated by Helen Weaver. New York：Knopf.

Benz，Nadine. 2013. Zeit des Wartens：Semantiken und Narrative eines temporalen Phänomens. Gottinga：V&R Unipress.

Berzano，Luigi. 2012. "Dal cult al culto. L' irritazione della vicarious religion"，233-246. In Leone，Massimo，ed. Culto / Worship，special issue of Lexia. Rome：Aracne；DOI10. 4399/978885485105411.

Bompiani，Ginevra. 1988. L'attesa. Milano：Feltrinelli.

Canetti，Elias. 1973. Crowds and Power（1962），revised edition. Translated by Carol Stewart. Harmondsworth，Middlesex，UK and New York，NY：Penguin.

Cariello，Vincenzo. 2014. Achille，o，dell'attesa：per una genealogia sovverziente dell'attesa，per un'attesa che sovverta. Genova：Il melangolo.

Ceriani，Giulia. 2000. Du dispositif rythmique：Arguments pour une sémiophysique. Paris：Éditions L' Harmattan.

Di Nola，Alfonso M. 1995a. La morte trionfata：antropologia del lutto［The Triumph over Death：Anthropology of Mourning］. Rome：Newton Compton.

Di Nola，Alfonso M. 1995b. La nera signora：antropologia della morte［The Black Lady：Anthropology of Death］. Rome：Newton Compton.

Ebbighausen，Rodion. 2010. Das Warten. Phänomenologisches Essay. Würzburg：Königshausen & Neumann.

Esposito，Roberto. 2010. Communitas：The Origin and Destiny of Community. Stanford，California：Stanford University Press.

Greimas，Algirdas Julien，et al. 1993. The Semiotics of Passions：from States of Affairs to States of Feeling；translated by Paul Perron and Frank Collins. Minneapolis：University of Minnesota Press.

Greimas，Algirdas Julien. 1988. Maupassant：The Semiotics of Text（Practical Exercises），translated by Paul Perron. Amsterdam and Philadelphia：J. Benjamins Pub. Co.

Hage，Ghassan. 2009. Waiting. Carlton，Vic. ：Melbourne University Publishing.

Hardt，Michael，et al. 2004. Multitude：War and Democracy in the Age of Empire. New York：Penguin Press.

Landowski，Eric. 2004. Passions sans nom：Essais de socio-sémiotique III. Paris：PUF.

Lehrich，Christopher I. 2014. "Orphic Revenge：The Limits of Language for a Semiotics of Religion"，136 − 47. Religion，44，1［Review Symposium on Robert A. Yelle's Semiotics of Religion：Signs of the Sacred in History（2013）］.

Lotman，Yuri M. ，et al. 1984. The Semiotics of Russian Culture；edited by Ann Shukman. Ann Arbor：Dept. of Slavic Languages and Literatures，University of Michigan. Sullivan，Winnifred Fallers，Robert A. Yelle，and Mateo Taussig-Rubbo，eds. 2011. After Secular Law. Stanford，CA：Stanford Law Books.

Virno，Paolo. 2004. A Grammar of the Multitude. Cambridge，MA and
    London：Semiotext.

Virno，Paolo. 2008. Multitude：betweenInnovation and Negation；
    translated by Isabella Bertoletti，James Cascaito，et al. Los Angeles，
    CA：Semiotext；Cambridge，Mass.

六、祈求与重复：论祷告的符号哲学

这一狂想深刻在我的脑海中，
将阻止其徒劳挥洒，
使其更坚定、更富有热情，
礼拜就快开始：
不祷告就不得果实。
[比克（Bucke）1971（1589），p. 14]

布萨耶！布赫瓦里！我恳求你。我不是在对你生气。
同我待在一起，让我打喷嚏。
让我睡吧，让我活着，这样我就
可以我行我素，并在森林里找到一只羚羊，
将其扛在肩上，
我可以杀死一头大象。
现在就够了，哦，我的鼻子。

班图人颂扬打喷嚏的祷告
[迪诺拉（Di Nola）和奥康纳（O'Connor）1961，p. 11]

祷告是伟大宙斯的女儿，
她们跛着脚，脸上布满皱纹，
乜斜着眼睛。
（《伊利亚特》9.520）

本章提要：本章分为两个互相关联的部分。第一部分试图描述祷告的符号学特征，以及祷告与意义的一般符号人类学的关联。通过对现当代主要哲学家（威廉·詹姆斯、索伦·克尔凯郭尔、伊曼努尔·康德和麦尔斯）以及主要基督教思想家（奥古斯丁、托马斯·阿奎那和约翰·加尔文）的观点进行深入分析，从而讨论了关于祷告的符号哲学的三个基本要素："祷告的必然性""行动主体性的分布""语言的体现"。在基督教历史中，人们发现了一个趋势，即倾向于祷告的日益理性化，这一趋势导致的结果是：对祷告必然性的肯定超越了宗教范围，强调其行动主体性的自反式自我赋权，并提倡对其语言进行符号学分离。本章的第二部分通过案例分析证明了这一趋势：从文化史和文化符号学的角度，对念珠或其他类似"祷告工具"进行了研究。本章主要关注念珠在基督教中的历史和符号作用。本章认为，其演变源自上述原则与某些对立趋势之间的紧张关系，从而确立了祷告的忏悔封闭性，将行动主体性划分为神圣的接收者，并采用了重复式的程式化语言。最后，祷告的文化符号学视角是出于对这一辩证关系的良性机制及其对宗教意义模式的影响之考虑所决定的。

1. 祷告的符号哲学

"祷告""敬拜"和"仪式"这三个词表达了复杂交织的语义场［凯纳斯（Kreinath）、斯诺克（Snoek）和斯特拉斯堡（Stausberg）2007］。很难将其列为单独实体，也很难将其合并为一个单元。当使用其他自然语言谈论这些词汇时，复杂性会随之增加。这些词所涉及的各种现象可用不同的方法进行研究。在都灵大学传播学跨学科研究中心（CIRCE）开始进行一系列研究、出版活动时，"敬拜的符号学"之类的话题多样性便已凸显出来。2011年索佐波尔的社会符号学秋季讲习班期间，讨论这一主题的大量论文已证实了这一点，其中的选集已经出版。每一篇论文都采用了不同的方法，揭示了这一复杂研究对象的某一特定方面。

然而，尽管话题具有复杂性，角度具有多样性，但在项目确立之初就已明了的是，各种各样的活动具有一个共同点：从符号学角度来看，祷告、敬拜和仪式之所以有趣，主要不是因为它们是宗教现象，而是因为它们是理智客体，鼓励和促使人们对一个更普遍的主题进行反思，一个对符号学和其他人文学科至关重要的主题。研讨会也证实了这一假设：研究祷告、敬拜和仪式的符号学，将对一个更广泛的研究领域贡献新的见解，这一领域可暂且被命名为"意义的一般符号人类学"。

分析这些独特的宗教实体，如祷告、敬拜和仪式，目的是获得关于意义的新知识。此外，在非严格意义宗教领域的人类困境中，证明了"超越"一词的使用在本研究的合理性：探索"超越宗教"的敬拜符号学，不仅意味着在非宗教现象中也可发现一些敬拜特征，也意味着，对宗教敬拜的符号学分析有助于对人类、语言和文化的一些基本特征产生新的阐释。宗教的符号学分析是一个概念的实验室，在此，人们可以通过心理实验来了解人性中的一些精髓要素。当然，这并不是说，人性具有典型的宗教性——至少，在"宗教"一词的通用意义中不是如此，而是说，宗教是人性精髓的一种表现。

本章不会试图对研讨会期间的大量见解进行总结，但会特别深入分析其中三个见解：就目前而言，可将其称为"祷告的必然性""行动主体性的分布"和"语言的体现"。[①] 本章作者的写作特点是采用一种研究和陈述相结合的风格，不仅从宗教符号哲学的一般角度和抽象角度（第一部分），也从特定案例研究的特殊的、具体的却具有启发性的角度，来讨论这些宏大主题（第二部分）：念珠在世界宗教，尤其是在天主教中的符号学实践。

下文会详细说明选择这一特殊主题的原因。简单地说，通过一些重要作者对祷告、敬拜和仪式的哲学和符号学反思的引文和评论，来简要阐述这三个重要的哲学问题。如前所述，这三个词所对应的是相关但并不完全相同的现象：至少，按照常用英语语义学的说法，仪式不仅仅是敬拜，而敬拜也不仅仅是祷告。但是，为了简洁起见，从现在起，祷告这一通用术语将用于指代这三组现象。希望在本章写作期间，会有更精确地定义其语义场的新元素出现。

1.1 祷告的必然性

那么，"祷告的必然性"（Inevitability of prayer）是什么意思呢？显然，

---

① 关于祷告的参考书目众多；关于本文讨论的祷告的符号哲学问题，参见，尤其是迪诺拉和奥康纳 1961；菲利普斯（Phillips）1965；莱昂纳德（Leonard）1981；布吕默（Brümmer）1984；阿普尔顿（Appleton）1985；帕洛马（Paloma）和盖洛普（Gallup）1991；斯威尼（Sweeney）2000。

这并不是说人类注定要祷告——至少，根据"祷告"的一般宗教意义来解释该词时，并非此意。如果是这样的话，很多人没有祷告意愿，就会立即证明"祷告的必然性"的假设是错误的。相反，"祷告"一词所指的是特殊的符号学实践所包含的特征，对理解人类困境，尤其在理解人类与意义和语言的关系来说，至关重要。和许多重要作者的观点一样，有两种不同的方法可说明"祷告的必然性"的符号学意义。第一个方法是祷告的心理人类学方法，威廉·詹姆斯（William James）给出了最佳例证。在《心理学》（*Psychology*）的一段引文中，《宗教经验种种》（*The Varieties of Religious Experience*）一书的作者写道：

> 在科学启蒙时代，我们听到大量关于祷告功效的讨论；有众多我们不应祷告的原因，同时也有我们应该祷告的原因。但是，在这一切中，很少有人谈及我们到底为何祷告，简言之，即我们会情不自禁地祷告。尽管，"科学"可能持相反的意见，但人类仍然可能会持续祷告直至永远，除非其心理属性以一种超越我们想象的方式发生变化。人类经验自我的最深处是社会自我，但它却能在理想世界中找到唯一合适的社会合伙人（Socius），祷告的推动力便是这一事实的必然结果。
>
> ［詹姆斯 1984（1892），p. 172］

我们需要对这一引文的丰富信息进行深入分析。在该段的开头处，詹姆斯讨论了一种研究趋势，至少从启蒙运动开始，该趋势就试图科学测试祷告的功效，尤其是那种在学术上被定义为"口头祈求型祷告"（即其主要目的是引导一个超然存在，根据敬拜者的迫切愿望，来改变内在现实的某种状态）的功效。

这项研究的第一个实例是著名科学家弗朗西斯·高尔顿（Francis Galton）所做的研究，其研究成果于 1872 年发表。高尔顿分析了几个富裕的英国人群的平均寿命，发现皇室成员的平均寿命最短。考虑到皇室祷告的普遍传统，高尔顿得出的结论是，祈求型祷告并不具备任何客观价值，因为它并未对那些祷告对象的寿命产生任何可衡量的数据影响（高尔顿 1872）。人们可以将 20 世纪 80 年代旧金山综合医院心脏病学家伦道夫·伯德（Randolf Byrd）进行的研究，作为祷告功效实证研究的一个反例。伯德以冠心病监护病房的 393 名的患者为样本，让"重生的"基督徒每天为随机选出的一组患者祷告，而这些患者并不知晓有人为他们祷告。伯德总结道：

> 对研究启动后的事件进行分析后发现，祷告组发生的充血性心衰更少，需要的利尿剂和抗生素治疗更少，肺炎发作次数更少，心脏骤停情况更少，插管和供氧频率也更低。

（伯德 1988，p. 829）

方法论家们很容易驳斥高尔顿对祈求型口头祷告的价值所做的统计推理的合理性，以及伯德支持这一论断的结论的合理性。然而，这两个例子的主要目的是确定威廉·詹姆斯的争论对象：正如他在上述段落的开头所指出的那样，不能从实证效果的角度来研究祷告的功效。如果有人基于祷告功效的实验证据而询问是否应该或不应该祷告，是完全没有意义的，因为人类祷告的原因与这类实证功效无关，而是与一种"理想"功效有关。人类祷告是因为他们情不自禁地祷告。换言之，根植于人性的心理人类学中的某些东西推动人们祷告，而且会一直推动，除非这种本性以目前无法预期的方式发生变化。

但是，显而易见的是，詹姆斯在强调祷告的必然性时，也并不是指该词简单的通用意义。在这种情况下，他的假设也会受到证据的反驳：很多人的确不祷告；相反，詹姆斯能够断言祷告具有必然性，是因为他从更广泛的意义范围来解释祷告：即使那些看起来不祷告的人，比如他们没有追随任何信仰，而事实上，他们也会情不自禁地祷告。如果祷告不仅仅是一般宗教形式上的祷告，那人类注定要祷告的又是什么呢？在上面一段引文的最后，詹姆斯使用微妙而又隐晦的词来定义此类祷告："人类经验自我的最深处是社会自我，但它却能在理想世界中找到唯一合适的社会合伙人。"［詹姆斯 1984（1892），p. 172］

人类身份的内核是社会核心，即只有通过社会关系，人类才能塑造其身份。然而，詹姆斯补充道，让人类通过社会关系来塑造其身份的对等物，只能是一个具有特定意义的社会合伙人，一个理想的社会合伙人。这是什么意思呢？这一社会合伙人的意义和本质将会通过第二种方法和核心作者使用的关于"祷告的必然性"的引文来进行说明。在另一个节选自《致死的疾病》（*The*

Sickness Unto Death ）的著名段落中，索伦·克尔凯郭尔（Søren Kierkegaard）写道：

（……）但是，宿命论者没有神——或者同样可以说，他的神是一种必然性。正如对于神来说一切都是可能的，那么，我们可以说，神也就是使一切可能者。所以，宿命论者的敬拜至多只是一个感叹，而在本质上是无声的，是无声的服从，他不能够祷告。所以，祷告就是呼吸，可能性对于自我而言，就如氧气对于呼吸。然而，正如人无法仅仅呼吸氧气或者仅仅呼吸氮气，仅仅是可能性或者仅仅是必然性也无法单独作为祷告之呼吸的前提条件。要祷告，必然存在一个神，就必须要存在一个自我和可能性，或者一个自我和在一种重要意义上的可能性；因为神是一切皆可能，和一切皆可能为神；只有当一个人的本质被如此撼动，他通过理解"一切皆可能"而成为精神时，只有在这种情况下他才得见神。神的意志是可能性，这使得我能够祷告；如果神的意志只是必然性，那么，人从本质上而言就会和动物一样，没有语言表达能力。

[克尔凯郭尔 2008（1849），p. 33]

　　本章将不讨论其引文的历史和文化语境。若对每一处引文进行评论，即使不写一本书，也需另辟章节。但是，我还是会略微对这些引文进行解读，以便构建本章的理论路径。和詹姆斯一样，克尔凯郭尔也肯定了祷告的必然性。和前者一样，后者也在人性深处找到了这种必然性的根源。然而，当詹姆斯从心理学角度对人性进行了描述，或者更贴切地说通过人类身份的心理人类学视角来描述人性时，克尔凯郭尔却通过两个步骤准确描述了祷告的必然性与人性之间的关系，这两个步骤将对本章的内容展开至关重要。

　　第一个步骤是从哲学角度对詹姆斯提出的社会合伙人下定义。从人类据此定义身份内核方面来说，这一理想的社会合伙人的主要功能是使人类能够形成和培养可能的观念，或更贴切地说是潜在可能的情感。如果我祷告，那是因为我培养了一种感觉，觉得事物可能与其现有的样子有所不同。克尔凯郭尔的神并不一定是拥有不同信仰的信徒在祷告中谈及的超然存在，而是一个更加抽象和普遍的神，在本质上与潜在可能性的概念相一致。克尔凯郭尔认为，当我祷告时，我含蓄地肯定了我与作为最大潜在可能的超然存在之间的关系；因此，我也确认我的身份内核不会为顽固的决心所束缚，而是为变化的可能性所束缚。换言之，当我祷告时，我通过我的自由情感与理想可能性的关系，从而对其表示肯定。也就是说，从克尔凯郭尔的哲学观点来看，詹姆斯所谓的社会合伙人指的是：它是我的无限自由情感的对话式对等物——存在于无限可能性的对称情感之中的对等物。

克尔凯郭尔所采用的第二个基本步骤已在上述引文的最后一句中提及："如果神的意志只是必然性，那么，人从本质上而言，就会和动物一样，没有语言表达能力"［克尔凯郭尔 2008（1849），p. 33］。就本章的目的而言，这句话的本质见解在于它将话语的可能性与祷告的可能性联系起来。从常识的角度，按照"祷告"一词的通用意义来看，它是使人能够祷告的话语。如果人类无法说话，即他们不能使用语言，那么他们就无法祷告。但是，按照克尔凯郭尔在上述引文中提出的新视角来看，相反的观点是正确的：正是用上述抽象的哲学术语所构想的祷告，发现了话语的可能性和人类对语言的使用权。正是因为世界可能与现在的样子有所不同，也是因为我可以在身份与无限可能性的情感关系中界定我的身份内核，我才能够说话，我才可以自由发表言论。话语，更概括地说是意义，不过是我的无限内在自由情感与我的社会合伙人无限超然的可能情感之间辩证关系的副产品。意义之所以存在，是因为事物可能与其当下状态不同，而祷告是一个存在主义的竞技场，在此，通过意义与无限可能概念的关系，向人类揭示了意义的本质。

在数篇文章中，我试图提出一个观点，即我们应将符号学构想和定义为研究替代物的学科，安伯托·艾柯（Umberto Eco）诙谐地将符号学定义为研究"一切可用于撒谎之物"的学科（艾柯 1975，p. 17），这两者应以同样的方式进行解释（莱昂内 2011，2012，Forthcoming A）。此外，在我最近的一些文章中，我尝试通过引用一个关于人种进化，特别是关于人种对可能认知的假说来证明这一说法的合理性（莱昂内 2011b，2012b，2012c，Forthcoming B）。詹姆斯和克尔凯郭尔用于解决祷告功效问题的方法旁证了（正如本章开头所指出的那样）宗教是一个概念上的实验室，用以探索人性的最基本特征，包括人类构想可能性和自由的能力，因此，人类有了使用语言的权利。

但是，在詹姆斯和克尔凯郭尔准确描述祷告的抽象方法中，存在着作为可能性的存在主义缺口的一面，因而，语言很可能会让人对敬拜的常识性定义感到困惑。对詹姆斯和克尔凯郭尔文章中的祷告进行符号学解读，被剥夺了所有有神论特征，似乎失去了所有宗教内容，最终变成了类似于希望的（内部或外部）表达。事实上，可能情感之间的不同之处是什么呢？根据上文的内容可知，人类通过祷告和一种更普遍的希望情感——被视为对可变实体概念的情感依附来进行体验。

1.2　行动主体性的分布

本节试图通过讨论前文所列出的祷告的符号哲学考察的第二个领域——可将这一领域暂且命名为"行动主体性的分布"（The distribution of agency），来解答这一问题（莱昂内 2009 和 2009b）。如果可通过祷告与超然可能性的对话，而将祷告从哲学上和符号学上解释为内在自由的实现——祷告和超然可能性均被作为符号语言学模拟物，那么，祷告的行动主体性便不均匀地分布在该对话的两极：敬拜者的主动性得到重视，然而超然的行动主体性却被淡化（莱昂内 2009c）。正如詹姆斯和克尔凯郭尔所想的那样，以及其文中的符号学注释所讲的那样，在口头祈求型祷告中，敬拜的基本行动主体性既不存在于超然存在的主动的行动主体性之中，也不存在于内在的被动的行动主体性之中，而是存在于敬拜的反思性行动主体性之中，即通过对被视为无限可能性的超然接收者的模仿式再现，而发现其内在自由的反思行动主体性。换言之，按照这一哲学趋势，祷告并没有调用所敬拜之神的行动主体性，而是通过对所敬拜之神的行动主体性的模仿再现，从而调用敬拜者的行动主体性。

这样的观点不仅体现了祷告的现代心理学、哲学和符号人类学特征，而且在许多世界宗教（包括基督教）的祷告概念中也可找到其根源。专注于祷告的基督教神学和祷告领域的一些核心作者和引文将进一步例证这一趋势。这些引文也将阐明：祷告中，（或者更笼统地说）对话意义中的行动主体性分布这一广泛意义上的符号学问题。

在这些基督教作者中，奥古斯丁（Augustine）是发起反思和解释祷告的行动主体性这一趋势的一员，而且他对这种趋势的描述一语中的。在他写给普罗巴（Proba）的信中，奥古斯丁写道：

因此，对我们来说，话语是必要的，它们可以帮助我们思考和遵循我们所求，而不是我们期待告知神或使神遵从的手段。因此，当我们说："你神圣的名"，我们要告诫自己，要让祂的名永远是圣洁的，也要在被奉为神圣的人之间也是圣洁的（……）。当我们说"愿你的国降临"，无论我们是否愿意，祂的国都一定会降临。我们用这些话来唤起我们自己对那个国度的渴望。

（致普罗巴的信，XI，21；英文译本，《尼西亚会议前后教父著作集》第一集，第 130 封信，2464）

这段话明确说明了奥古斯丁如何在祷告的符号学实践之构想中分配行动主体性的。奥古斯丁表示，祷告的功效不在于敬拜者的内在行动主体性，借助话语和祷告行为来更改所敬拜之神的超然的行动主体性。奥古斯丁非常清楚，这种祷告观念是在亵渎神明，因为它会把所敬拜之神的行动主体性说成是服从于敬拜者的行动主体性。相反，根据奥古斯丁的说法，神的行动主体性无法被转移到任何事物之上，因为它在决定中已经达到完美；但是，正如詹姆斯和克尔凯郭尔对祷告的解读中所说的那样，奥古斯丁的解读也是如此，人们需要使用敬拜话语，以完成对其行动主体性的自反式自我赋权。

奥古斯丁采用了当代符号学用以分析阐释行为的理论框架，其对祷告的看法如下：敬拜者的话语意图并非将所敬拜之神的行动主体性与一切事物联系起来。相反，通过对神的诉说，敬拜者的话语产生了对神的潜在行动主体性的模仿式再现，而模仿式再现又反过来赋予敬拜者潜在行动主体性。按照格雷马斯（Greimas）的术语，我们可以说，在奥古斯丁看来，祷告总是一种连接装置，是一种话语，通过虚拟再现对其转移超然行动主体性的能力，从而发现其内在行动主体性。正如前文所提及的，它是通过超然大他者和理想的社会合伙人的潜在性，而发现内在自我的自由。

奥古斯丁关于敬拜的观点，在基督教的祷告思想的整个发展历程中，以不同的方式获得了回应。例如，托马斯·阿奎那在《神学大全》（Summa）中写道：

我们祷告，不是为了告知神我们的需求和愿望，而是为了提醒我们自己，在这些问题上，我们需要神的帮助。（……）向神祷告，不是为了改变祂的思想，而是为了激发我们的自信。我们建立自信的主要方式是，牢记神对我们的仁慈，凭借仁慈，祂对我们施以善行。

（托马斯·阿奎那，《神学大全》，2a 2ae, 83, 2；英文译本）

在这一趋势下，所敬拜之神的超然行动主体性逐渐成为一面镜子，其目的是反映和放大敬拜者的内在行动主体性。在文化思想史的开端，基督教新教强调对行动主体性的这种自反式分布的需求。例如，约翰·加尔文在《基督教要义》（*Institutes of the Christian Religion*）中写道：

（耶和华教会我们祷告）不是为祂自己，而是为了我们……不断向祂祈求，对我们的利益非常重要：首先，我们的心灵可能总是因一种庄重而迫切的欲望而激动，那就是，寻求祂、爱祂和为祂效劳（……）；其次，当我们学会将我们所有的愿望向祂展示，并在祂面前吐露心声时，我们便不会有欲望和渴望，我们羞于让祂见证这些；最后，我们可能已准备好接受祂的所有恩惠，并心怀感谢和感恩，而我们的祷告则提醒我们，这些恩惠出自祂手。

（约翰·加尔文，《基督教要义》，第三册，20,3；英文译本）

格雷马斯学派通常会区分行动主体性的内倾性（endotaxic）和外倾性（esotaxic）模态。按照格雷马斯和库尔泰（Courtés）的说法，

（……）在此，我们把有可能建立转换关系（连接具有不同主体的叙述）的模态称为外倾性模态，而把简单模态（连接同一主体或者混合主体）称为内倾性模态。[1]

（格雷马斯和库尔泰 1979, p.89, 见条目"模态"；由本章作者英译）

---

[1] "（…）on désigne ici comme exotaxiques les modalités susceptibles d'entrer en relations translatives（de relier des énoncés ayant des sujets distincts）et comme endotaxiques les modalités simples（reliant des sujets identiques ou en syncrétisme）".

在外倾性模态中，发送者的意向型行动主体性通过命令（devoir faire，即必须做）或赋权（pouvoir faire，即能够做）授予接收者采取行动的意向型行动主体性。相反，在内倾性模态中，主体的意向型行动主体性通过意愿（vouloir être，即想要成为）或知识（savoir être，即知道如何成为）授予自身意向型行动主体性。在格雷马斯的符号学中，外倾性和内倾性模态就是使主体成为意向型行动主体性来源的事物，既指存在价值，又指叙事行为。

在由奥古斯丁开创、托马斯·阿奎那（Thomas Aquinas）发展、约翰·加尔文（John Calvin）走向激进的哲学和神学趋势中，敬拜者日益被刻画为主体，借助祷告，召集超然接收者阐释性的、对话型的幻影——用格雷马斯的话来说，通过外倾性方式将神模态化——实际上能够以内倾性方式将自身模态化。通过邀请所敬拜的超然存在发挥其在世界上的作用，内在敬拜者建立起去这样做的自身意愿和知识。

这样的行动主体性分布模式和其模态化与敬拜者/被敬拜者的关系在康德哲学和后康德宗教哲学中形成了最激进的结果。康德（Immanuel Kant）在《单纯理性限度内的宗教》（*Religion within the Limits of Reason alone*）中写道：

> 伴随我们所有行动的是我们执行这些行动的倾向，就好像这些行动在服务神的过程中已被执行，即祷告的精神，能够而且应该在我们体内"不断"呈现。但是，为了用语言来描述这一愿望（尽管是内在的），程式至多可以拥有工具的价值，借助此工具，我们体内的倾向可被反复鼓舞。
>
> ［康德 1960（1793），p. 181］

在这段节选中，有两点非常有趣。第一点，祷告的基督教哲学和神学趋势始于奥古斯丁，发展于宗教改革前的众多基督教作者，由加尔文之类的新教徒思想家引向激进，如果说这一趋势逐渐取代了敬拜者祷告的行动主体性，这表明，祷告的根本宗旨是一种自反式的存在授权，康德使这一思想趋势走向最极端的结果。贬低所敬拜之神的行动主体性作用，宣称必须发现祷告的意义，就好像在服务神的过程中已执行一样，康德为这一趋势在后康德哲学中的最终发展扫清了障碍：从祷告中去除超然的所敬拜之神，确定祷告的纯粹内在形式的可能性和对祷告的纯粹内在形式的真实需求，并对不存在超然接收者的祷告进行详细阐述。正是通过这种理论发展，行动主体性在内在发送者的两极分化，将最终证明詹姆斯和克尔凯郭尔从不同角度倡导的祷告必然性的合理化。后来，我们还将见识在没有任何敬拜之神的情况下，语言和宗教领域中著名的后康德心理学家麦尔斯（T. R. Miles），是如何在其著作中呈现康德学派关于敬拜的自相矛盾的结果的。

在此之前，必须谈谈康德引文中第二个有趣的地方。这段节选最后一句话包含了一些关于祷告语言的基本评论，这些评论仅仅是康德关于去神化的看法所产生的逻辑结果："但是，为了用语言来描述这一愿望（尽管是内在的），程式至多可以拥有工具的价值，借助此工具，我们的内在倾向可被反复鼓舞。"［康德 1960（1793），p. 181］正如前文所述，根据克尔凯郭尔的说法，祷告，作为无限超然可能性与无限内在自由之间的对话，发现了语言和意义的可能性。康德似乎颠倒了这种观点，规定了祷告语言的特征，以使其能够触发敬拜者的自反式存在主义自我赋权。在康德看来，祷告实际上总是包含敬拜者内心愿望（按照康德对祷告的去神化解读，内心愿望才是真正重要的）与仅作为该愿望无关紧要外衣的"话语和形式"之间的辩证关系。

现在应该弄明白的是，从奥古斯丁到康德再到之后的学者，神学和哲学思想的趋势放大了敬拜者的内在行动主体性，削弱了所敬拜之神的超然行动主体性，直到后者在后康德哲学中出现自相矛盾式消除。这一趋势不仅有利于确定詹姆斯和克尔凯郭尔主张的祷告的人类学必然性，也有利于对祷告语言提出一种规范性定义。

1.3 语言体现

此处将会讨论本章的第三个关于祷告的哲学和符号学研究领域：语言体现（The Embodiment of Language）。康德认为，祷告在语言中的体现，特别是在话语和形式的散漫外衣中的体现，是不必要的。真正重要的是祷告的愿望，是其精神，是祷告话语和形式执行敬拜者自反式存在主义自我赋权的能力。换言之，祷告对其内在发送者的施事两极化所产生的逻辑后果是祷告语言的逐渐分离。为了以符号方式存在，祷告需被意指并用于交流，或者更贴切的说法是，通过某种语言、代码、程式和话语，进行自我交流。然而，康德——更普遍的说法是，在其著作中的思想最高点，将这样的语言、代码、程式和话语作为附属物，作为可以与内容分离的表达工具。如此一来，前者显得随意而不重要，而后者则显得必要和举足轻重。

不难看出，奥古斯丁式、新教式和康德式行动主体性分布将会产生一种提倡语言分离的祷告概念：随着所敬拜之神的超然行动主体性逐渐消亡，祷告语言的意动功能也随之消失，因为现实中不存在这样的接收者，其行动主体性，即祷告话语，必须转移到任意行动中去。相反，祷告语言的基本连接装置，即对敬拜者内在行动主体性的反照，抬高了发送者一端的语言功能，即情感功能和诗歌性功能，诗性功能主要在于对祷告的散漫外衣进行不断的重新排列。

简言之：我祷告的目的不是说服神按照我的意愿行事，而是说服我自己，我正在按照神的意愿行事。祷告语言中真正重要的不是顺从地遵守神的符码，而是详细地阐述我们自己的符码，它最能让我通过与想象中的超然接收者进行对话，从而进行自反式自我赋权。因此，祷告语言从集体的变为个体的，从程式化变为诗性化，在最激进的情况下，会完全分离，从而被内化，最终以默然祷告结束。正如麦尔斯在著作《宗教与科学观》(*Religious and the Scientific Outlook*)（这部著作使康德对祷告的解读变得激进）中所说的那样：

> 如果奉献和承诺涉及比喻语言的使用，我们不必感到烦恼，当然，前提是这一比喻语言是被认可的。(……) 因此，神的接收者，作为一个人，不必被排除在外，但前提是，我们对他们不是只有单纯的想法。
>
> （麦尔斯 1959，p. 186）

就本章的写作目标来说，该引文中有一个词非常有趣——"单纯的想法"。麦尔斯认为，敬拜者不应该想法单纯。毕竟，避免对祷告进行简单解读的呼吁，仅仅是神学和哲学思想的一贯趋势所导致的最终结果，这一趋势提倡以相同的理智态度对待祷告，或者更明确地说，提倡祷告的理性化（基恩 2007）。正如之前指出的那样，奥古斯丁是第一个提醒读者要注意过于简单的祷告实践者，也是第一个提倡对祷告进行反直觉式解读的人。之后，其他基督教作者，尤其是新教地区的作者，也强调了同样的观点。这一观点后来被康德哲学和宗教的现代心理学和哲学人类学重新阐述，并使其变得激进。

如前所示，对这一趋势中最重要的步骤进行粗略描述和分析可知，这一趋势提倡一些观点，如祷告的人类学必然性、行动主体性对内在发送者的模态两极化以及语言的分离，然而文化符号学家不禁会提出一个非常简单的问题，也许是一个很单纯的问题：祷告的人类学特性的相反趋势、行动主体性对超然接收者的模态两极化以及其语言的分离，为何会被视为单纯的想法？这一单纯想法由何构成？换言之，从文化符号学家的抽象元逻辑观点来看，显然，上述思想趋势体现了对祷告非理智表征的强烈偏见，以及对敬拜形式的强烈偏见。尽管敬拜形式已在信徒中广泛地传播，但仍被视为需要通过逐渐教导敬拜者其符号学实践的"真实"意义，从而进行比较和鉴别。

然而，文化符号学的目的，尤其是祷告的文化符号学的目的，并不是向奥古斯丁和其他基督教思想家那样，提倡这样的祷告或祷告解读（莱昂内Forthcoming C）。相反，其目的在于展示不断跨越众多宗教文化的对立两极之间的文化紧张关系：其中一极，是始于奥古斯丁、最后以敬拜的一种后现代去神化行为而结束的理性化趋势，强调祷告的人类学必然性、祷告的人文性，以及祷告要采取一种非程式化甚至是空洞的语言以达到有效性；另一极，如所谓的"民间宗教"——前述的理性化趋势试图批判的对象的表征那样，反而强调祷告的人类学特性、祷告的神圣性以及祷告采取程式化和强力的具体化表达语言以达到有效性。

按照第一种祷告概念的说法，我们祷告的目的是将权利授予我们自己在世界上的内在行动主体性，以至于我们的祷告接收者变成了一个虚构的幻象，或者变得无关紧要，甚至消失无踪，从而产生了一种世俗祷告或希望的言语表达；因此，根据这一概念，我们需要不断革新祷告语言，因为其目的不是通过遵守既定代码来唤起接收者的反应，而是通过制定个人代码来表达发送者的内在身份。这就是为何祷告会变成诗歌，甚至是无声的内部话语。

按照第二种祷告概念的说法，我们祷告，是为了说服所敬拜之神的超然行动主体性在世界上采取行动，如此一来，我们的祷告接收者就永远不会是一个虚构的幻象，而是一个真正的人格角色，其形而上学在场能够避免所有去神化尝试和世俗化尝试；因此，根据这一概念，我们不得在祷告语言中创造任何事物，因为祷告的主要目的不是通过创造个人代码来表达发送者的主体性，而是引起接收者的反应或者行动。这就是为何祷告变成了程式，甚至是无意识的外部惯例。

　　鉴于这样的辩证关系，祷告的文化符号学具有双重目的。首先，它必须强调的是，这种辩证关系不属于摩尼教，而是被无限中间可能性的连续体所隔开的两极之间的紧张关系。例如，基督教祷告的历史，并不仅仅是这种符号学实践的激进理性化行为，或对基督教祷告进行简单的通俗解读，而是在这两极之间占据了复杂的空间。本章所提及的作者对祷告的看法并不完全相同，而还有一些作者，尤其是天主教的祷告神学领域的作者，则不断试图调和理性化的祷告与大众的祷告实践之间的关系。

　　祷告的文化符号学的第二个目的是展示这一辩证关系的最基本动力，这不是通过对一系列哲学或存在主义特征的抽象解释，而是通过分析这些特征如何被特定的符号学实践体现和意指，特定的符号学实践包括对各种文本（包括文字、图像、手势、物体等）的构建、传播和解释。

　　之后，在本章的第二部分，本章将讨论"念珠"的基督教祷告实践的历史和人类学符号学。

2. 念珠的文化符号学

2.1 作为祷告工具的念珠

　　纵观历史，在不同的社会文化背景下，人类不仅发明了文字、图像和祷告手势，也发明了敬拜工具。在几个世界宗教中，最常见的一种敬拜工具通常被称为"念珠"，至少从早期现代基督教开始，尤其是在天主教地区，便有了这一工具。实际上，念珠只是一种较为通用的祷告工具的几个历史和文化表征之一，本章第二部分将试图描述和分析念珠的基本符号学特征，并将之与第一部分中关于祷告的符号哲学的解释进行衔接。

　　念珠，作为忏悔物的一种，其结构的核心在于一系列按顺序排列的同质元素。念珠最典型的形式是，这些元素是珠子，串在一根绳索或绳子上，但也存在其他形式的念珠；比如，念珠一种非正统的形式就是一系列或多或少的同质石头堆成一堆，这一形式可能会产生更为复杂的祷告工具。此外，具有一系列规则的球形物或其他标志的祷告棒通常也被列为念珠一类的祷告工具。关于念珠的工作原理，安妮·威尔金斯（Eithne Wilkins）在其散文《玫瑰园游戏：欧洲念珠的符号背景》（*The Rose-garden Game：The Symbolic Background to the European Prayer-Beads*）中给出了最确切的描述：

> 念珠是一串球形物，绳结或是珠子相互挨着，或像算盘的珠子那样沿着一根线一个个移动，如此，一个人便可以在不需要一直数数的情况下，重复所规定次数的特定祷告、祷文、宗教公式或魔法公式：手指会一直数球形物。
>
> （威尔金斯 1969，p. 25）

尽管念珠的形式、材质多样，绳结或珠子的数量也有不同，当然，用途和技巧也不同——变化源于这一祷告工具在几个世界宗教中的复杂历史，但在其功能之下，存在着一种共同的符号学原理：念珠在敬拜工具的物质结构——同质实体（如球形物、珠子、绳结或其他任何事物）的有序排列，和敬拜本身的符号结构之间产生了一个相似之处。这一相似之处既是句法兼语义上的相似，又是语用上的相似。通过操作念珠，敬拜者不断被提醒注重话语表达和内部形象，有时，还会被提醒注意他们应该使用的手势和姿势，以便进行有效的祷告。此外，念珠上的每一个标记既在语义上意指了敬拜结构中的特定步骤，又在实用层面提示了敬拜的符号执行。因此，从历史上来看，念珠发展成一种便携式助记符；从符号学的角度来看，念珠的功用便是一种便携式助记符，用于复杂敬拜仪式的举行，无论是私下举行还是集体举行。[1]

2.2 念珠的符号意识形态

但是，念珠不仅仅是一种便携式助记工具，它们也是祷告的某种符号意识

---

[1] 参见米切尔（Mitchell）2009，p. 152："事实上，我们拥有一本 16 世纪早期印刷的书籍，书名是 Chiropsalterium（字面意思是，"手的诗篇"）。这本书教导读者如何将自己的手用作助记工具，用于记住圣经诗篇上的祷告和冥想（该文本之前被用于帮助记忆）"；参见威尔斯（Wills）2005，p. 11："手指随着珠子活动，如果有人能将珠子从迷信联系中剥离出来，有助于使人内心虔诚 ［……］ 在其使用中，引发了一种技术记忆，帮助回想其他次数的祷告"。英国作家艾蒙·杜菲（Eamon Duffy）［……］说道，念珠的滴答声使他想起了童年时的记忆，他的祖母彻夜不眠地祷告，并且"在开始数念珠，但未开始数另一部分念珠之前，嘟哝着——这是为汤姆祷告，这是为莫利）祷告，这是为莉莉祷告"。

形态的副产品和具体化（莱昂内 2010），这种符号意识形态通常可被认为与本章第一部分引发并分析的符号意识形态相对立。此符号意识形态最重要的原则是：重复、量化和感官性。严格意义上来说，这些原则相互交织在一起，但可以在符号学分析框架下对它们进行分离。根据洛特曼（Lotman）对这一概念下的定义，这些原则将念珠描述为文化文本，即一种既体现某种文化逻辑，又被某种文化逻辑所渗透的文本（洛特曼 1990）。

念珠体现了意在重复的祷告符号意识形态，因为只有通过将敬拜话语构想为由程式组成的不断重复且/或几乎无变化的话语，念珠才可作为敬拜工具。[①]例如，在天主教念珠中，珠子的物质结构必须象征一系列不断重复且无变化的"万福玛利亚"（Aves）。在念珠的实践中，不允许语言创造或即兴创作，因为念珠的符号学原理恰恰在于将敬拜变为一个机械的过程，变为一个几乎自动化的实践，其中，敬拜者的行动主体性被湮没。[②]

至于量化，念珠不仅依赖于再一次重复相同祷告的可能性，也依赖于计数重复次数的能力。这就是为何念珠，或其他类似工具，不仅是敬拜助记符，也是计数器。正如算盘那样，念珠容许敬拜者积累一定数量的祷告，并记录这一积累过程。因此可以说念珠产生了敬拜的会计学。[③]

最后，念珠的第三个结构特征是感官性：念珠不仅仅是助记工具和计数器，也是一种可以不断操控和触摸的物质对象，在敬拜者的身体节奏与祷告节奏之间产生符号共鸣。[④]

---

① 参见霍华德·巴顿（Howard Patton 1927），pp. 135-136："在解开念珠的秘密时，我们必须考虑语言中，尤其是祷告语言中存在的强大的重复推动力"。

② 参见米切尔 2009，p. 215：（……）念珠的存在媒介作用，不仅源自其独创性，也源自其重复性和广泛的复制性。实际上，复制性是"天主教文化的一个关键方面"。它是主要手段，通过这一主要手段，可能保留当地特色和种族特色的宗教习俗会变得全球化，并融合"超自然的普遍性"，为实践者提供了一种方法，"用于参与不认可时空限制的世界范围内的共同体"；也参见麦克唐纳（McDannell）1995［和关于"物质基督教"，奥尔西（Orsi）1996］；威尔金斯 1969（p. 32）将念珠定义为"具有向心作用的祷告轮"；参见威尔金斯 1969，p. 78："正是这种必然性、结构上的枯燥乏味，释放了思想，使之变得超脱"。

③ 参见霍华德·巴顿 1927，p. 134："在这样的条件下，一个用来清算与神之间账目的工具，就像商业世界中的收银机一样，是不可避免的。"

④ 参见温斯顿－艾伦（Winston-Allen）1997，p. 111："在困难时刻，尤其是在最后的时间里，（念珠）会有助于增加额外的美学维度和一定的具体性，即使只是某些可以抓住的事物所带来的触觉上的安慰。"

重复、量化和感官性，这三个特征似乎象征着本章第一部分所描述和分析的三种哲学和神学趋势镜子般的对应物。难怪，念珠和其他类似的符号工具和实践，总是遭到提倡祷告的理性化和去神化的宗教思想家的口诛笔伐。口头话语、手势以及念珠姿势的机械重复，还有念珠计数祷告的能力（因此授予敬拜量化价值），还有最重要的感官性——在严格意义上与身体相连，似乎都与祷告的解释完全不一致，相反，祷告的解释提倡祷告的诗性创造力，而非重复的程式；提倡定性价值，而非量化；提倡分离，而非迷信的感官性。

从奥古斯丁到康德，再到后康德神学和宗教哲学，在这一过程中形成的意识形态趋势所表达的祷告概念中，如果祷告话语是塑造和授权敬拜者主体能动性的无关紧要的场所，那么，在念珠中，这样的话语就变成了使人茫然的深渊，在此，所有内在行动主体性都消失了，为了顺从地调用超然存在而建造了一个空白空间。[1]

2.3 念珠的理性化

本章最后一部分会提供一些历史证据和人类学证据，用以支持对念珠的符号意识形态的解读，以及支持（尤其是在天主教中）为了将念珠理性化和将念珠从服从工具变成肯定内在行动主体性的工具而进行的大量尝试。换言之，本部分将展示，这一独特的敬拜工具在整个历史中是如何通过其在本章第一部分所述辩证关系中的定位而发生转换的。

首先，介绍一些简洁的历史信息[2]：第一次提到用一串珠子构成的敬拜工具出现在印度，与湿婆（Shiva）祭仪有关。湿婆的形象几乎系统性地包括了念珠（有时由人类头骨构成）。并且，他的女性配偶帕娃蒂（shakti）女神、卡莉

①　参见威尔金斯 1969，p.87："'冥想'一词的意义在该词的历史发展中闪闪发光。Contemplatio 在古典拉丁语中的意思是：仔细考虑、考察，它与一个动词有关联，显然是个比较古老的词（异态词：contemplor），该词最初属于占卜语言，即由牧师学院实行的占卜之艺术，牧师特别观察鸟儿们在神庙（templum）中飞翔，神庙是出于此目的而制造的一个空间。神庙，也是一个环状物，不仅仅是我们现在所指的寺庙，也是任何因神圣目的而修建的围场；实际上，该词与希腊语 temenos（神圣园地）具有相同的词根。那么，冥想就是指划分一块空间、一个圆形物，然后将注意力集中在它里面的物体上，尽可能使用精神力量去凝聚力量，如此便能集中注意力"。

②　关于念珠历史的参考书目数量繁多；综合性文献，参见霍华德·巴顿 1927 和米勒（Millar）2001；关于伊斯兰教中的"念珠"，参见兹威默尔（Zwemer）1930；关于日本的数珠（juzu），一种佛教祷告工具，类似于基督教念珠，参见花山（Hanayama）1962；还可参见充噶仁钦（Kun-dga'-rin-chen）1986。

（Kali）女神也经常用念珠表示。之后，这一敬拜工具被耆那教和佛教采用。藏族人和中国人在与印度的接触中借鉴了念珠，而日本人又在与中国人的接触中借鉴了念珠。目前，所有这些文化区域使用不同形式的念珠。也是在与印度的接触中，波斯人和阿拉伯人采用了这一敬拜工具。逝世于9世纪初的诗人阿布·努瓦斯（Abu Nawas）在伊斯兰世界中第一次以讽刺的话语提及念珠：

> 我的手臂上总是挂着念珠，
>
> 而心中想的是《古兰经》，而非金项链。

> [戈尔德齐哈尔（Goldhizer）1890，p.295]

目前尚不清楚念珠在犹太基督教中的发展方式。大多数学者认为，无论是圣·道明（Saint Dominic）受圣母玛利亚幻象的启发，从而发明念珠，将之作为转化阿尔比派（Albigensians）的工具的传说，还是与之相对的传说：念珠是在第一次十字军东征期间，在与阿拉伯人的接触中而被使用，这两种说法均未得到历史证明。

根据现有的历史考据可知，念珠在基督教中的引入和发展可以分为五个阶段。在底比斯的保罗（Paul of Thebes）（234—347年）的生平介绍中，提及了基督教念珠的最原始形式。据说，保罗采用了一种卵石移位系统，以便记录他每天300颗的念珠定额。后来，他用一根绳子将卵石系在一起，使这一系统便于携带。此外，打结的绳子和有缺口的木条均有可能是基督教中最初、最原始的敬拜助记符。虽然不能确定这种助记符是起源于早期基督教的隐修制度，还是其他宗教文化的舶来品，但明显的是，它们满足了跨文化人类学的需求，即借助一个物质设备意指计数，从而多次无变化地重复计算祷告次数。威尔金斯认为，这项技巧的主要目的是创造一种手势和话语的连续节奏，这一节奏能够对恶劣的沙漠环境产生不自觉的免疫状态：

> 对于一个从事大量紧张的精神活动的隐士而言，有必要将精神锻炼与某些有节奏的身体活动结合起来，从而维持稳定性。

> （威尔金斯1969，pp.33-34）

基督教念珠发展过程中的第二个重要阶段产生于爱尔兰隐修制度，它采用了东方沙漠隐修制度中的念珠，但同时进行了重要的创新：念珠的标准结构是150 颗珠子，分为三个部分。第一个数字是为了在珠子和圣经诗篇的数量之间建立一种平行状态，而第二个数字可能与圣·帕特里克（Saint Patrick）的三位一体神学有关。时至今日，基督教念珠仍然保持着相同的结构，三个部分重复 150 次"万福玛利亚"，每个部分各 50 次祷告。

念珠起源于东方隐士用于集中精神的禁欲主义敬拜工具，又在爱尔兰隐修制度中成为圣经助记符，直到 1000 年，才被欧洲大陆修道院中的爱尔兰修道士传播开来，但是，对于不识字的人来说，这是一种通俗化的形式：与爱尔兰修道士不同，他们不记得那 150 篇诗篇，对他们而言，这些珠子便代表着相同的祷告和重复 150 次的祷告文（paternoster）。这便是为何"paternoster"目前在众多语言中仍然是念珠的叫法。

在念珠历史的第四个阶段中，基督教念珠发生了"性别改变"。从 11 世纪起，日益增多的基督教作者为圣母玛利亚创作了由 150 首赞美诗构成的"诗篇集"。[①] 因此，万福玛利亚开始取代祷告文在念珠敬拜中的地位。之后，从 13 世纪起，念珠的符号学实践变得"专业化"：念珠行会（即珠子制造商）遍及欧洲，直至目前，在伦敦还存在"念珠街"和"万福玛利亚巷"，以及罗马的"科罗纳里大街"（via dei Coronari）和维也纳的"念珠巷"（Paternoster-Gässchen）（直到 1840 年），这些都是曾经制作念珠的地方（威尔金斯 1969）。通过融合珠子这一敬拜工具与圣母玛利亚的象征意义（玫瑰花园或玫瑰花冠），越来越多的人采用"rosary"这个名字来命名念珠。

最后，在 1410 年到 1439 年之间，天主教加尔都西会教士多米尼克·普鲁特纳斯（Dominic Prutenus）创作了一首对耶稣和圣母玛利亚的生平进行 50 次冥想的诗篇，该诗篇成为念珠制作最广为流传的解读文本。类似的诗篇和关于念珠祷告的小册子在欧洲各地出版。在基督教中，念珠的集体念诵，变得很普遍。念珠的形象也开始形成，1571 年，基督教徒在勒班陀（Lepanto）战胜土耳其人的事件，也被归因于这一新形式敬拜。

---

① 参见温斯顿－艾伦 1997，p. 136："早在最初阶段，人们便感知到仪式主义与有意义灵性之间的紧张关系——有文化与不识字之间的分界线。尽管诗篇本身构成了优美而有意义的吟唱仪式，但'不识字之人的诗篇'的 150 遍万福玛利亚却趋向于千篇一律。"

　　基督教念珠的标准结构是在这一时期确立的，直到今天，几乎没有变动：在当代基督教中，念珠是由 169 颗珠子组成的圆形珠串，有时还会另外增加一颗或两颗大念珠（Pater-bead），从而达到 170 颗或 171 颗。150 颗小念珠（Ave-bead）（用于诵念"万福玛利亚"）被分为 10 颗一组，用 14 颗大念珠（用于在每 10 颗珠子开始的时候诵念"我们的父"以及在每 10 颗珠子结束时诵念"荣耀颂"）隔开。之后，10 个一组的珠子可被细分为三个部分，用于冥想教皇比约五世（Pius V）的三组"基督教神迹"（在 15 世纪被制度化）：喜乐的、痛苦的和荣耀的。

　　大致浏览一下念珠的历史，尤其基督教念珠的历史，便会获得大体的背景信息，以定位这一敬拜工具发展历程中的基本章化过程——这一过程使念珠成为研究祷告的文化符号学阐释的典型案例。随着这种敬拜工具脱离最初的创造环境——先是东方的沙漠隐修形式，之后是爱尔兰和欧洲大陆的隐修制度，被大多数不识字的信徒采纳。对念珠上述符号学特征（重复、量化和感官性）的强调日益增多，以至于它们在基督教内部既获得了关注，也遭受了批评。在本章中，为了理解第一部分所阐述的，并在念珠的文化史和符号学史所体现的有关祷告之对立意识形态的神学、哲学和符号学辩证关系，分析这种关注的文本踪迹是一件有趣的事。

　　至于感官性，自念珠在中世纪后期被大量使用以来，基督教表现出了一种强调念珠物质性的强大趋势，以至于这一敬拜工具经常被转化为灵物或护身符。念珠变成了贵重珠宝，被赋予嗅觉和其他感官特征，佩戴方式变得不恰当，尤其是以非正统的制度方式使用，念珠不仅一直经历个别信徒的独特实验，也经历着制度上对其的声讨和改革。下文将举例来阐明这一辩证关系。

　　早在 1261 年，多米尼加人就禁止凡人修士使用过分华丽的珠子来炫耀：奥尔维耶托（Orvieto）的一名牧师禁止人们戴琥珀念珠祷告（quod paternoster de ambra vel corallo...）。后来，在 14 世纪中叶，一位奥斯纳布吕克（Osnabruck）的奥古斯丁派教士严厉指责在脖子上佩戴珊瑚念珠的流行风气（威尔金斯 1969，p. 49）。向念珠洒香水的做法也特别普及，也同样受到谴责。一个特殊的感官型例子是，1706 年，一位维也纳牧师提出在念珠上加上一些银质的填满香脂的骷髅头——象征死亡（memento mori）（威尔金斯 1969，p. 60）。

至于重复，那些赞同本章第一部分所述的持理性化敬拜意识形态的人，不得不谴责念珠的符号学原理，尤其是在念珠最流行和最普遍时的表征中的符号学原理。例如，17世纪的达勒姆主教约翰·科辛（John Cosin）反对念珠实践，尤其是"以不为人知的语言为神服务、通过神奇的念珠吟诵若干次万福玛利亚，以及在自己身上和尸体上洒圣水（……）"（威尔金斯1969，p. 73）。

然而，也许正是量化原则招致了最严厉的批评，尤其是来自马丁·路德（Luther）本人的批评，他在马库斯·冯·韦达（Marcus von Weida）的念珠手册一个副本上写着对这一敬拜做法的愤慨："各式各样的谎言，到底是如何从魔鬼而来的？"——马丁·路德将这句话写在小册子内页边上；然后再一次，对一个因念珠敬拜而皈依的年轻人的故事发表评论："因此，通过一项愚蠢的工作，他获得了合理性。"（温斯顿－艾伦1997，p. 130）[1]

但是，马丁·路德如此将自己置于哲学和神学背景所唤起的祷告的符号意识形态趋势中（已在本章第一部分探讨过），他特别反对的到底是念珠的哪一方面呢？基督教的新教推动者反对囤积祷告，因为囤积祷告会让祷告货币化[2]，它让祷告在中世纪晚期和现代早期的赎罪券交易中，成为可销售的物品。正如温斯顿－艾伦在其散文《玫瑰的故事：中世纪念珠的制作》（*Stories of the Rose：the Making of the Rosary in the Middle Ages*）中写道：

> 试图囤积赎罪券的做法迫使马库斯·冯·韦达在其手册中宣布限制一天中可积累的念珠赎罪券数量。富有的人雇佣他人为其吟诵念珠，这可以说是祷告发展历程中的低谷。
>
> （温斯顿－艾伦1997，pp. 130－131）

更为抽象地说，马丁·路德也反对念珠中隐含的这一观点，即行动主体性的模态分布可从根本上转移至敬拜者，来使所敬拜之神在世界上行事的能力，而不是按照重申敬拜者对其救赎预定论的信心这一做法来构想祷告。

正如前面所指出的那样，祷告的文化符号学应揭示宏观符号意识形态——

---

[1] 也参见卡韦劳（Kawerau）1917和托马斯（Thomas）1971，p. 42。

[2] 参见温斯顿－艾伦1997，p. 133："就所有语言都可以被视为谈判和交流的媒介而言，中世纪的念珠便是一个有趣的例子，说明话语作为精神资本的运作原理。"

某些符号学文献也称之为"生命形式"［西尔伯贝格（Zilberberg）2011］——如何在敬拜的微观符号学实践（如念珠）的构型方面产生冲突，从而在其结构和实施方面持续产生变化。但是，用洛特曼的话来说，某一符号域产生文化文本及其不断修订的模式不应过于死板（莱昂内 2010b）。例如，一方面，该模式应说明为何紧张时刻（比如马丁·路德和其他新教思想家的上述反应所代表的那些时刻①）通常都伴随着和谐时刻（比如，试图详细阐述英国国教中念珠的做法②，或寻求当代天主教中的这一敬拜实践的新式神学解读的做法）。③ 正如内森·米切尔（Nathan D. Mitchell）［19世纪美国神学家，如纽约大主教约翰·修斯（John Hugues）］在他的著作《念珠的奥秘：玛利亚的奉献和天主教教义的重塑》（*The Mystery of the Rosary：Marian Devotion and the Reinvention of Catholicism*）中所写的那样：

> 牢记两个目标：其中一个目标是要明确（……）天主教徒在宗教多元化的社会中是善良而可靠的公民（……）；另一个目标是强调天主教的独特性，尤其是在有关祷告虔诚的问题上（……）。念珠对这两个目标都有所贡献。一方面，它是一种便携的、灵活的民间奉献，根植于圣经情节

---

① 以及各类神学思想家；参见托马斯·默顿（Thomas Merton）的《静默祷告》（*Contemplative Prayer*）："冥想的人（……）接受信念中的神的爱，无视所有明显的证据。这是神真实存在和他对我们的爱的神秘体验的必要条件。只有当我们能够'释放'我们内心的一切，释放所有见识、知晓、领略和感受神存在的渴望，我们才真正变得能够感受那种带有彻底改变我们内心世界的压倒性信念和现实的存在。"（默顿 1969，p.111）这种紧张关系并不是基督教独有的；参见霍华德·巴顿 1927，pp.94-95："然而，这只是穆斯林民众，尤其是近东地区民众的理智和觉醒的众多迹象之一，即手串珠（tesbih）（伊斯兰教祷告工具，类似于基督教念珠）的迷信的和机械的使用正在遭受上层社会的质疑。最近土耳其的一个周刊刊载了一篇关于祷告的文章，其中大胆地指示安哥拉政府下令让学童重复某个阿拉伯语祷告 1 400 次。编辑的评注（译文如下）展示了对祷告实质的赞赏："（……）此外，这一祷告被下令机械地重复 4 044 次。这完全与灵魂的欲望和情感无关。如果祷告的目的是获得神圣的帮助，那么，以这种方式寻求神圣的慈悲犯了违反神的公义的罪。神真诚地说：'向我祈求，我会回答。'这是真的；但是，他并没有说：'重复你不理解的话，我会给你想要的一切。'"

② 参见霍华德·巴顿 1927，pp.155-156［关于詹姆斯·毕比（James A. Beebe）博士（曾是波士顿大学神学院院长）发明的"新教念珠"］："在制作念珠时，新教徒借鉴了关于崇拜的所有文献。与其他材料相比，优先参考《圣经》中更诗意和更虔诚的部分，例如，诗篇 1、8、19（……）"；"新教念珠"的产生恰逢作为祷告工具的理解文本的圣经诗篇回归之时。

③ 关于试图使念珠"男性化"和从庸俗中"拯救"念珠的做法，参见米切尔 2009，p.229；关于（宗教上的）庸俗与重复之间的关系，参见宾克利（Binkley）2000 和威斯特菲霍斯（Westerfelhaus）2007。

（……），其用途可根据天主教徒的情况来定制，和其他美国人一样，天主教徒也有工作要完成，也有家庭要供养。另一方面，祷告更加注重圣母玛利亚（……）使得念珠具有天主教特色。

（米切尔 2009，p. 208）

结　论

本章第二部分对祷告、敬拜和仪式的文化符号学提出了两个要求：第一个要求，祷告的不同宏观符号意识形态之间的辩证关系，是在敬拜的具体符号学实践之历史和文化演变中体现出来的，此要求便是分析这种体现方式；第二个要求，对这种体现模式进行阐述，这种体现模式很灵活，理论上足以包容公开的文化冲突事件，还能包容和谐事例。然而，祷告的文化符号学还应满足第三个要求，即在研究框架内，完善"宗教内和超越宗教的"敬拜符号学，这一要求尤为重要。目前存在一种紧张关系，一方面是，祷告的人类学必然性、其行动主体性对发送者的模态两极化以及语言的分离，另一方面是，虔诚实践的特殊性、其行动主体性对接收者的模态两极化以及语言的"物神敬拜者"体现；符号学模式应能促使人们反思如何能既在宗教符号域中，又能在宗教术语通常不考虑的文化区域内发现这两方面之间的紧张关系。这便是（词刊）（Lexia）目前所要解决的问题，同时这也引发了一种反思趋势，其探索之路还很漫长。

参考文献：

Appleton G. ed. 1985. The Oxford Book of Prayer. Oxford：Oxford University Press.

Binkley S. 2000. Kitsch as a Repetitive System. "A Problem for the Theory of Taste Hierarchy"，Journal of Material Culture，5，2：131—152.

Brümmer V. 1984. What Are We Doing When We Pray：A Philosophical Inquiry，SCM Press，London.

Bucke J. 1971. Instructions for the Use of the Beades（1589）（= English Recusant Literature 1558 - 1640，vol. 77）. Menston，Yorkshire：

Scholar Press.

Byrd R. C. 1988. Positive Therapeutic Effects of Intercessory Prayer in a Coro nary Care Unit Population, "Southern Medical Journal", 81, 7: 826—829.

Eco U. 1975. Trattato di semiotica generale, Bompiani, Milan.

Galton F. 1872. Statistical Inquiries into the Efficacy of Prayer, "Fortnightly Review", 68: 125—35.

Goldhizer I. 1890. Le rosaire dans l' islam, "Revue de l'histoire des religions", II, 21: 295—300.

Greimas A. J. et al. 1979. Sémiotique. Dictionnaire raisonné de lathéorie du langage. Paris: Hachette.

Hanayama S. 1962. The Story of the Juzu, Bureau of Buddhist Education, San Francisco.

Howard Patton C. 1927. The Rosary: a Study in the Prayer: Life of the Nations, Fleming H. New York: Revell Company.

James W. 1984. Psychology: Briefer Course (1892). Cambridge, MA: Harvard University Press.

Kant I. 1960. Religion within the Limits of Reason Alone (1793), Engl. trans. T. M. Greene and H. H. Hudson. New York: Harper & Row.

Kawerau D. G. 1917. Gedanken und Bemerkungen. Luthers Randglossen zum Marienpsalter 1515, "Theologische Studien und Kritiken", 80: 81.

Keane W. 2007. Christian Moderns: Freedom and Fetish in the Mission Encounter. Berkeley: University of California Press.

Kierkegaard S. 2008. The Sickness Unto Death (1849), Engl. trans. Alastair Hannay. Radford: Wilder Publications.

Kreinath J., Snoek J. eds. 2007. Theorizing Ritual, 2 vols. Leiden: Brill.

Kun - dga' - rin - chen. 1986. The Garland of Mahamudra Practices: a Translation of Kunga Rinche's "Clarifying the Jewel Rosary of the Profound Five — fold Path", Engl. trans. K. R. Könchok Gyaltsen.

New York：Snow Lion Publications.

LeonardH. V. 1981. A Selective Bibliography on Prayer and Spirituality, Duke Divinity School, Durham, N. C.

Leone M. 2009b. "Prefazione", in Id. （ed.）Attanti, attori, agenti—Il senso dell'azione e l'azione del senso; dalle teorie ai territori—Actants, Actors, Agents—The Meaning of Action and the Action of Meaning; from Theories to Territories, monographic issue of "Lexia", new series, 3 - 4 (December), 11—28.

Leone M. 2009c. "Agency, Communication, and Revelation", in Id. （ed.） At— tanti, attori, agenti—Il senso dell'azione e l'azione del senso; dalle teorie ai territori—Actants, Actors, Agents—The Meaningof Action and the Action of Meaning; from Theories to Territories, monographic issue of "Lexia", new series, 3 - 4 (December), 77—94.

Leone M. 2010. "Semiotic Ideology and its Metamorphoses", in D. Teters （ed.）Metamorphoses of the World：Traces, Shadows, Reflections, Echoes, and Metaphors. Riga：Riga Technical University, 133—46.

Leone M. 2010b. "La sfera e il linguaggio—Topologie della cultura", in E. Gola and G. P. Storari （eds）Forme e formalizzazione. Proceedings of the XVI congress of the Italian Society for the Philosophy of Language, Cagliari：CUEC, 67—74.

Leone M. 2011. Rituals and Routines：A Semiotic Inquiry, "Chinese Semiotic Studies", 5, 1 (June)：107—120.

Leone M. 2011b. Motility, Potentiality, and Infinity：a Semiotic Hypothesis on Nature and Religion, "Biosemiotics", DOI 10. 1007/ s12304 - 011 - 9130 - 4.

Leone M. 2012. "Introibo ad altarem Dei. Las rutinas como rituales de la Vida cotidiana", in R. De Rugeriis and E. Amodio （eds）Semióticas de la vida cotidiana （Colleccion de Semiótica Latinoamericana n. 9）, Universi— dad del Zulia, Maracaibo, Venezuela, 63—82.

Leone M. 2012b. "Motilità, potenzialità, e infinito：un' ipotesi su natura e religione", in C. Scorolli (ed.) Azione, percezione, e linguaggio—Action, Perception, and Language, monographic issue of "RIFL—Rivista Italiana di Filosofia del Linguaggio", 5; available at http://www. rifl. unical. it/index. php/component/content/article/136 - azione - percezione - linguaggio - marzo2012. html (last access 08/08/2012).

Leone M. 2012c. "Bacteria", in P. Cobley, D. Favareau, and K. Kull (eds) A More Developed Sign. Advancing the Work of Jesper Hoffmeyer. Tartu: University of Tartu Press, 33—36.

Leone M. ed. 2009. Attanti, attori, agenti—Il senso dell'azione e l'azione del senso; dalle teorie ai territori—Actants, Actors, Agents—The Meaning of Action and the Action of Meaning; from Theories to Territories, monographic issue of "Lexia", new series, 3 - 4 (December).

Leone M. (Forthcoming A). "Libertà religiosa e significazione", in L. Berzano (ed.) La libertà religiosa, Mondadori, Milan.

Leone M. (Forthcoming B). "Homo potentialis: riflessioni semiotiche sulla libertà dei batteri", in P. Heritier (ed.) Antropologia della libertà, Mimesis, Milan.

Leone M. (Forthcoming C). "From Theory to Analysis: Forethoughts on Cultural Semiotics", in V. Pisanty and S. Traini (eds) Dalle analisi alla teoria: ripensamenti sulla semiotica della cultura, monographic issue of "Versus", 114.

LotmanI. M. 1990. Universe of the Mind: a Semiotic Theory of Culture, Engl. trans. by A. Shukman (Tauris, London).

McDannell C. 1995. Material Christianity: Religion and Popular Culture in America. New Heaven: Yale University Press.

Merton T. 1969. Contemplative Prayer, Herder and Herder, New York. Miles T. R. (1959), Religion and the Scientific Outlook. London: Allen & Unwin.

Miller J. D. 2001. Beads and Prayers: the Rosary in History and Devotion. London: Burns and Oates.

Mitchell N. D. 2009. The Mystery of the Rosary: Marian Devotion and the Reinvention of Catholicism. New York: New York University Press.

NPNF. A Select Library of the Nicene and post-Nicene Fathers of the Christian Church: [First series], ed. P. Schaff. W. B. Eerdmans, Grand Rapids, Mich. 1977—1986 printing (originally published Christian Literature Co. , New York, 1886—1890).

Orsi R. A. 1996. Thank You, St. Jude: Women's Devotion to the Patron Saint of Hopeless Causes. New Haven: Yale University Press.

Paloma M. , Gallup G. H. 1991. Varieties of Prayer: A Survey Report. Philadelphia: Trinity Press International.

Phillips D. Z. 1965. The Concept of Prayer. London: Routledge & Kegan Paul.

Sweeney J. M. 2000. Praying with Our Hands: Twenty One Practices of Embodied Prayer from the World's Spiritual Traditions. Woodstock, Vt: SkyLight Paths Pub.

Thomas K. 1971. Religion and the Decline of Magic. New York: Scribner's.

Westerfelhaus R. 2007. "Prayers in Plaster and Plastic: Catholic Kitsch as Ritual Habit", in M. Cormak (ed.) Saints and their Cults in the Atlantic World. Columbia: University of South Carolina Press, 90 - 110.

Wilkins E. 1969. The Rose - Garden Game: the Symbolic Background to the European Prayer Beads. London: Victor Gallancz.

Wills G. 2005. The Rosary: Prayer Comes Round, Viking, New York. Winston - Allen A. (1997), Stories of the Rose: the Making of the Rosary in the Middle Ages. Pennsylvania: Pennsylvania State University Press.

Zilbergerg C. 2001. Des formes de vie aux valeurs, PUF, Paris. Zwemer S. M. (1930) The Rosary in Islam, s. n. , s. l.

七、灵魂的符号：宗教主体性的符号学

本章提要：本章以里帕《图像学》中对被感知和被祝福的灵魂的描述为出发点，从符号学角度探究基督教灵魂想象的复杂发展历程，基督教对灵魂的想象被认为是现当代主体性的文化符号学来源之一。希腊模型对灵魂进行视觉再现，借助无数转瞬即逝的存在（迷人的女子、鸟、蝴蝶、蛇等）来使灵魂具体化，犹太教的生命模型类似于神圣模型，避免了一切像似表现，基督教的灵魂想象介于两者之间，以一种自相矛盾的方式与基督教的灵魂神学并行发展，既试图结合其观点，同时又对其进行否认。

> 我们对人类的观念基本上还是来源于基督教的见解。
>
> ［马塞尔·莫斯（Marcel Mauss）1985，p. 19］

主体性不仅可以作为哲学概念和心理特征来研究和理解，也许从本质上讲，还可作为社会文化通过复杂的符号积累而勾勒和塑造出的符号构建来研究和理解。不论是规约符、像似符还是指示符，不论是单个文本、复杂文本还是文本体系，这些符号都界定了主体性的界限，从而界定了主体性的意义，同时允许其自我展现，以便在社会领域中成为有形实体。因此，可以对上述符号进行分析，以追溯此类主体性的界限和身份，以及此类主体性在某一历史时代、社会环境和文化背景中产生并维持的复杂的交互影响，最后，还可追溯其他主体性的特征、界限和身份。[①]

多亏德国学术交流总署（DAAD）的资助，本章准备过程中的大部分研究得以在柏林艺术学图书馆（Kunstwissenschaftliche Bibliothek）进行。在此，我要向德国学术交流总署和上述图书馆员工表示感谢。本章的第一版（意大利语版）发表于 2012 年 9 月 28 日至 30 日在都灵举行的意大利符号学研究协会第四十届大会；第二版（英文版）发表于 2012 年 10 月 5 日至 9 日在南京举行的国际符号学研究协会第十一届大会。在此，感谢那些在论文发表后作出评价的人。特别感谢本章的两名匿名评论者以及理查德·帕尔芒捷（Richard J. Parmentier）极好的编辑指导。最后，我要对首尔韩国外语大学符号过程研究中心表示感谢，尤其是琳达（Kyung—Nan Koh）和安迪（Hyug Ahn），感谢她们邀请我参与如此振奋人心的出版事业。

本章将特别关注宗教主体性，以及使某些宗教团体和社会焕发生机的宗教文化，是如何将其精神独特性的概念——这一概念与自我意识在各个层面产生相互作用灌输给个体的。本章所依据的假设是：宗教在培养人类个体性概念方面发挥了主要作用，特别是借助了"灵魂"这一强大的文化基因和形象。[②] 精神原则概念具有多种命名，在其内部语义学中表达方式多样，可借助多个工具表示。精神原则挑选出个体，并在内在维度和超然维度上决定个体的独特性，这似乎是大多数宗教文化的特征。同时，这一概念的演变几乎与世俗领域中其他个体化原则（principia individuationis）的演变并行。因此，想要通过社会符号来理解社会的符号学家所面临的挑战是：收集大量相关的规约符、像似

---

① 关于主体性符号学的文献数量繁多。关于符号语言学阐释和主体性，参见本维尼斯特（Benveniste）1966，1971；关于本维尼斯特阐释理论的研究，参见奥诺（Ono）2007；关于研究惯例的有效综合，参见马内蒂（Manetti）1998，2008；关于阐释符号学的有趣现象学方法，参见科凯（Coquet）2007；关于本维尼斯特与主体性，参见鲍威尔（Powell）2009。其他主体性符号学包括凯罗斯（Queiroz）和梅里尔（Merrell）2005；科克尔曼（Kockelman）2006；索豪斯（Sonnenhauser）2008；科布利（Cobley）2009；关于研究，参见莱昂内 Forthcoming b。

② "文化基因"指的是"在被视为符号系统的文化中传播的自律的意义粒子"；因此，在符号域中，文化基因指的是文本语义平面中的义素。关于洛特曼（Jurij M. Lotman）和格雷马斯（Algirdas J. Greimas）在其符号学中对符号域和义素的定义，参见"方法论序言"（Methodological Prelude）。

符、指示符和表示灵魂概念的文本，在不同时期和宗教文明之间进行比较，并为其类型学排列制定一些标准（莱昂内 2012a，尤其是卷 1）。

展示看起来毫无疑问和近乎自然的文化限定，此尝试能够深刻地界定符号学家的主要任务，也许没有比这个更深刻的尝试了（帕尔芒捷 1994，pp. 175-92）。精神个体性的概念深深根植于大多数当代文明中，不论它们是否受到宗教启发。如果说人类没有灵魂，或者，没有将自己设想成一个为有活力的个体化的精神原则提供直觉外表的身体，这样的时代几乎是无法想象的。对整个西方基督教——其神学和想象——的肯定，极大地巩固了这种文化基因［于特曼（Jüttemann），松塔格（Sonntag）和伍尔夫（Wulf）1991］。然而，历史研究和结构考察一同表明，基督教的灵魂概念并非是无故产生的，而是源于对迷宫般的先前文化材料复杂的重新阐释，以及对符号、话语和文本复杂的重新阐释。这些符号、话语和文本由之前的文明塑造，又在新宗教的特别文化结构中被重塑。

1. 方法论序言

文化符号学家们如履薄冰。他们必须确定某一文明的轮廓，也就是文化的界限；挑选出一些文化产品作为该文明的文本；分析这些文本，以确定它们是否具有特定文化对象的共同特征（在这种情况下，即主体性的概念和主体性的再现）；理解并描述该共同特征的结构性特征，以便详细阐述一种类型方案，随后，这一类型方案可能与其他类型方案（与其他文明文本、其他文明对同一文化的理解和再现有关的类型方案）进行比较。换言之，符号学家须在限定文化内进行类型比较。因此，他们冒着任意设定文明界限的风险，单独整理文本，以确定符号学家在恶性阐释学循环中的最初假设和成见，并形成类型学和比较，粗暴地将历史的复杂性强制变为简约的结构方案。

至于本章的特定主题，是否真有可能挑选、分析并描述希腊、犹太和基督教主体性的符号学？更加深入地观察这三种文明，难道它们的文化边界、文本、概念和再现不会在令人眼花缭乱的细微差别（这些差别无视任何结构分类的尝试）中迸发？此外，"主体性"概念本身，甚至是"宗教主体性"概念，真的无法作为比较结构的基石吗？宗教真的可以被用作基本无疑问的框架，进行一般意义上的人类再现？面对此类薄冰，符号学家有两个选择：（1）放弃滑冰，放弃滑行于文明和时代中，去寻找人类本质的令人眩晕的愉悦感，或者（2）获得适合的溜冰鞋，并掌握使用技巧。

将这个比喻扩大，当试图对宗教文化进行结构和类型学比较时，符号学的方法论溜冰鞋是什么呢？本章的观点是，目前尚不存在这种溜冰鞋，须通过将三种符号学传统进行适当拼凑来制作这种鞋：洛特曼（莫斯科－塔图学派）、格雷马斯（结构主义符号学）和皮尔斯（诠释符号学；莱昂内 2012b）的符号学传统。在俄罗斯符号学家洛特曼看来，文化符号学应该借鉴这样的观点：文明（包括宗教文明）可被描述为符号域，即描述为同时具有系统连贯性和非系统特质的符号学宏观结构（洛特曼 1990）。一方面，系统连贯性使得符号学家能在彻底分析文化的基础上，挑选并（至少假设性地）界定洛特曼称之为"文化文本"的对象，即描述某一文明的特征，并产生各种意指间所有表征的抽象核心的类型矩阵（洛特曼 1992）。另一方面，非系统特质解释了这样的事实：符号域的界限及其核心文化机制从来都不是稳定的，而是在这种特质的压力下不断发生变化——有时是剧烈的变化，特质的存在和活动最终取决于人类语言之难以驯服的创造力。

文化符号学家既不应只关注系统连贯性而忽视非系统特质，也不应只专注于后者而忽略前者。相反，文化符号学家应该总是持批判态度：在差异中寻找相似，在相似中寻找差异。

但是，洛特曼符号学为文化符号学、类型学和比较分析提供了一个启发性的总体框架，却没有提供如何进行这种具体分析的明确方向。那么，符号学家应如何设定符号域的界限，挑选出与之相关的语料库文本，对这个语料库进行类型学解读，从而将之与从其他时代和文明的符号域中提取的语料库进行比较？

要回答这些问题，文化符号学家应依赖于两种具体方法。首先，是由立陶宛裔语言学家格雷马斯基于索绪尔（Ferdinand de Saussure）的符号学、叶尔姆斯列夫（Louis Hjelmslev）的语符学和其他结构主义理念而建立的结构方法，这种方法非常适合用于描述和分析文化规则性，即从静态的和系统的角度来看待文化。其次，文化符号学家应依赖于由安伯托·艾柯（Umberto Eco）和基于皮尔斯（Charles S. Peirce）表意哲学的北美符号人类学所提出的解释法［艾柯 1976，1979；辛格（Singer）1984，1991；帕尔芒捷 1994］；这一方法非常有利于关注和解释文化变形，即从动态的和独特的角度来看待文化。

如果洛特曼关于符号域的理论概念，为文化的类型学和比较性解读提供了具有启发性的符号学框架，则格雷马斯关于"同位素"的分析性概念，为确定符号域的文化规则性提供了可操作的工具。最初，对这样的概念（和工具）进行阐述的目的，并不是研究符号域之类的宏观结构，而是分析文本之类的微观结构［例如，文学文本。见"同位素"，格雷马斯和库尔泰（Courtés）1982］。起源于这样的假设——叶尔姆斯列夫的语符学（叶尔姆斯列夫 1953）和格雷马斯的生成符号学（格雷马斯 1987）中的基本假设：语言的表达平面和语义平面均具有同构排列特征，其前提条件是语言表达的结构分析（在语言中，音素或字素的分层排列可以沿着其独特的特征分解）为语言内容的结构分析提供了模型［"义位"（sememe）的分层排列可以在"义素"（seme）中分解］。

从这一点来看，恰如解码语言语音链的关键是在确定其相关特征和不相关特征后，挑选并连接其音素，所以，解密文本语义层的关键是在确定其相关义素（严格地说，即"核心义素"）和不相关义素（严格地说，即"语境义素"）后，挑选并连接其义位。简言之，格雷马斯认为，解释一个文本——也就是找出其意义，在于绘制连接文本核心义素的假想线。文本的同位素仅仅是这条线而已（贯穿其语义平面的连贯线）。格雷马斯的观点并不排除某一文本被双重甚至多重同位素所贯穿的可能性（严格地说，即双重或多重同位素文本）；事实上，这些文本可能是人类交流中的规则，而非例外。但是，格雷马斯主张，可合理地描述和分析文本的同位素，还可确定哪些同位素在分层上具有优势（即在解释文本时，应突出哪些同位素；格雷马斯 1988）。

格雷马斯学派的文化符号学家所面临的挑战源自将同位素的概念（和工具）应用到微观文本（正如格雷马斯大多数时候所做的那样，尽管他也为社会符号学奠定了基础）和宏观文本，尤其是应用到被视为文本的文化（用洛特曼的话说，即符号域）中。人们能否像对《安娜·卡列尼娜》（Anna Karenina）的同位素提出假设那样，对"俄罗斯文明"的同位素提出假设？难道微观语言学工具在宏观层面上的这种应用，不存在将同位素转化为刻板印象的风险？冰层很薄，风险显而易见。但是，如果风险无法避免，至少是可控的。

一方面，只有选定的符号域语料库（在共时线和历时线上）的广泛性和内部差异化可确保同位素解读的健全性；符号学家不应该在某一文明单个文本的分析基础上描述整个文明的特征。同时，符号学者也不应以穷尽性为目的：符号域语料库就是对"符号域记录"精挑细选后的产物，在方法论和认识论上类似于地质记录。

另一方面，符号学家应一直将符号域的同位素解读呈现为一种假设，不同符号域记录考虑语料库中不包含的同一符号域的其他文本时，可对这一假设进行证实或证伪。符号学家是否将俄罗斯文明的特征描述——基于对其文学文本、绘画文本、摄影文本等的符号学分析——为麻痹性怀旧之情的同位素？这种特性描述是否会导致与其他符号域及其对情感和激情的构型和表征进行比较？其他学者要么证实这样的假设，表明同一符号域中的其他文本证实了这样的解读，要么对其进行反驳，认为不同的、更具细微差别的同位素贯穿同一符号域，并且俄罗斯文明不是仅有一个怀旧之情的同位素特征，而是有多个（以至于谈论"俄罗斯文明"时，要完全重新思考与其他符号域的比较）。

然而，在这种情况下，后一类学者认为，学者不应只是简单声称前者的同位素假设是错误的，而要指明其他假设可能或应该依据的文本。换言之，正如只有通过表明文学文本的同位素解读忽略了文本中某些重要义素的挑选和连接，并提出一个更具包容性的方法，才能对文学文本的同位素解读提出异议，只有证明对文化宏观文本和符号域的同位素解读，未能挑选并连接符号域中的某些重要文化义素，并提出更全面的方法，才能对文化宏观文本和符号域的同位素解读提出异议。这便是符号域的同位素解读过程的评估方式：通过更多的文本指示，在符号域中确定这样的解读（证实），或者通过暗示不同的同位素，在符号域中解释更多的文本（反驳，或阐述新的假设）。①

因此，下文将提出一些关于宗教主体性在希腊文明、犹太文明和基督教文明符号域中的文化作用之同位素解读可能性的假设。这样的解读会引发关于这些同位素的连接、比较和对比方法的其他假设。基于这些文明中的符号域记录，而非文明无法穷尽的知识，因此这些关于同位素解读的假设要么被证实，要么被驳斥，但它们总是基于这样的坚定意识：没有哪一种同位素解读可有

---

① 因此，洛特曼—格雷马斯文化符号学的结构主义相当于雷蒙·布东（Raymond Boudon）的著名类型学中的第二种结构主义；类型2的理论适用于不确定但可验证的对象（例如，整个文化不可能被定义为人们对亲属制度的定义）（布东 1968）。

效、合理阐释复杂的文明体系。

这是方法论序言将提出的第三点，也是最后一点：皮尔斯将人类意义再现为受限于无限制的符号过程，这也许是解决对文化进行僵化解读的最佳办法。正如人类语言是文化变迁的来源，人类语言也是文化稳定性的来源，因此，文明的结构性表征只能来源于一个痛苦却必要的文化逻辑录制过程。

通过几个步骤分析基督教灵魂的符号，首先对灵魂的希腊图像学——和想象——进行简明概述，特别详述其表征的研究形象：嘴巴，作为身体裂缝，在生与死之间形成交流，也作为灵魂离开身体，开始死后存在之旅的渠道。接下来，尽管有一些不同特征，还是可以从犹太人对维持生命的呼吸的想象中，以及在描述生死过渡的叙事背景中找到同样的形象。最后，两个符号学方案——希腊和犹太符号学方案，会被相互比较，还会和基督教关于灵魂的符号学进行比较，基督教关于灵魂的符号学也将张嘴的形象，作为生机身体与无灵魂身体之间的边界，但以一种前所未有的方式进行解释。总而言之，本章向明确阐释宗教主体性的符号类型学，向明确阐释想象物质与精神、生与死、内在性与超然存在、个体性与无特性之间关系的宗教方法上的符号类型学，迈出了尝试性的第一步。

2. 升华：里帕的《图像学》

和格雷马斯进行的大多数符号学研究一样，本章也会从字典分析开始——不是当代字典，也不是基于词汇的字典，而是里帕（Ripa 1603）在其《图像学》（Iconologia）中，在现代性初期升华而成的基督教视觉文化的特别合成物，《图像学》扉页"被感知和被祝福的灵魂"（Anima ragionevole e beata）中写道：

> 她是一位非常优雅的少女，脸上戴着一层薄而透明的面纱，穿着一条纯色、发光的长裙，肩上有一对翅膀，头上有一颗星星。就如神学家所言，虽然灵魂是一种无形的不朽物质，尽管如此，它的呈现方式却是这样的：具有身体感官的人类，可以用一种不同于神和天使的一般表现方式的方式来理解灵魂，尽管神和天使也是无形物质。
>
> 天使被描绘成一位非常优雅的少女，因为她是造物主依照自己的形象所造，而造物主是所有美和完美的源泉。

正如圣·奥古斯丁（Saint Augustine of Hippo）在《灵魂的定义之书》（*Book on the Definition of the Soul*）中所言，她的脸部被覆上面纱，以此表示她是人眼无法看到的物质，是身体的一种物质形式，在这种形式中她是不可感知的，而只能通过某些外部行为才能被理解。

纯色、发光的长裙用来表示纯洁和其本质的完美。皮埃罗·瓦来里亚诺（Pierio Valeriano）在（Ieroglyphics）的第44册书中说道，她的头上之所以有一颗星星，是因为埃及人用星星来表示不朽的灵魂。

因此，肩膀上的翅膀象征着它的敏捷和灵性，它的智力和意志。①

图7-1　里帕对"理性且被祝福的灵魂"的刻画（1603，22）。**拍摄者：本章作者**

---

①　除非另有说明，否则，所有译文均为本书译者翻译。原文如下：　"Donzella gratiosissima, hauerà il volto coperto con vn finissimo, e trasparente velo, il vestimento chiaro, & lucente, à gl'homeri vn paro d'ale, & nella cima del capo una stella. Benche l'anima, come si dice da' Teologi, sia sustanza incorporea, & immortale, si rappresenta nondimeno in quel miglior modo, che l'huomo legato à quei sensi corporei con l'imaginatione, la può comprendere, & non altrimenti, che si sogli rappresentare Iddio, & gl'Angeli, ancorche siano pure sostanze incorporee. Si dipinge donzella gratiosissima, per esser fatta dal Creatore, che è fonte d'ogni bellezza & perfettione, à sua similitudine. Se gli fa velato il viso per dinotare, che ella è, come dice S. Agostino nel lib. de definit. anim. Sustanza inuisibile à gl'occhi humani, e forma sustantiale del corpo, nel quale ella non è evidente, saluo che per certe attioni esteriori si comprende. Il vestimento chiaro, & lucente è per dinotare la purità, & perfettione della sua essenza. Se le pone la stella sopra il capo, essendo che gl'Egitij significassero cõ la stella l'immortalità dell'anima, come riferisce Piero Valeriano nel lib. 44. De' suoi Ieroglifici. L'ali à gl'homeri denotano cosi l'agilità, e spiritualità sua, come anco le due potenze intelletto evolontà." （里帕 1603，21，22）

这一文本提出了一种视觉定义，将几种格雷马斯式同位素编织在一起，包括那些在基督教文化的多重层次中，被重新发现的同位素，和那些被基督教文化从过去的文明和平行文明中吸收并重新阐释的同位素。与该文本一同存在的木版画（如图 7-1 所示）试图将这一纷乱的语义描述转化为一种理想的典型形象。可以看出，和所有定义一样，里帕的词条从符号学角度来看很有趣，这不仅因为它所包含的同位素，也因为它排除的同位素。对基督教灵魂想象的这种"升华"进行符号学分析，至少可以在某种程度上恢复和描述其先前的转变历程。① 正如很多关于文本符号学的研究一样，本章也从该文本的结尾开始："因此，肩膀上的翅膀象征着它的敏捷性和灵性，以及智力和意志。"②

3. 变化性

在聚焦数个世纪的基督教灵魂形象时，里帕的《图像学》强调了它的敏捷性。这是一种语义特征，不仅在语言文本中，也在起着翻译和辅助作用的视觉文本中，被转化为翅膀图形，通过少女手臂姿势的美感和对星星的神圣参照，从而进一步强调这一图形。这一语义连贯性贯穿整个基督教历史，但它却不是基督教形成之初就有的。无论是从希腊文化角度来看，还是从犹太文化的角度来看，基督教都继承了

---

① 毋庸置疑，如果这种语言-视觉文本的结构性符号学分析不是与文本类型的框架及其历史背景相关的，那么分析就是不完整的。至于前者，本文篇幅有限，无法深入探究里帕对基督教的灵魂想象和象征类型的言语升华与视觉升华之间的基本联系。这种联系在 17 世纪蓬勃发展，经常提供关于灵魂的表征。关于这种联系，参见比肖夫（Buschhoff）2004，164："Im Kontext der religiösen Liebesemblematik des 17. Jahrhunderts erscheint der antike Psyche-Typus von besonderer Relevanz，der die Seele als weibliche Gestalt mit langem Gewand und Flügeln beschreibt. In der Renaissance wiederentdeckt，ersetze dieser Typus die Eidolon-Darstellung. Cesare Ripas Iconologia von 1603 zeigt die Anima als verschleiertes Mädchen mit Flügeln und einem Stern auf dem Haupt."另参见普拉兹（Praz）1939，134 38；克尼平（Knipping）1974，53 55，64 65，70 71。同样，因为篇幅有限，本文并未阐述里帕的升华与埃及象形文字之间的关系。埃及文明创造了极其丰富的来世想象，影响了之后的文明[阿斯曼（Assmann）2006]；然而，里帕很有可能并未与其产生直接接触，而接触的是 16 世纪晚期特别是 17 世纪的"象形文字热潮"的产物 [关于经典研究，参见吉洛（Giehlow）1915；关于调查，参见艾弗森（Iversen）1958 和 1961]。关于星星图形，特别参见 Buschhoff 2004，163："Mit dem Attribute des Sterns bedient sich Ripa nach eigener Angabe einer ägyptischen Hieroglyphe der Unsterblichkeit，die Pierius Valerianus im 44. Buch seiner Hieroglyphica erläuterte und die auf Gott hindeutet"；另参见亨克尔（Henkel）和舍内（Schöne）1967。

② "L'ali à gl'homeri denotano cosi l'agilità，e spiritualità sua，come anco le due potenze intelletto e volontà."（里帕 1603，22）

个性化原则的思想；不论是从精密性角度上来说，还是从令人不安的不稳定性角度来说，这一思想具有变化性、敏捷性、渴望出众和超凡的特征。

4. 希腊灵魂的符号

与基督教灵魂的作用相比，灵魂概念在希腊文化语义学中的作用有所不同［克利尼翁（Collignon）1875；罗舍尔（Roscher）1909，3，pt. 2：3201-37；（Icard-Gianolio）1994］。尽管如此，后者不仅从前者中获得了具有变化的同位素，也获得了一些表示同位素的图形。最重要的是，它继承了里帕的胜利灵魂原型在某种程度上隐藏的某种特征。无论是在希腊的灵魂图像学中，还是在基督教的灵魂图像学中，该形象化表达均不是象征性的，而是叙述性的：实际上，表示人类生命要素的场合不是抽象的，而是与死亡故事有关的。正是在其视觉叙述中，或者说，在对生死之间的过渡描述中，这种图像学出现并联合起来，以此回应消失的主体性之令人不安的奥秘［Icard-Gianolio 1994，584；另特别参见"灵魂"，尚特赖纳（Chantraine）1980，1294-95］。

这便解释了具有变化性图形的扩散，希腊文化也从过去的文明中借鉴了众多具有变化性的图形。从古风时代起，便出现了葬礼塞壬。例如，如今位于雅典国立博物馆的雅典塞壬（如图 7－2 所示）和位于卢浮宫的雅典塞壬（如图 7－3所示），两者都具有大大的翅膀、鸟爪和尾巴［萨利纳斯（Salinas）1864］。后者是一个公元前 1 世纪的赤陶雕像，展示了一个相当特别的姿势，这一姿势也存在于古风时代的雕塑中。① 格奥尔格·魏克尔（Georg Weicker）的专著《古代文学艺术中的灵魂鸟》（*Der Seelenvogel in der alten Literatur und Kunst*）中的大量文献已证明，对于这些葬礼，塞壬不会将自身局限于通过固化葬礼上的哭泣而使之永垂不朽，而是对灵魂进行古风时代式的再现［鲍迈斯特（Baumeister）1889，见 Seirenen］。可能是以埃及模型为基础，有人甚至用鸟的头对其进行刻画，就像被称为"鹰女"的克里特岛人黏土印章那样［贺加斯（Hogarth）1902；如图 7－4 所示］。

---

① 本文的主要比较目标和期刊的篇幅有限，使得无法对语料库中包含的所有文物进行完全明确的符号学分析，而只是提供一点关于这种分析结果的线索，因为这种分析的背景信息就足以构成一篇文章。

图 7-2 古风时代的葬礼塞壬（材质：潘特利奇大理石，高：24 厘米，现存于雅典国立博物馆，库存编号：i. n. 774）（萨利纳斯发现于 1863 年），转自鲍迈斯特（1885，1644）

图 7-3 公元前 1 世纪的葬礼塞壬（赤土陶器，高：22.5 厘米，现存于巴黎卢浮宫，i. n. 米尔 148）（法国雅典学院发现于 1883 年），转自鲍迈斯特（1885，1645）

图7-4　古风时代的黏土印章，位于克里特岛东部卡托扎克罗斯迈锡尼宫殿（英国驻雅典研究院发现于1901年），取自埃米尔·吉耶隆（Émile Gillieron）的一幅绘画，转自贺加斯（1902，79）。

　　在更近的时代，灵魂肖像学的叙事维度变得更加普遍。这并不像上文所述的文物那样，将自身局限于描述灵魂在凡人命运中的跌落，而是围绕这一同位素建构复杂的故事结构。公元前550-540年，具有黑色画像的阿提卡大肚形双耳瓶便是如此（如图7-5所示）。其背面是一个灵魂（如图7-6所示），拥有女性的头，但却是鸟的身体。肖像类型并没改变，但叙事设定发生了变化：灵魂的变化性不是被描述为一种可能性，而是被描绘为一种飞升行为，图像的拓扑结构将其空间位置转化为构建故事的线索。灵魂几乎靠在战士的长矛尖上，好似先于战士向战场挺进，仿佛表明战士会在那里失去自己的灵魂，或者在没有选择的情况下，将从其他人那里夺走灵魂。此外，战士的头部姿势突出了战士的目光，其目光恰好凝视着灵魂盘旋的空间，在战死之前显得恍惚、迷茫。

图7—5 陶艺家埃克塞基亚斯（Exékias）签名的具有黑色画像的阿提卡大肚形双耳瓶，公元前550—540年，44.5 cm×30.5 cm，巴黎卢浮宫 i. n. F 53（于1883年在武尔奇发现）。在获得巴黎卢浮宫国家博物馆联会摄影机构的许可下转载。

图7—6 具有黑色画像的阿提卡大肚形双耳瓶背面的图像。转自格哈德（Gerhard）（1843，cvii）。

在随后的其他表征中，强调和详述了灵魂的兽形本质：其变化性不是通过有翅膀的塞壬来描述，而是通过真正的鸟类来描述，并且各自都有其特定的内涵。例如，一个现存于雅典国立博物馆细颈油瓶中，一只公鸡站立在一块丧葬石上（如图 7－7 所示）。魏克尔（1905，207）展示了这只鸟——其肉冠和足刺使人想起其中一名战士——如何在雕塑中借助自身来表现战死人的灵魂。实际上，在希腊人的想象中，灵魂的坠落几乎是所有形象的特征（包括诸如蛇之类的阴暗形象），但是，每次都根据所选的特定形象和所处的叙事语境来决定详细内容。事实上，从荷马时代起，灵魂就被描绘为烟、梦、蝙蝠、蜜蜂和苍蝇，直到最后，灵魂拥有了大量形象，并以夜行蝴蝶的形式出现，以至于亚里士多德（Aristotle）和赫西纠（Hesychius of Alexandria）将夜行蝴蝶称为"灵魂"。尽管荷马（Homer）、亚里士多德和赫西纠都将灵魂与飞升的物体联系起来，但这并不表示在希腊文明中，具有变化性的比喻性同位素没有发生转变。然而，这一同位素的波动一直都不太剧烈，不足以撼动其本质连贯性。在荷马的作品中，灵魂出现在轻盈且短暂的事物外形之下，在《奥德赛》（Odyssey）中被比作烟雾或梦境（11.220-22），也被比作蝙蝠（24.6-9）；而亚里士多德和赫西纠的作品中采用了不同的图形来传达相同的语义特征：在亚里士多德的《动物志》（History of Animals）中，灵魂变成了夜行蝴蝶[5.19.550b；赫西纠，词汇表（Glossary），见"ψυχή"]。希腊的民间信仰[罗德（Rohde）1950，574-85]和俄耳甫斯教[亚里士多德，《灵魂论》（De anima）1.5.410b]、毕达哥拉斯学派[第欧根尼·拉尔修（Diogenes Laertius），《哲学家》（Vitae philosophorum）8.21]和新毕达哥拉斯学派[波菲利（Porphyry），《幼虫的洞穴》（De antro nympharum）23-25]的哲学观点以及柏拉图（Plato）[《斐多篇》（Phaedo）105d-e，《斐德罗篇》（Phaedrus）245 c-e]和斯多葛学派[西塞罗（Cicero），《图斯库卢姆辩论》（Tusculanae disputationes）1.18.31.42-43.77；见图尔詹（Turcan）1959；维尔缪勒（Vermeule）1979，18-19]均提及了灵魂的变化性。

图 7-7 细颈油瓶，高：24 厘米，雅典国立博物馆（发掘自埃雷特里亚），1158 年。转自魏克尔（1905，207）。

鸟类和死者灵魂共享的另一种语义特征的起源始终与这种变化性有关。如果前者的飞翔为占卜者提供了提取未来相关征兆的矩阵（马内蒂 1993），则同样的特征可归因于以鸟类形式所描述的灵魂之变化性。施拉德尔（Schrader）（1907）早已强调过这一类比："据说在神仙居住的地方，鸟儿的来去具有神秘的不可预知性，这使得它们看起来比其他动物更适合赋予神的意志或未来模糊性的相关暗示。"①

灵魂作为有翅膀的塞壬或长着翅膀的动物，其图像学范围过于庞大，本章无法详尽探究，但大量文献早已涉及这一主题。然而，一个独特的构型还有待分析，这一构型对阐明希腊灵魂（psyché）与基督教灵魂（soul）这两个不同却相互交织的幻象之间的关系至关重要。出自西西里岛的双耳瓶（如图 7-8 所示）的背面右侧上的场景被一致解释为厄俄斯（Eos）将其儿子门农（Memnon）的尸体从战场上带走，这样，施害者阿喀琉斯（Achilles）才不会侮辱其尸体。在双耳瓶前面所呈现的场景，被众多人解释为两个恶魔在运送某一战士的尸体，但是，关于战士的身份，是门农还是萨尔珀冬（Sarpedon），

---

① "（Ihr）unberechenbares und geheimnisvolles Kommen und Gehen aus dem und in den Raum，in welchem man den Sitz der Unsterblichen wähnte，ließ sie vor anderen Tieren geignet erscheinen，dem Menschen über den Willen der Götter oder über das Dunkel der Zukunft Andeutungen zu machen"（施拉德尔 1907，141）

目前还未达成一致的看法。① 不管怎样，有趣的是，在这两个场景中，遗弃的死亡战士尸体的灵魂均被描述为一种会飞翔的存在，在第一个场景中被描述为一种鸽子，而在第二种场景中被描述为手执长矛和盾牌的战士人像。有必要对这一幻象（eidolon）的三个方面进行强调。② 首先，它在肖像中表示的不是一种通用的灵魂观念，而是一种特定的灵魂，即战士的灵魂，它保持着与之相关的身体的个体特征。其次，人像的姿势和方向性使得其看起来是在向上跳跃，在安眠中手执长矛进攻。最后，与成对场景中的鸽子类似，这一好战的幻象似乎直接从尸体张开的嘴中跃出。

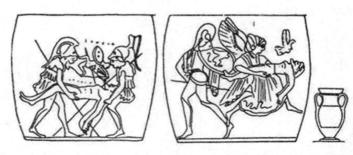

图 7-8 出自西西里岛的双耳瓶，选自布吉尼翁的藏品，现存于那不勒斯。转自赖纳赫提供的图像志（1899，347）。

这种构型并不是独一无二的。例如，后来在一面伊特鲁里亚镜子上雕刻的场景中也发现了这样的构型（如图 7-9 所示）。爱德华·格哈德（Eduard Gerhard）（1867，73，114-15）将此构型解释为"诱拐场景"（Entführungsscene），特别是厄俄斯诱拐刻法罗斯（Cephalus）的场景，但也有可能将之解释为"移尸"的场景，

① 黑尔比希（Helbig）（1864，175）认为是萨尔珀冬："人们可以在花瓶的上部分看到两个长着翅膀的年轻人，全副武装奔赴战场——戴着头盔，身穿铁甲，手执宝剑和长矛，手里抬着一个战死的裸体年轻人；然后，许普诺斯（Hypnos）和塔纳托斯（Thanatos）拯救了萨尔东的尸体。人们可以在他的身体上看到红色血液从他的伤口滴落，其中一处伤口在大腿上，另一处在胸部，而在他的上空飞翔着这一全副武装（手执盾牌和长矛）奔赴战场的英雄之灵魂"（Vi si vedono sulla parte nobile due giovani alati, in piena armatura, con elmo, corazza, gambali, spade ed asta, i quali portano colle mani un giovane ignudo ucciso nella battaglia, Ipno dunque e Tanato che salvano il corpo di Sarpedonte. Si riconosce nel corpo di questo il rosso del sangue che stilla dalle ferite, l'una delle quali si vede sulla coscia, l'altra sul petto, mentre sopra di lui svolazza nell'aria l' eἴδωλον dell'eroe, alato, in piena armatura, con scudo ed asta.）；另见迈耶（Meier）1883；赖纳赫（Reinach）1899，347。

② 请参阅 *Thrēskeutikē kai ēthikē enkyklopaideia* 中的词条 "Aidolon"。第一版，雅典：Martinos，1962，68。

如厄俄斯使门农的尸体免受阿喀琉斯的侮辱，特别是，如果将镜子右侧底部（此处靠近死者的嘴）呈现的鸟儿解读为灵魂，便更是如此。①

图 7－9　伊特鲁里亚镜子，现已遗失（1840 年发现于罗马）。**转自格哈德提供的图像志**（1867，361）

在基里克斯陶杯碎片上绘制的图像对灵魂的图像学进行了进一步说明（如图 7－10 所示）。从碎片的底部边缘起，在碎片中部出现了一个战士带着头盔的头部轮廓；他仰着脸向下坠落，右手紧握盾牌。在右侧的邻近区域，可以清楚地看到另一面盾牌，也许是杀人者——得胜战士——的盾牌。保罗·哈特维（Paul Hartwig）（1891，340）已对这一碎片进行了详尽研究，在碎片中发现了伪阿波罗多洛斯（pseudo-Apollodorus）的《书库》（*Bibliotheca*）（3.10.5）中所描述的赫拉克勒斯（Hercules）与欧律托斯（Eurytus）之间的殊死战争。在这种情况下，有必要强调一下有翅膀的男性人像的存在，他水平盘旋在垂死战士的头部上空，左手手指压住战士的前额，而右手手指就像镊子一样，似乎

---

① 请参阅 *Enciclopedia Treccani dell'Arte Antica* 中的词条"Memnone"，网址：http://www.treccani. it/enciclopedia/.

直指垂死者的嘴。学者们一直认为这是一个恶魔的人像，也许，是一个邪恶的人，他诱拐了战士的灵魂，将之从战士的嘴中攫走。翅膀的姿态突出了攫取行为的效果，翅膀似乎向上翘起，试图为人像的飞行添加向上的移动特征，即使其与临近的尸体产生距离的冲力。这一效果得到了类似例子的进一步证实。例如，由维特（Witte）（1833）分析的描述阿尔库俄纽斯（Alcyoneus）死于赫拉克勒斯之手的两幅图像（如图7-11所示）。在第一幅图中，一个恶人攻击这个巨人，试图将他的生命从其嘴里攫出，而该不幸者抗拒地扭动他的头。与之相反，在第二幅图中，与布吉尼翁藏品中双耳瓶（图7-8）上的图像类似，长着翅膀的人像似乎根本没有敌意，而是在陪伴（如果不是象征）被打败战士之遗弃身体的灵魂。

图7-10　基里克斯陶杯碎片，巴勒莫国家博物馆，i. n. 2351。绘画者：卡尔梅洛·吉亚里佐（Carmelo Giarizzo）

图 7—11　关于阿尔库俄纽斯死于赫拉克勒斯之手的图像志体系，摘取自诺兰
（Nolan）花瓶上的绘画。转自维特（1833，pl. D）。

本章无法深入探究灵魂的希腊式想象和图像学的巨大领域。基于这些例子，便足以强调象征主义已形成，在必要的变通后，又重现于里帕的基督教图像学中。这主要在于符号学家不仅从历时角度，也从结构角度来描述这种象征主义。

第一，人们能够在灵魂的一般表征之间发现差别，例如，长着翅膀的塞壬和其他有翅膀的动物。这种情况下死者的身份与其在逃灵魂的身份之间，不存在类似一致性，或者说这种类似一致性相当不明显，以至于死者的性别与其生命要素的肖像性别之间没有联系。因而，后来的描述反而成了一种幻想，在某种意义上来说，他们将遗弃身体的幻象认为是一种与死者身份类似的身份。[①]
在第一种情况下，灵魂的身体便是所谓的灵魂的客观阐释；在第二种情况下，便是主观阐述，其中身体特征和功能性特征，在生与死之间的过渡中被传递和维持。正如接下来所讨论的那样，基督教的神学、图像学和想象都面临着同样的困境：死后的灵魂有多少主观性？

第二，在上述一系列图像中，我们可以发现灵魂（被设想为主动主体，能够自发逃离死者或垂死之人的身体，并在其上空盘旋）与被动主体甚至是操控

---

①　关于宗教主体性视觉表征的性别问题，特别是灵魂的性别问题，需要专门写一篇文章来阐述；见莱昂内 2012a，尤其是 "L'âme au feminine"（2：421 87）。

对象（即在时空中被追逐、夺取、抽离和移动并受到价值论反作用的灵魂）之间的另一个结构上的差别，从而引发了对善良恶魔与邪恶恶魔的争执，这一点在刻罗斯塔西亚①的图像学或灵魂称重（psychostasia）②的图像学中相当明显。本章还将详述基督教对这种二分法的延伸。

第三，有必要强调的是，这些结构上的紧张关系与若干可塑的、象征性的和标志性的构型相对应，将不同的灵魂概念转化为视觉形式。实际上，其表述总是不稳定的，但是以飞升方式这一明确的类型学来看，却是每一个精确想象的动态表达。

最后，出现了由精确边界所勾勒的身体包裹概念。在这一概念之外，灵魂会自主地或是被动地屈服于恶魔的行为，从而遗弃身体并在实际上处于尸体的状态。根据《伊利亚特》（Iliad）第九章中的荷马式暗示来看，活人与尸体之间交叉的不归点便是嘴巴："但一个人的生命无法回头，一旦超越了牙齿的边界，它就不能被强行提升或俘获。"③

5. 犹太教生命要素的符号

耶路撒冷作为基督教灵魂想象的另一支柱，将嘴巴想象成活人与无灵体之间的沟通裂缝，同时强调入口与出口的方向性。④ 例如，在《巴比伦塔木德经》（*Babylonian Talmud*）（Avodah Zarah 20b）中写道："据说死亡天使浑身都是眼睛。当一个病人即将离世时，他就站在那人的枕头上方，从手中抽出剑，剑上悬挂着一滴胆汁。当病人看到这把剑时，便（惊恐地）颤抖着张开嘴巴；然后他就将胆汁滴入那人的嘴巴。正是这滴胆汁使其死亡，使其（尸体）变质，使其面容呈现绿色。"⑤

---

① 在希腊神话中，刻瑞斯（Keres）是女性死亡恶魔。在《伊利亚特》中所述的阿基里斯与赫克托尔（Hector）之战中，宙斯在其金色的天秤上对两个刻瑞斯——"死亡的两个命定部分"进行称重；这一过程就是所谓的刻罗斯塔西亚［《伊利亚特》22.208 13；见莫里森（Morrison）1997］

② 灵魂称重（*Psychostasia*）是神灵决定灵魂命运的办法，同时是希腊人（尤其是在《伊利亚特》中）和基督教的灵魂想象的特征。

③ 关于古埃及停尸房中同一图像的研究，见芬妮丝达（Finnestad）1978 和罗特（Roth）1992。

④ "耶路撒冷"绝不能被解释为地名指称，而应解释为对犹太文明的提喻法指称［斯特劳斯（Strauss）1967］。

⑤ 所有《塔木德经》引文均选自宋西诺出版社的《巴比伦塔木德经》。

　　犹太人对死亡方法的分类具有典型的类型学神韵，在《塔木德经》中得到了深入揭示和评论（Berakhot 8a）[①]，据卡巴拉教（Kabbalah）的计算数据，方法多达 903 种。[②]《塔木德经》描述了其中两种方法：最痛苦的一种和最温和的一种。这两种方法的描述不仅传达了强调死亡主观变化性的意图，也传达了这样一个事实，即这种变化性被转化为一种抽取想象，根据对脱离的不同抵抗程度进行描述，并总是借助生/死的沟通渠道——嘴巴来完成这一过程。因此，精彩的抽取图像便引发了这两个极端——最痛苦的死亡和最简单的死亡："同样的教训是，这个世界上存在 903 种死亡方法。因为它是这样说的：死亡的问题，和拽取（Toza'oth）数值是一样的。这些死亡中最坏的是义膜性喉炎，最容易的是如亲吻一样的死亡。义膜性喉炎就如将羊毛球中的刺向后拔出一样。有人说：它就像从（船上的）孔里（拉出）的一根绳子一样。而亲吻（导致的死亡）就像从牛奶中拉出一根头发一样。"同样，在《塔木德经》（*Baba Batra* 17a）中有这样的解释："有 6 个人没有被死亡天使所统治，他们是亚伯拉罕（Abraham）、以撒（Isaac）、雅各布（Jacob）、摩西（Moses）、亚伦（Aaron）和米利暗（Miriam）。我们知道亚伯拉罕、以撒和雅各布是因为《塔木德经》所写的一切都

————————————

　　① 把《巴比伦塔木德经》说成是某种相对稳定的声音、地位或权威，这当然是有疑问的，但若换成是其主要定义性特征，情况就恰恰相反。但是，大量的《塔木德经》语料库表明，在其表达"死亡"语义场的方式中存在规律性（因此，有可能在活力呼吸及其离开的塔木德经式想象中挑选出同位素）；例如，将各种死亡方法视为具体错误行为的惩罚时存在规律性［安息日（Sabbath）31b，赎罪日（Yoma）64a，混採篇（Erubin）29a］；在将此类死亡方法视为吉兆或凶兆时存在规律性［婚姻文书（Kethuboth）103b，法庭书（Sanhedrin）47a］；在存在尸体的情况下，在设置需要遵守的特殊规则时［祝祷书（Berachot）3b 和 17b，安息日 152b，朝圣书（Chagigah）5b］或是规定葬礼仪式时（婚姻文书 8b，Mo'ed Katon 25a，祝祷书 18a，婚姻文书 17a）存在规律性；或者，在说明如何满足死者的最终遗愿时存在规律性［Erechin 15b，住棚节书（Succah）49b，禁食（Ta'anith）21z，祝祷书 58b］等。对这个领域的典型介绍是普里斯（Price）1920 年所著文章。关于此问题的最新综合研究之一，另见克雷默（Kraemer）2000，115："古拉比犹太教在其历史上（2 世纪到 6 世纪），其关于死亡的信念，相对比较稳定"；关于更细致的看法，参见基斯特（Kister）1991，然而，基斯特主要关注 Evel Rabbati——关于哀悼的后塔木德式短文。

　　② 这一数值来源于《诗篇》68：20，其内容为："我们的神是施行拯救的神；人能逃脱死亡，是在于主耶和华（RVS）"。英语词"escape"译为希伯来语"צת ו תא"（towtsa'ah），而其他英语版本译为"issues"（例如，英王钦定本），而希腊文译本译为"διšγοδοι"。在格泽纽斯（Gesenius）的词典中，"ות"既指"出发"和比喻意义上指"远离危险"，即"拯救"，也指"（某人或某物）离开的地方"，因此，也指"出入口"（以西结书 48：30）；指"源泉'（箴言 4：23）；还指"任何事物的离开和终止之地"（民数记 34：45）；约书亚记 15：4）。这一数值是通过希伯来字母代码的典型神秘方法所得，尤其是借助所谓的 Mispar gadol 系统。据该系统，希伯来语字母的字尾形式（尾字形）被认为是字母表数值序列的延续，最终的字母分配值为 500 至 900。因此："צתותאו"=400+6+1+90+6+400=903。关于希伯来字母代码的文献众多，典型研究见甘兹（Gandz）1932 33；另见罗恩（Rawn）2008。

与之相关；我们知道摩西、亚伦和米利暗是因为《塔木德经》的写作与他们（死于）耶和华之口有关。"因此，死于耶和华之口、死于神之吻相当于人类在从生到死这段痛苦过程中所承认的最低程度的抽取摩擦。对于大多数人而言，当死亡天使将胆汁滴入垂死之人口中时，这一切便发生了；而对于那些极少数被选定死于耶和华之口的人来说，这一方向性是颠倒的：他们只是回到神那里，接受他的亲吻，从他那里获得有活力的呼吸。① 迈蒙尼德（Maimonides）在《迷途指津》（*Guide for the Perplexed*）第三册中对这类死亡的影响进行了合乎惯例且意义深远的研究，其内容主要关于"神如何受到完美之人的崇敬"：

> 这句话的意思是，这三个人在对神的认识和他们对他伟大的爱所衍生的愉悦中死去。当我们的圣人带着对神强烈的爱，象征性地将对神的认识称为亲吻时，他们使用了众所周知的诗歌措辞，"愿他用嘴亲吻我"（歌 i. 2）。这种死亡，实际上是从死亡中解脱，我们的圣人已将之归于摩西、亚伦和米利暗的死亡。其他先知和虔诚的人均在那一程度之下；但是当死亡临近时，他们对神的认识得到了强化。②

犹太文化也产生了一种图像学，但大部分都局限于非犹太教会堂使用的文本。其中，一本 14 世纪后半叶的西班牙《哈加达》（*Haggadah*）使用了 142 幅插图进行例证，被称为萨拉热窝《哈加达》，在第 26 页右边那页上出现了关于《出埃及记》（*Exodus*）12：29-31 的一幅插图，涉及的主题似乎是将嘴的拓扑结构作为生与死之间的沟通裂缝（如图 7-12 所示）。③ 这一著名的篇章描述了埃及的第十次瘟疫，当时，耶和华在一夜之间杀死了所有长子。这幅图像要从右往左看，图像被分为两个大小相同的部分。在右边的第一部分中，五个孩子躺在床上，盖着彩色的毯子，位于房屋穹顶的庇护之下。此处的色彩斑斓

---

① 关于"神之吻"的犹太形象文献的综合研究，见费希班（Fishbane）1994；在 J. K. 罗琳的《哈利·波特》系列中存在对"神之吻"价值论的奇妙逆转，在邪魔生物中，摄魂怪可以执行摄魂怪之吻，借此，摄魂怪将嘴仅仅贴在受害者的嘴唇上，然后吸走人的灵魂。

② 《迷途指津》，译者：迈克尔·弗里德兰德（Michael Friedländer）。纽约：杜登出版社。网址：http://www. sacred-texts. com/jud/gfp/gfp187. htm. 另见奥佩尔（Oppel）1911。

③ 关于《哈加达》图像学的文献众多；见罗特 1963；Bunčić 2011；特别是考哥曼-阿佩尔（Kogman-Appel）1996 和 2006。

不仅仅是光照的作用，也是为了暗示神（如圣经中所写的那样）杀死所有长子（无论是穷人的还是法老的）的必要性。在左边，图的第二部分描绘了法老以及他的长老们；来自埃及的尖叫声在钴蓝色的深夜唤醒他们。

图 7-12　描述《出埃及记》12：29 31 的 14 世纪下半叶的萨拉热窝《哈加达》，228mm×162mm×37mm，第 26 页。在获得国立波斯尼亚和黑塞哥维那博物馆许可的情况下转载。

然而，最令人感兴趣的部分是，在图像的右侧，微弱的光线穿透埃及房屋的穹顶，刚好射到第一批长子的嘴上，在他们身上显出了一些显眼的黑色符号。学者们认为，这些符号应被解释为在描绘攻击死者的老鼠或吸血鬼（Bunčić 2011，76）。然而，也有可能是照明者知晓死亡天使在犹太人中的形象，他想通过在孩童的嘴上涂上黑色的墨汁图像，从而再现死亡天使——将胆汁滴入垂死之人的嘴——的姿态。[1]

从希腊人的灵魂想象中挑出的某些结构特征，似乎可与本章分析的复杂多变的犹太教符号域所产生的语言文本和视觉文本中出现的某些特征相媲美。这些特征包括：身体包裹的概念，在死亡的瞬间便成为表现生死过渡的边界；强调嘴巴和周

---

　　① 见考哥曼－阿佩尔 1996，119：“Die Sarajevo-Haggada（Abb. 9）folgt hier der Darstellung der moisten anderen sephardischen *Haggadot*：die toten Erstgeborenen sind in ihren Betten dargestellt. Wir sehen fünf Menschen，die in zwei senkrechten Reihen angeordnet sind. Es fehlt der Todesengel，dem wir in der Goldenen *Haggada*（fol. 14）begegnen. Vor den Mündern der Toten können wir einen schwarzen Atemhauch erkennen.”类似的图像学见《瑞兰兹·哈加达》（Rylands Haggadah）（第 18 页）、所谓的《哈加达兄弟》（Brother Haggadah）（第 6 页）和博洛尼亚－摩德纳祷告书（Bologna-Modena Mahzor）（第 6 页）；见考哥曼－阿佩尔 2006。

围的丰富语义场——从呼吸到言语，作为过渡的重要裂缝；通过不同的抽取构型，想象这种过渡的主观变化性；最后，关于抽取行为的行动主体性概念，这种抽取行为通常发生在主体之外，并与主体成对立关系，由死亡天使及其邪恶力量来执行。

当然，还有很多不同之处，但本章仅挑选了其中一部分进行分析。在雅典，生死之间的鸿沟已扩大到一个空想空间，在那里，易变的像似符在无图像无波动的情况下扩散，而在耶路撒冷，这样的鸿沟似乎浓缩为一个实在的想象。[①] 事实上，当人类创造的马赛克式描述谈及造物主赋予人的灵魂或气息时（创世纪2：7），这种精神大多被认为是与生命之源不可分割地联系在一起的，即使这并不完全确定（创世纪9：4；利未记17：11）。相反，正是通过随后与波斯或希腊思想的接触，具有个体性的无实体灵魂的概念扎根于犹太教中，后来出现在圣经文本中，直至圣经文学将之归类为灵（ruah）、血性（nefesh）和气息（neshamah），用以分别表示原始形式的灵魂、与身体相关联的灵魂和与身体相连的活动中的灵魂。[②]

第二个重要的不同之处是，在理想的格雷马斯式语义方阵中，"神之吻"的叙事结构似乎至少在以一种渐进的方式强调中性语义轴/非生/－/非死/。卡拉布雷塞（Calabrese 1991）就这一语义轴的视觉再现写了让人印象深刻的文章。[③] 对于那些在神的认识中自我毁灭的人来说，在没有摩擦的情况下脱离身体，也不是不可能的，"就像从牛奶里抽出一根头发"。

---

① 此处，与之前一样，"耶路撒冷"和"雅典"被解释为犹太文明和希腊文明的提喻法指称（施特劳斯1967）。

② 关于这一分类学的典型研究，见斯特普尔斯（Staples）1928；更广泛的研究，见穆尔托宁（Murtonen）1958；和利斯（Lys）1959，1962；另见赖特（Wright）2011，37。

③ 所谓的格雷马斯方阵［实际上，逻辑图的阐述至少可以追溯到亚里士多德（邦菲廖利[Bonfiglioli] 2008）］就是一个方形图，将语义范畴的内部发音可视化，这意味着两个义素之间的对立，（例如，/生/－/死/、/男/－/女/、/自由/－/必要性/等）（的确，在结构主义中，意义通常被认为是源于差异和区别）。例如，在/生/－/死/的情况下，语义方阵通过在四个位置发声，从而增加分析者探索这个语义范畴的可能性，这四个位置对应意义的四个义素或粒子：/生/、/死/、/非生/和/非死/。同时，它也确定了这些义素之间的三种关系：对立（/生/－/死/和/非生/－/非死/）、矛盾（/生/－/非生/和/死/－/非死/）和预设（/非死/－/生/和/非生/－/死/）；和三种动态矢量：轴（对应对立关系）、方案（对应矛盾关系）和指示轴（对应预设关系）。在分析文本（或者甚至是文化）的同位素时，格雷马斯学派的符号学家试图解答文本结构是如何将这些语义关系体现为叙事（广义上的叙事）、话语和图形的。因此，语义方阵直观地展示了符号学家关于文本的同位素解释的假设。见路易斯·赫伯特（Louis Hébert），"语义方阵"。符号：网站的理论符号学（Signo：Theoretical Semiotics on the Web），http：//www. signosemio. com/greimas/semiotic－square. asp。

6. 基督教灵魂的符号

这些想象中的众多要素在基督教符号域中被整合和修正，而基督教符号域中关于灵魂的神学和图像学，以希腊和犹太思想的核心思想为基础，同时也建构了一个奇特的思想和形象，其中，生与死之间的鸿沟与不稳定的图像交织在一起，同时不断暗示着某种灵魂的可能性，即神的形象无需中介便可返回［布塞（Bousset）1965，136-69］。①

根据《致犹大书》（*Letter to Judas*）第 9 节的内容可知，早期基督教艺术描绘的是大天使米迦勒（Michael）和魔鬼争夺摩西的灵魂。此外，灵魂在来世的惊险旅途的言语和视觉再现，可追溯至 4 世纪。然而，在基督教关于灵魂的神学和图像学的宽广范围内，标准修订版（RSV）中强调了那些由冯·多纳特红衣主教（Von Donat de Chapeaurouge）进行过权威研究的、围绕路加福音 16：19-31（关于一个财主和乞丐的寓言）而展开的注释和描述：

> 有个财主天天衣着华丽，生活奢侈。又有一个名叫拉撒路的乞丐身上长满了脓疮，被人放在财主家门口。他渴望吃到财主桌上掉下来的食物残渣，却只有狗来舔他的疮。后来，乞丐死了，天使带他到亚伯拉罕身边。

---

① 在希腊人对来世的想象中，费斯蒂吉埃（Festugière）（1957，201）似乎将地球而非天堂表示为死后灵魂的安息之地："由于四季的更迭，地球不断为人类提供新品种水果。就像世界那样，就像其'存在时间'是永恒时间的一切事物——永恒之塔（Aion）那样，这也是永恒的，因为地球是永恒的。在到达地狱的一瞬间，这一小小的灵魂离开身体，并可能会感受到瞬间的恐惧：但智者接受事物的不变顺序。这样的秩序是不错的。世界是快乐的。一切都好。"（Et la Terre, grâce au déroulement des Saisons, ne cessera pas de s'offrir à l'homme comme une génératrice de nouveaux fruits. Et il en sera ainsi éternellement, puisque la Terre est éternelle, comme le Monde, comme ce Tout dont la 'durée de vie'est le Temps Éternel, l'Aiôn. La petite Psyché, à la sortie du corps, à l'heure de gagner l'Hadès, peut bien éprouver un moment de terreur: mais le sage accepte l'ordre immutable des choses. Cet ordre est bon. Le monde est heureux. Tout est bien.）；另见库蒙特［（Cumont）1942，197］。创世纪 2：7（"然后，耶和华神将地上的尘埃做成人，将生命气息吹进他的鼻孔，人就成了活物"；英王钦定本）中阐述的"人类的活性"之基督教图像学展示了灵魂返回地球这一希腊罗马式想象是如何为犹太人对生命气息的想象所取代，这种生命气息在创造时由神为人类注入，在死亡时返回给他。拜占庭式首八卷（Octateuchs）中对灵魂进入人类的那一刻进行了精彩描述：韦茨曼（Weitzmann）和贝尔纳博（Bernabò）1999，25 28；另见韦茨曼和凯斯勒（Kessler）1986，115，插图 20——"精神振奋的亚当"（亚当的生气）威尼斯，ca.1220。

财主也死了，被人埋葬了。他在阴间受折磨，抬头远远地看见亚伯拉罕和他身边的拉撒路，就喊着说，"我的先祖亚伯拉罕啊！求你可怜我，派拉撒路用指尖蘸点水来润润我的舌头吧！我在这火中实在痛苦不堪。"亚伯拉罕说："孩子啊！你要想想，你生前享福，而拉撒路受苦；如今他在这里得到安慰，而你受折磨。况且，在你我中间隔着一道深渊，这边的人不能到你那边去，你那边的人也不能到这里来。"财主说："我的先祖啊，那么求你派拉撒路去我父亲家里，因为我有五个弟兄。让拉撒路去警告他们，以免他们也来到这痛苦的地方。"但是亚伯拉罕却说："他们可以听从摩西和众先知的话呀！"财主回答说："我的先祖亚伯拉罕啊！他们不会听的。但如果有一个死而复活的人去警告他们，他们肯定会悔改！"亚伯拉罕说："如果他们不听从摩西和众先知的话，即使一个人从死里复活，他们也不会信服。"

自古以来，对这段福音内容的解读就存在分歧。德尔图良（Tertullian）在《灵魂论》（De anima）第七章中为其关于灵魂肉体的文章找到了证据："除非灵魂拥有自己的肉体，否则灵魂的形象不可能包含物质形象……因为无形之物无法以任何方式持有和保存……必须要借助一个身体来体验惩罚和救赎。"① 但是，奥古斯丁在《上帝之城》（City of God）第 12 册中表达了不同意见："我更愿意说，灵魂若没有自己的身体，便会燃烧起来，就如那个财主在地狱中经历燃烧之刑时叫喊'火焰让我痛苦不堪'那样……同样，灼烧财主的火焰、他所要求的一滴水以及人们睡梦中的意象，或是狂喜中的人所感知到的无形存在，即使这些无形存在具有外观形体，但它们均是无形的。"② 几个世纪以来，所有基督教徒均在这一问题上产生了分歧。

① "Si enim non haberet anima corpus, non caperet imago animae imaginem corporis.... incorporalitas enim ab omni genere custodiae libera est, immunis et a poena et a fouella.... Per quod enim punitur aut fouetur, hoc erit corpus."［德尔图良，《灵魂论》，《拉丁教父全集》（拉丁文系列）2：641 752b，656 57］。

② "Dicerem quidem sic arsuros sine ullo suo corpore spiritus, sicut ardebat apud inferos ille dives, quando dicebat: Crucior in hac flamma.... Sic ergo incorporalis et illa flamma qua exarsit et illa guttula quam poposcit, qualia sunt etiam visa dormientium sive in ecstasi cernentium res incorporales, habentes tamen similitudinem corporum."［奥古斯丁，《上帝之城》（De civitate Dei）21.10.2，拉丁文系列 41：725］。

奥利金（Origen）赞同德尔图良在《致额我略书》（*Epistola ad Gregorium*）第六章中的解读："只有神可被认为能够在没有物质实体、无关肉体投射的情况下存在。"[1] 持相同观点的还有里兹主教福斯督（Faustus of Riez）、圣希拉里的普瓦捷（Hilary of Poitiers）和约翰·卡西安（John Cassian）。

而在 6 世纪，卡西奥多罗斯（Cassiodorus）在《论灵魂》（*De anima*）中对奥古斯丁的解读表示赞同："前者（财主）并没有通过真实的舌头说话，而后者（穷人）也并没有手指可以滴水来缓解挥霍者所承受的火焰。"[2] 赫拉班（Rabanus Maurus）和克劳狄安·玛美尔图（Claudianus Mamertus）遵循了同样的思路。[3] 希腊教父持"通过你身体中的无形灵魂理解神是无形的"[4] 的大巴西流（Basil）和持"灵魂也是非物质的，看不见的；只有通过信仰才得以理解"的尼撒的贵格利（Gregory of Nyssa）都表达了相同观点。[5]

当代神学可直接引用这些内容。[6] 然而，此处至少有必要说明用图像描述这场争论的方式。[7] 在这方面，时序性观点必须让步于结构性观点。举个例子，想一下丹麦中世纪晚期的壁画（如图 7-13 所示）。这一寓言的价值论分两部分呈现：左边是财主的死亡，右边是拉撒路的死亡。在这两种情况下，均采用了希腊人的灵魂公式——灵魂通过嘴巴离开身体［贝克特（Beckett）1926，79，361］。如果我们想一下为圣·阿尔邦（Saint Alban）所作的英语诗篇中关于圣·阿尔邦（如图 7-14a、7-14b 所示）殉难的描写，其中，灵魂从圣

---

① "cum solius Dei… id proprium sit，ut sine materiali substantia et absque ulla corporeae adjectionis societate intelligatur subsistere."［奥利金，《致额我略书》第 6 章，《希腊教父全集》（希腊文系列）11：170］。

② "Caetereum nec ille lingua locutus est，quam constat esse corpoream；nec ille digitos habuit，unde cadentibus guttis incendium divitis temperare potuisset."（卡西奥多罗斯，《论灵魂》第 4 章，拉丁文系列 70：1289c）。

③ 赫拉班，Tractatus de animae，拉丁文系列 110：1109 20；克劳狄安·玛美尔图，De statu animae（蒂伦豪特：Brepols 出版社，2010）。

④ 希腊文系列 31：216；见费维克（Fedwick）1996；关于希腊文本的评述版，见大巴西流 1962 和 2012。

⑤ 希腊文系列 46：509；见尼撒的贵格利 1967 98，1991.

⑥ 沙波鲁日（Chapeaurouge）1973，9："Die theologische Kontroverse über die Materialität der Seele"（神学上关于灵魂物质性的争论）。

⑦ 席勒（Schiller）1966，470 71；肯普（Kemp）1972；沙波鲁日 1980；科马克（Cormack）1997；布施霍夫（Buschhoff）2004，163 64："Die Seele im kirchlichen Verständnis und ihre künstlerische Darstellung"（教会理解中的灵魂及其艺术再现）。

人被切断的头颅中出来，如该图右下角所示［戈尔德斯密特（Goldschmidt）1895；帕赫特（Pächt）1960］；① 或者想一下大约产生于 20 年之后的对圣·斯考拉斯蒂卡（Saint Scholastica）死亡的再现（如图 7—15a、7—15b 所示），其中，灵魂再一次成为从圣人口中飞往天堂的鸟儿；或者是韦兹莱教堂中的主要圆柱（如图 7—16 所示），可追溯到 12 世纪后半叶，其中，对财主和拉撒路寓言的描述清楚地展示了恶魔将财主的灵魂从其嘴巴中撕离；我们就会发现这根本不是一个独特的图像学［萨莱（Salet）和阿代马尔（Adhémar）1948］。

图 7—13　丹麦埃尔西诺修道院餐厅中的中世纪晚期的壁画，转贝克特（1926，362）。

图 7—14a　1123 年之前创作的《圣·阿尔邦诗篇》。转自帕赫特（1960，416，pl. 99）。

---

① 这一图像旨在说明《诗篇》25：1："大卫的诗。耶和华呀，我的心仰望你。"

图 7－14b　《圣·阿尔邦诗篇》细节

图 7－15a　《斯图加特诗篇》（*Stuttgart Psalter*）1150 年，架号：Cod. Hist. Fol. 415 der Württembergischen Landesbibliothek Stuttgart, fol. 25r。**转自勒夫勒** (Löffler) (1928，49，pl. 24)

图 7-15b　《斯图加特诗篇》细节

图 7-16　韦兹莱教堂南殿第四根圆柱柱顶。摄影者：本章作者

　　稍后，在拜占庭式再现中，对这一图像形式进行了进一步强调，例如，在阿索斯山塞尔维亚东正教希利安达里乌修道院中的圣乔治教堂（Saint George Chapel）南面和西面的墙上，14 世纪 70 年代前后的一组壁画展现了由殉道者和克里特岛诗人安德鲁（Andrew）创作的图像《苦难中的教士》（*Canon of the Agonizing*）（如图 7-17 所示）。第三个场景表现的是第六篇第二节中提及

的灵魂离去的时刻。修道士的灵魂以裸体人像的形式在天使的帮助下向上飞升，而右脚仍然留在死者的嘴里［久里奇（Djurić）1964，68］。①

图 7—17　阿索斯山塞尔维亚东正教希利安达里乌修道院中的圣乔治教堂南面墙上的壁画组《苦难中的教士》的第三个场景，14 世纪 70 年代左右。转自久里奇（1964，pl. 10）。

　　关于嘴巴作为生与死、内在与超然存在之间的沟通裂缝的主旋律，在科索沃的塞尔维亚东正教德卡尼修道院的壁画中甚至更加明显。该壁画可以追溯到 1347 年至 1348 年，描绘的是关于财主与穷人拉撒路的寓言（如图 7—18 所示）。② 在这个三段式叙述中，在图像左边是两个天使，怀抱着穷人（其无灵魂身体躺在破烂不堪的毯子上）的灵魂飞往天空，这勉强可以从图像顶部中心处的白色曲线得到提示。③ 在中心的一张大理石床上，一个天使用叉子穿过嘴巴抓住了那个可恶的财主的灵魂，这几乎预示着他将在地狱中遭受无限的灼热（如图 7—18 右下角所示）。

----

① 关于马其顿 Sušica 壁画中展现的图像细节，见巴比奇（Babič）1962。
② 茨韦特科维奇 2011,34 和 n. 88 中的参考书目。
③ 关于这一特定形象，参见安德伍德（Underwood）1975，208，238 39。

图7-18 "财主和拉撒路"壁画，塞尔维亚东正教德卡尼修道院，科索沃，1347 48. 摄影者：本章作者

因此，基督教神学和基督教图像学产生分裂，有时支持灵魂的主观身体存在观点，有时又化成似是而非的描述，在这一描述中，灵魂的非物质性是通过否定一切主体性来表现的。[1] 可追溯至1299年左右的马其顿壁画中描绘的宏大圣母安息日（Dormition of the Theotokos）（如图7-19所示）便是如此，其中，通过嘴巴传递灵魂的希腊程式与否认其物质性的意愿相关联，从而产生的矛盾结果是：推翻了圣母玛利亚与其灵魂人像之间的性别对应关系。[2][3]

---

① 本文绝不是说基督教的图像学是基督教宗教文学及其注释的简单翻译。相反，不仅在基督教中，也在其他宗教文明中，宗教图像学经常与其语言来源相矛盾，从而揭示并将其内在矛盾转化为图像（莱昂内，forthcoming a）。灵魂的基督教视觉想象也是如此。

② 关于宗教主体性的视觉再现之性别，尤其是灵魂的性别，见莱昂内2012a，特别是"L'âme au féminin"（2：421 87）。

③ 根据巴比奇（1962，332 33）的说法，圣母玛利亚在其死亡之时，其灵魂从嘴里出来，投入其儿子耶稣的怀抱，与此相关的图像细节，就如所展示的那样，在普里莱普圣尼古拉（Saint Nicola）壁画和马其顿 Sušica 壁画中均有发现。这一细节借助拜占庭式插图诗篇，衍生于希腊和罗马模型，例如，在莫斯科的《克鲁多诗集》（Chludov Psalter）（历史博物馆，架号：Cod. Add. Gr. 129，9世纪）第102页可以看到在地上躺着一个人，其灵魂从嘴里出来；伴随这一图像而来的是"人类灵魂"的俘获（巴比奇1962，图22）。两篇11世纪的诗篇，一篇在梵蒂冈（排架号：Vat. Barb. Gr. 372，1092年，第167页左页），另一篇在伦敦（架号：Add. Gr. 19352，1066年，第137页，图23），均采用了相同的形象来举例说明诗篇103：15 16："至于世人，他的年日如草一样，他发旺如野地的花；经风一吹，便归无有，他的原处，也不再认识他。"（标准修订版）此外，在阿索斯山 Dionysiou 修道院的一篇13世纪的诗篇（手稿65，第11左页）中，一位天使接受了灵魂的化身，帮助它从死去的修道士口中出来（巴比克，1962，333）。同样，在14世纪的塞尔维亚的慕尼黑诗篇中，在第153页的右页，以同样的方式描述了逝者的死亡，以便举例说明诗篇118：2 3［这类图像学的其他事例还可以见于蒂卡宁（Tikkanen）1895，29/32/99，图38/44/100］。在拉丁文手稿中，12世纪末期的《乐园集》（Hortus Deliciarum）也采用了同样的形象来表示富人之死。最后，带插图的小说《贝尔拉姆与约瑟伐特》（Barlaam and Josaphat）（14世纪手稿，排架号：Par. Gr. 1128，fol. 58）也将嘴的形象作为生死之间的过渡通道［（Der Nersessian）1937，2：247，pl. 63，1：45，47］。

图 7—19　"圣母安息日"壁画，马其顿普里莱普圣尼古拉，1299 年。摄影者：**本章作者**

结　论

本章只是略微提及了在希腊、犹太和基督教文化交汇处所形成的复杂且引人入胜的文本冒险经历。并且，只解释了由里帕的语言和视觉精髓所提供的其中一个同位素，即灵魂的变化性，对此，只精挑细选了少量文本，这些文本的关注重点均是作为生命要素之裂缝的嘴巴的形象。[①] 我们也应仔细研究其他同位素，分析其他文本，并且应将它们放置于自身环境中，用其自身的语义和表达结构进行检验（莱昂内，2004，2010，2012a）。对灵魂的宗教想象进行的历史文化研究和符号学类型学研究，对于理解这些想象在随后的主体性概念中的留存至关重要；而这种主体性，早在对应词成为现代尤其后现代关于个体性、行动主体性、认知和责任心等论争的关键词之前就已存在。以人类学为导向的符号学的主要目标之一是通过文本和语境分析、共时性和历时性分析以及历史和类型学分析指出：主体性概念的边界与其词源一样是可变化的，在其漫长而复杂的变异中存在许多变体。当今一些社会和文化构想的"主体"在其他时代和文明中并不以相同的形式存在，不具有相同的边界、特征和能力（莫斯1985）。然而，历史表明，在人类困境的演变中并没有绝对的断裂。通过符号、

[①] 如果里帕的词条并不是止于对"被感知和被祝福的灵魂"的图像学描写，而是继续描写"可恶的灵魂"的图像学，则所提及的分析的不公平就更加有意义了。值得注意的是，这种延续性并未论及翅膀或任何其他变化的符号，就好像灵魂的道德堕落也意味着飞行能力的丧失。

话语和文本漫长而连续的转变，古代文化转变为现代文化，继而转变为当代文化，因而，可以在过去发现主体性的现时概念——和再现——的特征痕迹。

这些表达方式赋予人类表达能力，也在历史中留下印记。在这些表达方式所构成的汪洋大海（mare magnum）里，符号学家只能谦卑地与考古学家、历史学家和人类学家共同协作，精心建构，以更具说服力的连贯性追溯这一转变历程。通过将内在机制、跳跃通道、跳跃动作和缺口进行个体化，形式和概念在一个文明过渡到另一个文明的过程中产生突变。若要追溯产生这一概念的机制，不能只从基督教着手，而应该从其根源——雅典和耶路撒冷开始，研究基督教的灵魂想象如何借用先前的宗教意识形态要素，从而构建其对内在性与外在性、差别与无差别以及自主权与依赖性之间辩证关系的阐释。

继格雷马斯的辞典语义学分析模型之后，将里帕对基督教灵魂图像学的精练定义作为出发点，灵魂的语义连贯性之线，即变化之线，受到了特别考察：对于希腊人、犹太人以及基督徒而言，身体中的行动主体性之原则并不是一个稳定的永久特征，而是一个短暂的元素，而其不稳定性在死亡叙事中得到了更多强调。事实上，这些叙述试图展现从生到死、从存在到不存在之间不可言状的瞬间，正是在这些叙述中，对内在生命原理的想象相当紧迫地进行自我展现。如果人体内有人居住，或被决定其存在特性的行动主体性原则所"占据"，当死亡来临，导致其无法移动和不可逆转地恶化时，那个身体会如何呢？而最重要的是，这个身体所拥有的原则会如何？人类存在的个性有多少能够在生死之间的突然转变中幸存下来？每个文明在给出回答时，都采用了不同的符号、表征和叙述，这些符号、表征和叙述试图对那些既无法推导又无法归纳的内容进行溯因推理。

正如所指出的那样，大多数时候，希腊人描述的生命要素缺乏其肉体容器的重力，因而可以在死亡之时飞走。死亡的时刻可以是欣快的或不安的，这取决于灵魂飞升是被视为痛苦的飞逝还是解脱。无论如何，希腊人几乎不会放弃赋予遗弃身体的无形生命要素以化身：灵魂化身（和描述）的多样化类型来源于这种想象，希腊灵魂的所有符号都以变化性为特征，但随后它们在垂死身体与飞逝灵魂之间表现出的肉体对应程度有所不同。相反，犹太人并没有将肉体形象归因于生命要素，因为，这样的肉体形象实际上就是身体本身。当生命停止时，这一透过身体要素的可见性也随之停止。真正重要的是设想这一要素的动力循环过程，即这一要素分别在出生/创造之时和死亡之时进入和离开身体。因而，犹太人的想象并没有增加灵魂的可见形象，而是增加了灵魂在创造时刻（即基督教图像学随后在视觉上表现出对"亚当的生气"之反思），尤其是死亡时刻（即对死亡方式的类型的表达以及对"神之吻"的神学反思），其所经历的隐身活动。犹太人关于死亡想象的部分图像学并不表示灵魂离开身体，而是表示一个超然的隐身行动主体的活动，该主体给予或收回他注入一个可见身体的隐身要素。

正如所展示的那样，基督徒从希腊人那里继承了灵魂极度动荡的想法和对灵魂再现的痴迷。他们也创造了（主要在基督教图像学中）各种各样的符号和叙述。这些符号和叙述在灵魂离开身体时将灵魂的非物质性具体化，灵魂的个体性与身体的特殊性之间的对应程度也有所不同。然而，基督教，特别是其神学的"逻各斯中心主义"话语，仍然对无形生命要素之合理性持谨慎态度，这种无形生命要素为活人与其无形创造者所共享。从希腊超像似性与犹太超非像似性之间的混杂来看，之后发生的可能不是精神分裂症，但肯定具有矛盾、悖论和描绘上的复杂性。

宗教文化的符号人类学必须准确描述这一绝妙的变体，借助这一变体，人类群体在各个时代想象、意指和传达神圣意旨。如果这些文明不是由某种"家族相似性"或人类想象力的特定类型和曲解所聚集在一起的符号所构成的集合体，那这些文明实际上又是什么？然而，将这种多样性表达为和谐类型，意在增加我们对遍布世界的符号之丰富性及其历史的理解。这会立即引发对相似性、相似点和连续性的探究，并挑选出跨时代和跨文明的事物，从而真正构成人类基础。我们的主体性能够借助语言符号来表达，它们能够在分隔身体的超凡空间里飞行，在活着时，即使在身体死亡之后，它们仍以某种方式在这个空间徘徊。这便是现代的主体性想象的基本特征，是远古梦想的新颖表达方式。①

---

① 基督教的灵魂想象对"人类灵魂"——语言之现代和当代概念的影响，可作为研究对象，另辟一文。

参考文献：

Assmann, Jan. 2006. Erinnertes Ägypten: Pharaonische Motive in der europäischen Religions und Geistesgeschichte. Berlin: Kulturverlag Kadmos.

Babič, Gordana. 1962. "Les fresques de Sušica en Macédoine et l' iconographie originale de leurs images de la vie de la Vierge. " Cahiers archéologiques 12: 332 36.

Basil. 1962. L' homélie de Basile de Césarée sur le mot "observe toi toi même. " Ed. Stig Y. Rudberg. Stockholm: Almqvist &. Wiksell.

Basil. 2012. Nosce te ipsum animam tuam Deum: Predigt 3 des Basilius Caesariensis in der Übersetzungdes Rufinus; kritische Ausgabe des lateinischen Textes mit Einleitung, griechischer Fassung und deutscher Übersetzung. ed. Heinrich Marti. Berlin: De Gruyter.

Baumeister, Karl August. 1889. Denkmäler des klassischen Altertums, zur Erläuterung des Lebens der Griechen und Römer in Religion, Kunst und Sitte, vol. 3, Rechenbrett Zwölfgötter. Munich: Oldenbourg.

Beckett, Francis. 1926. Danmarks Kunst: Gotiken. Copenhagen: Koppels.

Beckett, Francis. 1966. Problèmes de linguistique générale. Vol. 1. Paris: Gallimard.

Beckett, Francis. 1971. Problèmes de linguistique générale. Vol. 2. Paris: Gallimard.

Bonfiglioli, Stefania. 2008. "Aristotle's Non logical Works and the Square of Oppositions in Semiotics. " Logica Universalis: 107 26.

Boudon, Raymond. 1968. A quoi sert la notion de "structure"? Essai sur lasignification de la notion de structure dans les sciences humaines. Paris: Gallimard.

Bousset, Wilhelm. 1965. Die Himmelsreise der Seele. Darmstadt: Wissenschaftliche Buch gesellschaft.

Bunčić, Aleksandra. 2011. "The Sarajevo Haggadah: Iconography of Death in Jewish Art and Tradition. " Ikon 4: 73 81.

Buschhoff, Anne. 2004. Die Liebesemblematik des Otto van Veen: Die "Amorum Emblemata" und die "Amoris Divini Emblemata" Bremen: H. M. Hauschild. Cala brese, Omar. 1991. "Rappresentazione della morte e morte della rappresentazione. " In Semiotica delle Passioni, ed. Isabella Pezzini, 97−108. Bologna: Esculapio.

Chantraine, Pierre, ed. 1980. Dictionnaire étymologique de la langue grecque, vol. 4, Phi Omega, Index. Paris: Klincksieck.

Chapeaurouge, Donat de. 1973. " Die Rettung der Seele. Genesis eines Mittelalterlichen Bild themas. " Wallraf Richartz Jahrbuch: Westdeutsches Jahrbuchfür Kunstgeschichte35: 954. 1980. " Die Rettung der Seele: Biblische Exempla und mittelalterlische Adaption. " Vestigia Bibliae 2: 35 88.

Cobley, Paul. 2009. "Preface. " Semiotica 173 ðmonographic issue on "Subjectivity": 369. Collignon, Maxime. 1875. "Sur un groupe d' éros et psyché trouvé en Gréce. " Revue archéologique 30: 2014.

Coquet, Jean-Claude. 2007. Phusis et logos: Une phénoménologie du langage. Saint Denis: Presses Universitaires de Vincennes.

Cormack, Robin. 1997. Painting the Soul: Icons, Death Masks, and Shrouds. London: Reaktion Books.

Cumont, Franz Valery Marie. 1942. Recherches sur le symbolisme funéraire des Romains. Paris: Geuthner.

Cvetković, Branislav. 2011. "The Living ðand thé Dead: Imagery of Death in Byzantium and the Balkans. " Ikon 4: 27 44.

David, Madeleine V. 1965. Le Débat sur les écritures et l' hiéroglyphe aux XVIIéme et

XVIIIémesiécles: et l'application de la notion de déchiffrement aux écritures mortes. Paris: SEVPEN.

Der Nersessian, Sirarpie. 1937. L'Illustration du roman de Barlaam et Joasaph, d'aprés lesclichés de la Frick Art Reference Library et de la Mission Gabriel Millet au Mont Athos. 2 vols. Paris: De Boccard.

De Witte，Jean Joseph Antoine Marie. 1833. "La mort d'Alcyonée." Annales de l' Institut decorrespondance archéologique 5：308.

Dihle，Albrecht. 1982. " Totenglaube und Seelenvorstellung im 7. Jahrhundert vor Christus." In Jenseitsvorstellungen in Antike und Christentum：Gedenkschrift für Alfred Stuiber，ed. Theodor Klaus，9 20. Jahrbuchfür Antikeund Christentum 9. Münster：Aschendorffsche Verlagsbuchhandlung.

Djurić，Vojislav J. 1964. "Fresques médiévales à Chilandar." In Actes du XII Congrés inter national d' études byzantines，ed. Comité yougoslave des études byzantines，59 68. Bel grade：Naučno Delo.

Eco，Umberto. 1976. A Theory of Semiotics. Bloomington：Indiana University Press.

Eco，Umberto. 1979. The Role of the Reader：Explorations in the Semiotics of Texts. Bloomington：Indiana University Press.

Fedwick，Paul Jonathan. 1996. Bibliotheca Basiliana Universalis：A Study of the Manuscript Tradition of the Works of Basil of Caesarea. Vol. 2. Turnhout：Brepols.

Festugiére，André Jean. 1957. " La mosaïque de Philippopolis et les sacrophages 'au Prométhee. '" La Revue des arts 7：195.

Finnestad，Ragnhild Bjerre. 1978. "The Meaning and Purpose of Opening the Mouth in Mortuary Contexts." Numen：118−134.

Fishbane，Michael. 1994. The Kiss of God：Spiritual and Mystical Death in Judaism. Samuel and Althea Stroum Lectures in Jewish Studies. Seattle：University of Washington Press. Gandz，Solomon. 1932. "Hebrew Numerals." Proceedings of the AmericanAcademy for Jewish Research 4：53.

Gerhard，Eduard，ed. 1843. Auserlesene griechische Vasenbilder：Hauptsachlich etruskischen Fundorts. Vol. 2. Berlin：Reimer.

Gerhard，Eduard，ed. 1867. Etruskische Spiegel. Vol. 4. Berlin：Reimer.

Giehlow，Karl. 1915. "Die Hieroglyphen kunde des Humanismus in der Allegorie der Re naissance." Jahrbuch der Kunsthistorischen Sammlungen des Allerhöchsten Kaiserhauses.

Goldschmidt，Adolph. 1895. Der Albanipsalter in Hildesheim und seine beziehung zur symbolischen kirchensculptur des XII. jahrhunderts. Berlin：Siemens.

Gregory of Nissa. 1967 98. Sermones，3 vols. Ed. Günter Heil et al. Leiden：Brill.

Gregory of Nissa. 1991. Discorso sui defunti. Ed. Giuseppe Lozza. Turin：Società Editrice Intenazionale. Greimas，Algirdas Julien. 1983. Structural Semantics：An Attempt at a Method. Trans. Daniele McDowell，Ronald Schleifer，and Alan Velie. Lincoln：University of Nebraska Press.

Greimas，Algirdas Julien. 1987. On Meaning：Selected Writings in Semiotic Theory. Trans. Paul J. Perron and Frank H. Collins. Minneapolis：University of Minnesota Press.

Greimas，Algirdas Julien. 1988. Maupassant：The Semiotics of Text；Practical Exercises. Trans. Paul Perron. Amsterdam：Benjamins.

Greimas，Algirdas Julien. 1990. The Social Sciences：A Semiotic View. Trans. Paul Perron and Frank H. Collins. Minneapolis：University of Minnesota Press.

Greimas，Algirdas Julien，and Jacques Courtés. 1982. Semiotics and Language：An Analytical Dictionary. Trans. Larry Crist et al. Bloomington：Indiana University Press.

Hartwig，Paul. 1891. "Herakles and Eurytos on a Cylix at Palermo." Journal of Hellenic Studies 12：334 50.

Helbig，Wolfgang. 1864. "Monumenti antichi posseduti da' sigg. Peytrignet e Piot." Bullettino dell'Instituto di Corrispondenza Archeologica，nos. 1，2：172−184.

Henkel，Arthur，and Albrecht Schöne. 1967. "Index Rerum Notabilium zu den 'Hier oglyphica' des Horapollo." In Emblemata: Handbuch zur Sinnbildkunst des XVI. und XVII. Jahrhunderts, vol. 1, col. 2108. Stuttgart: Metzler.

Hjelmslev, Louis. 1953. Prolegomena to a Theory of Language. Trans. Francis J. Whitfield. Baltimore: Waverly.

Hogarth, David George. 1902. "The Zakro Sealings." Journal of Hellenic Studies 22: 7693.

Icard Gianolio, Noëlle. 1994. "Commentaire" on the entry "Psyché." In Lexicon iconog raphicum mythologiae classicae, vol. 7, Oidipous Theseus, 583. Zurich: Artemis.

Iversen, Erik. 1958. "Hieroglyphic Studies of the Renaissance." Burlington Magazine 100: 1521—1961. The Myth of Egypt and Its Hieroglyphs in European Tradition. Copenhagen: Gad.

Jüttemann, Gerd, Michael Sonntag, and Christoph Wulf, eds. 1991. Die Seele: Ihre Geschichte im Abendland. Weinheim: Psychologie Verlags Union.

Kemp, Wolfgang. 1972. "Seele." In Lexikon der christlichen Ikonographie, vol. 4, ed. Engel bert Kirschbaum et al. , 138. Rome: Herder.

Kister, Menahem. 1991. "Metamorphoses of Aggadic Traditions" Hebrew, : 213 —220.

Knipping, John Baptist. 1974. Iconography of the Counter Reformation in the Netherland: Heaven on Earth. Nieuwkoop: De Graff.

Kockelman, Paul. 2006. "Agent, Person, Subject, Self." Semiotica 162.

Kogman Appel, Katrin. 1996. "Der Exodyszyklus der Sarajevo Haggada: Bemerkungen zur Arbeitsweise spätmittelalterlicher jüdischer Illuminatoren und ihrem Umgang mit Vor lagen." Gesta: 111.

Kogman Appel, Katrin. 2006. Illuminated Haggadot from Medieval Spain: Biblical Imagery and the Passover Holiday. University Park: Pennsylvania State University Press.

Kraemer, David. 2000. The Meanings of Death in Rabbinic Judaism.

London: Routledge. Leone, Massimo. 2004. Religious Conversion and Identity: The Semiotic Analysis of Texts. New York: Routledge.

Leone, Massimo. 2010. Saints and Signs: A Semiotic Reading of Conversion in Early Modern Catholicism. Berlin: De Gruyter.

Leone, Massimo. 2012a. Sémiotique de l'âme: Langages du changement spirituel à l'aube de l'âgemoderne. 3 vols. Berlin: Presses AcadémiquesFrancophones.

Leone, Massimo. 2012b. "From Theory to Analysis: Forethoughts on Cultural Semiotics." Versus114: 23, 38. Forthcoming a. "The Iconography of the Giving of the Law: A Semiotic Overview." In Law, Culture, and Visual Studies, ed. Anne Wagner and Richard K. Sherwin. Berlin: Springer.

Löffler, Karl. 1928. Schwäbische Buchmalerei in romanischer Zeit. Augsburg: Filser. Lotman, Iurij Michajlovich. 1990. Universe of the Mind: A Semiotic Theory of Culture. Trans. Ann Shukman. Bloomington: Indiana University Press.

Helbig, Wolfgang. 1864. "Monumenti antichi posseduti da'sigg. Peytrignet e Piot." Bullettino dell' Instituto di Corrispondenza Archeologica, nos. 1, 2: 172.

Henkel, Arthur, and Albrecht Schöne. 1967. "Index Rerum Notabilium zu den 'Hier oglyphica' des Horapollo." In Emblemata: Handbuch zur Sinnbildkunst des XVI. und XVII. Jahrhunderts, vol. 1, col. 2108. Stuttgart: Metzler.

Hjelmslev, Louis. 1953. Prolegomena to a Theory of Language. Trans. Francis J. Whitfield. Baltimore: Waverly.

Hogarth, David George. 1902. "The Zakro Sealings." Journal of Hellenic Studies 22: 76 93. Icard Gianolio, Noëlle. 1994. "Commentaire" on the entry "Psyché." In Lexicon iconog raphicum mythologiae classicae, vol. 7, Oidipous Theseus, 583 85. Zurich: Artemis.

Iversen, Erik. 1958. "Hieroglyphic Studies of the Renaissance." Burlington Magazine 100: 1521.

Jüttemann, Gerd, Michael Sonntag, and Christoph Wulf, eds. 1991. Die

Seele: Ihre Geschichte im Abendland. Weinheim: Psychologie Verlags Union.

Kemp, Wolfgang. 1972. "Seele." In Lexikon der christlichen Ikonographie, vol. 4, ed. Engel bert Kirschbaum et al., 138. Rome: Herder.

Kister, Menahem. 1991. "Metamorphoses of Aggadic Traditions" Hebrew. Tarbiz: 213.

Knipping, John Baptist. 1974. Iconography ofthe Counter Reformation in the Netherland: Heaven on Earth. Nieuwkoop: De Graff.

Kockelman, Paul. 2006. "Agent, Person, Subject, Self." Semiotica 162: 118.

Kogman Appel, Katrin. 1996. "Der Exodyszyklus der Sarajevo Haggada: Bemerkungen zur Arbeitsweise spatmittelalterlicher judischer Illuminatoren und ihrem Umgang mit Vor lagen." Gesta.

Kogman Appel, Katrin. 2006. Illuminated Haggadot from Medieval Spain: Biblical Imagery and the Passover Holiday. University Park: Pennsylvania State University Press.

Kraemer, David. 2000. The Meanings of Death in Rabbinic Judaism. London: Routledge.

Leone, Massimo. 2004. Religious Conversion and Identity: The Semiotic Analysis of Texts. New York: Routledge.

Leone, Massimo. 2010. Saints and Signs: A Semiotic Reading of Conversion in Early Modern Catholicism. Berlin: De Gruyter.

Leone, Massimo. 2012a. Sémiotique de l'âme: Langages du changement spirituel à l'aubede l'agemoderne. 3 vols. Berlin: Presses Académiques Francophones.

Leone, Massimo. 2012b. "From Theory to Analysis: Forethoughts on Cultural Semiotics." Versus114: 23 38. Forthcoming. "The Iconography of the Giving of the Law: A Semiotic Overview." In Law, Culture, and Visual Studies, ed. Anne Wagner and Richard K. Sherwin. Berlin:

Springer., ed. Forthcoming. Semiotica delle soggettivita "I Saggi di Lexia" 7. Rome: Aracne.

Löffler, Karl. 1928. Schwäbische Buchmalerei in romanischer Zeit. Augsburg: Filser. Lotman, Juri Michajlovich. 1990. Universe of the Mind: A Semiotic Theory of Culture. Trans. Ann Shukman. Bloomington: Indiana University Press.

Lotman, Juri. 1992. La semiosfera: L'asimmetria e il dialogo nelle strutture pensanti. Trans. Si monetta Silvestroni. Venice: Marsilio.

Lys, Daniel. 1959. Nephesh: Histoire de l'amedans la revelation d' Israel au sein des religions proche orientales. Paris: Presses Universitaires de France.

Lys, Daniel. 1963. Ruach, le souffle, dans l'Ancien Testament, enquete anthropologique a travers l' histoire theologique d' Israel. Paris: Presses Universitaires de France.

Manetti, Giovanni. 1993. Theories of the Sign in Classical Antiquity. Trans. Christine Rich ardson. Bloomington: Indiana University Press.

Manetti, Giovanni. 1998. La teoria del l'enunciazione: L'origine del concetto e alcuni piurecenti sviluppi. Siena: Protagon.

Manetti, Giovanni. 2008. L'enunciazione: Dalla svolta comunicativa ai nuovi media. Milan: Mondadori Universita.

Mauss, Marcel. 1985. "A Category of the Human Mind: The Notion of Person; the Notion of Self." Trans. D. W. Halls. In The Category of the Person: Anthropology, Philosophy, His tory, ed. Michael Carriters, Steven Collins, and Steven Lukes, 25. Cambridge: Cambridge University Press.

Meier, P. I. 1883. "Sopra un'anfora della collezione Bourgignon in Napoli." Annali del l' In stituto di Corrispondenza Archeologica 55: 208.

Morrison, J. V. 1997. "Kerostasia, the Dictates of Fate, and the Will of Zeus in the Iliad." Arethusa: 276.

Murtonen, A. 1958. The Living Soul: A Study of the Meaning of the Word Naefaes in the Old Testament Hebrew Language. Helsinki: Societas Orientalis Fennica.

Ono，Aya. 2007. La Notion d'enonciation chez Émile Benveniste. Limoges：Lambert Lucas. Oppel，Arnold，ed. 1911. Das Hohelied Salomonis und die deutsche religiose Liebeslyrik. Berlin：Rothschild.

Pacht，Otto. 1960. The St. Albans Psalter. Studies of the Warburg Institute 25. London：Warburg Institute.

Parmentier，Richard J. 1994. Signs in Society：Studies in Semiotic Anthropology. Bloomington：University of Indiana Press.

Powell，Mava Jo. 2009. "Benveniste's Notion of Subjectivity in the Active Metaphors of Ordinary Language." Semiotica 67：39 60.

Praz，Mario. 1939. Studies in Seventeenth Century Imagery. Vol. 1. London：Warburg Institute.

Price，Julius J. 1920. "Rabbinic Conceptions about Death." The Open Court 34：440.

Queiroz，Joao and Merrell，Floyd. 2005. "Abduction：Between Subjectivity and Objectivity." Semiotica 153：18.

Rawn，Jonathan David. 2008. Discovering Gematria：Foundational Exegesisand Primary Dictionary. Hixson，TN：Gematria.

Reinach，Salomon. 1899. Repertoire des vases peints grecs et etrusques. Vol. 1. Paris：Leroux. Ripa，Cesare. 1603. Iconologia，overo descrittione di diverse imagini cavated all'anti chita，edipropria inventione. Rome：Appresso Lepido Facij.

Rohde，Erwin. 1950. Psyche：The Cult of Souls and Belief in Immortality among the Greeks. Trans. W. B. Hillis. London：Routledge & Kegan Paul.

Roscher，Wilhelm Heinrich，ed. 1909. Ausfuhrliches Lexikon der griechischen und ro manischen Mythologie. 6 vols. Hildeseim：Olm.

Roth，Cecil. 1963. The Sarajevo Haggadah. New York：Harcourt，Brace & World.

Roth，Ann Macy. 1992. "The pss kf and the 'Opening of the Mouth' Ceremony：A Ritual of Birth and Rebirth." Journal of Egyptian

Archaeology 78: 113.

Salet, Francis, and Jean Adhemar. 1948. Jean La Madeleine de Vezelay: Etude iconographique. Melun: Librairie d' Argences.

Salinas, Antonio. 1864. "Notice sur deux statues nouvellement decouvertes à Athènes, presdel' Hagia Trias." Revue archeologique 5 ð9? : 361 70.

Schiller, Gertrud. 1966. Ikonographie der christlichen Kunst. Vol. 1, Inkarnation, Kindheit, Taufe, Versuchung, Verklarung, Wirken und Wunder Christi. Gutersloh: Gutersloher Verlagshaus G. Mohn.

Schrader, Otto. 1907. Sprachvergleichung und Urgeschichte: Linguistisch historische Beitragezur Erforschung des indogermanischen Altertums. Vol. 2. Jena: Costenoble.

Singer, Milton B. 1984. Man's Glassy Essence: Explorations in Semiotic Anthropology. Bloomington: Indiana University Press.

Singer, Milton B. 1991. Semiotics of Cities, Selves, and Cultures: Explorations in Semiotic Anthropology. Berlin: De Gruyter.

Sonnenhauser, Barbara. 2008. "On the Linguistic Expression of Subjectivity: Towards a Sign Centered Approach." Semiotica 172: 323.

Staples, William E. 1928. "The 'Soul' in the Old Testament." American Journal of SemiticLanguages and Literatures 44: 145.

Strauss, Leo. 1967. Jerusalem and Athens: Some Preliminary Reflections. New York: City College.

Tikkanen, Johan Jakob. 1895. Die Psalterillustration im Mittelalter. Vol. 1, Die Psalterillus tration in der Kunstgeschichte. Helsinki: Finnischen Litteratur Gesellschaft.

Turcan, Robert. 1959. "L'âme oiseau et l'eschatologie orphique." Revue de l'histoire des religions 155: 33.

Underwood, Paul A. 1975. Studies in the Art of the Kariye Djami and Its Intellectual Background. Vol. 3. Princeton, NJ: Princeton University Press.

Vermeule, Emily. 1979. Aspects of Death in Early Greek Art and Poetry.

Berkeley: University of California Press.

Weicker, Georg. 1895. "De Sirenibus quaestiones selectae." Doctoral thesis, University of Leipzig.

Weicker, Georg. 1902. Der Seelenvogel in der alten Literatur und Kunst. Leipzig: Teubner. 1905. "Hahne auf Grabstelen." Athenische Mitteilungen 30: 207.

Weitzmann, Kurt, and Massimo Bernabo, eds. 1999. The Byzantine Octateuchs. Vol. 2. Princeton, NJ: Princeton University Press.

Weitzmann, Kurt, and Hebert L. Kessler. 1986. The Illustrations in the Manuscripts of the Septuagint. Princeton, NJ: Princeton University Press.

Wright, Archie T. 2011. "The Spirit in Early Jewish Biblical Interpretation: Examining John R. Levison's Filled with the Spirit." Pneuma 33: 35 −46.

八、运动性、可能性和无限性：
关于自然和宗教的符号学假设

本章提要：在反对任何蒙昧主义观点（否认自然科学对理解人类意义和语言的作用）和任何简单化假设（反对运用符号学对自然进行归类）的基础上，本章认为，意义基石中最深层次的动力在于意义是以运动性为基本特征的宇宙中的一个"可能性导向"机制。一方面，对于所有能够运动或能够感知运动的实体来说，这个假设扩大了意义的范畴；另一方面，从进化论角度对生成性概念进行新的解释，此假设保留了人类意义的特性。这意味着人类意义在本质上是建立在某种无限直觉的基础之上的。根据这一假设，可以得到两种推论：第一，宗教可被看作无限语法的矩阵，目的是操控其潜在运动性。第二，文化信息的非遗传性传播在人类困境（即运动潜能的认知导向）的深层机制层面起着决定性作用。对结构主义认识论的重新解读、关于水母神经细胞的科学文献、最近对舞者的镜像神经元所做的实验以及德日进的直觉，均是本章的要点。

本章的主要目的是构建一种假设，该假设认为："用于动态控制和'可能性导向'（potentiality navigation）的认知手段在逐渐复杂的进化过程中的副产物就是人类的'无限的感觉'（a feeling of infinity），产生这种'无限的感觉'的原因是认知能力可以解释无数个可能性替代手段的象征模拟物。"当社会文化试图赋予人类欣赏探索上述的"无限感觉"的能力，且这种感觉没有因可能性替代无休止地增加而扰乱时，由该假设还可推论出：宗教以及其他一些类似的符号模式可以解读为"无限语法"（grammars of infinity）。通过理论层面的思考和参照哲学、符号学以及生物学等方面的文献，本章试图支持这样的观点：人类的"无限感觉"是内在神经生理结构和认知手段所造成的结果（这两者还因自然选择具有适应性）；同时，本章还认为，此种结构/手段的矛盾方面会导致社会文化象征模拟物能够在深层次上影响这种结构/手段本身。本章还具有一定的启发作用，在研究语言和宗教的起源和特点时可将自然科学和人文学科结合起来。根据运动性控制认知手段的相关演变依据，本章旨在对宗教的符号哲学进行思考。但是，根据未来对人类和非人类可能性导向系统进化的研究，本章的主要假设可能成立也可能不成立。如果未来的研究和实验数据证明语言的进化，尤其是人类循环产生无限象征模拟物能力的进化，与运动性控制认知手段的进化完全无关的话，那么假设不成立。相反，一般来说，如果未来研究和实验数据证明语言和符号过程是一种非常复杂的运动性控制和可能性导向手段，那么本章的假设成立。在证伪或证实假设的过程中，镜像神经系统的研究尤为关键。所以，本章的主要目标是为语言和宗教的进化起源和本质方面的生物、认知、符号学和哲学研究提供首个启发式结构框架。

本章的一到四段说明了结构主义以替代概念为中心的特点，并把符号学定义为研究替代选择的学科，或更准确地说是，研究和描述认知手段和社会文化模拟物的学科，通过认知手段和社会文化模拟物，生物，尤其是人类，可以探索"一直处于运动当中"（being-in-motion）的宇宙可能替代。符号学的概念化起源于一种假设，即符号学同时采用了进化论当中的认识论和启发法，且进化论将生物认知手段和社会文化模拟物解释为对有效应对宇宙的运动性需求而做出的适应性回应。

本章第五到第九段认为语言是可能性导向中特别复杂的认知手段出现时所产生的进化副产物，语言的存在让人类以及其他生物有了能够产生无数可能性替代象征模拟物的能力。认知手段所隐含的象征模拟物可能无限增加（语言的递归性就是最有力的例子），一方面会引起发展社会文化的"无限语法"以限制可能性导向的复杂性及其阻碍的需要；另一方面，会激发社会文化语法对产生它的认知手段的生物机制产生矛盾的反作用。本章试图通过"内在自然性"（intra-naturality）的概念来描述这种反作用。

最后，本章的结论部分会为人文学科和自然科学之间的宗教和语言研究提供一个启发式框架。历史宗教，与其他相似的社会文化信仰系统一样，只是人们试图内化自身具有的内在神经心理的"无限感觉"。这种感觉既是运动中的宇宙在进化历史过程中的副产物，也是认知（和符号过程）作为手段而存在的副产物。通过认知手段，我们可以探索和回应宇宙运动。

1. 结构主义和替代

结构主义①（包括结构语言学和符号学）中最重要的概念之一，就是替代。（莱昂内 2011a）在结构主义中，一个元素的价值②完全取决于能否被另一个元素替代。一个元素若不能被其他任何元素替代，就会被视为无法在结构层面上产生价值。

这种替换最基本的形式就是否定：一个元素的价值在于其缺失可能会取代其存在。使用否定语言的人在口头语言中明确了这一动态，但是语言的否定表达形式（即替代的基本形式）却不是唯一的。例如，人类可以通过自动控制眼睑有意消除对事物的视觉感知。因此，在张开和闭合眼睑时，人类因为此事物以后将不再被感知，才体会到其价值。在其他场合，准确地说在我为巴黎国际符号学研讨会（Séminaire Intersémiotique de Pairs）撰写的上一篇文章中（该文章最近在《新兴符号学》（*Nouveaux Actes Sémiotiques*）杂志刊登），我提出了一个假设，即对大多数人来说，基于能够自动体验到事物存在和非存在之间区别的适应特性，语言的否定动态和眼睑自动开合的感觉和感知动态也许是一个普通的、非常抽象的、进化机制的不同表征（Leone 2011b）

但是，否定是一种最基本的形式，通过否定，人类可以体会基于替代的价值概念，但否定不是唯一的形式。基于用其他元素替代某个元素的可能性，人类同样可以体会价值概念。尽管如此，即使当一个元素的价值可通过其他替代元素来感知、体会，这种替代至少需要分为两个步骤，即先否定第一个元素和

---

① 从历史角度来说，虽然结构主义起源于索绪尔对言语语言的思考，但结构主义的理论范围很快扩大到关于人类本性的假设。语言概念本身也得到扩大（主要在结构符号学方面），其目的是既包含言语语言，又包含其他认知和社会文化模式，通过此模式，人类可以与周围环境进行交流互动。这就是目前语言结构理论作为出发点的原因，其目的是形成一种假设。该假设不仅关于言语语言，也关于人类整体认知。通过"结构主义"这一术语，本文描述的是关于语言、意义和指号过程的研究和理论传统，这一传统起源于索绪尔的先见卓识，发展成叶尔姆斯列夫的语符学、格雷马斯的结构生成符号学。在本文中，有关结构主义的观点都来自作者对这一传统的解读。

② 这里的"价值"指的是一种差异，它源于至少两个元素之间的关系，而且有可能对主体意向进行定位（因此，使叙事结构得以实现）。价值必然以意义为基础，但意义并不一定以价值为基础，尽管它常常需要价值。换言之，意义在于至少两个元素关系差异的可能性中，而价值是意向的来源，意向又源自意义（并可能产生叙事结构）。然而，严格意义上来说，意义和价值是紧密相关的概念，因为正如前者从静态的角度形成框架，后者则从动态的角度形成框架。

肯定另一个元素。因此，以替代为基础来体验价值的认知动态本质上在于能否从存在到非存在的角度来构想此篇文章的观点。

根据结构主义的观点，通常而言，人类能够体验和感知基于替代的价值，是因为他们认为当事物在一个给定世界存在时，在另一个世界中不存在或是以另一种方式存在。换言之，结构主义认为，人类的困境就是能够体验和感知具有现实存在特性的可能性，而此特性源于一种存在能被另一种存在替代。

这种基于感知潜在可能性的价值概念贯穿整个结构主义研究项目的始终，从索绪尔（Saussure）开始，结构主义探讨的不仅是价值，还有替代概念所引发的一切问题。首先是意义，一个人为了感知某种事物的意义，就必须想象一个可能世界，在这个世界中，这种事物没有意义或有其他替代性意义。结构主义认为，若不能将意义想象为基于其非存在或其不同方面存在的可能性，就没有意义，至少人类会有这样的体验或感知[①]。

2. 替代和幻想

其实，安伯托·艾柯（Umberto Eco）把符号学定义为研究一切可用于撒谎之物的学科（1975：17），不过是诙谐地把意义的学术研究描述为对可能性的研究。另外，基于迄今所提出的考量，该诙谐的定义可被重新阐述，同时要考虑到符号学不仅研究可用于撒谎的一切事物，也研究撒谎的可能性本身。艾柯忠实于结构方案的定义似乎在声称：当人类不仅能够对他人说谎，也能对自己说谎时，意义便产生了。作为人类，我们可以理解某事物的意义，对于此意义，我们不仅能对他人说谎，还能对自己说谎。人类向他人意指和传播谎言的能力主要基于向自己撒谎的能力。我可以告诉你事物的意义，但都不是它真实

---

① 至少自 20 世纪 30 年代亚历山大·R. 卢里亚（Alexander R. Luriia）的作品出现开始，学校教育对想象力潜力的影响不可低估（卢里亚 1976）。这点已得到后续研究和见解的证实，比如瓦尔特 J. 翁［（Walter J. Ong）1982］以及研究"口头传统"的其他学者［CFR，如米尔曼·帕里（Milman Parry）1971］，阿尔伯特·洛德［（Albert Lord）1960］，艾里克·哈弗洛克［（Eric Havelock）1963］，马歇尔·麦克卢汉［（Marshall McLuhan）1962］，杰克·古迪［（Jack Goody）1968］等。然而，这一点在未来会更加清楚明了。本文不提倡这种假设，即想象潜力是人类与生俱来的能力，根植于神经生理学中，不受包括学校教育在内的文化交往的影响。相反，一方面，这种与生俱来的能力实际上深受信息传输的非遗传过程的影响；另一方面，这种相互作用的结果往往会变成"第二种自然特征"。本文旨在通过宣称这两点，来跨越自然和文化之间的传统二分法。

的意义，因为我可以设想一个可能的世界，在那里，事物确实有其他意义①。

现在，"幻想"（delusion）在大多数情况下被视为一个具有负面含义的词。比如，以著名的当代小册子作者为首，这个词经常与"神"放在一起，暗指那些怀有这一想法之人的病态精神状况（Dawkins 2006）。尽管如此，人类的问题不在于幻想本身，而在于人类无法控制幻想。相反，根据关于价值和意义的结构主义概念，具有自我欺骗的能力，继而具有相互欺骗的能力，实际上便基于人类困境。

结构主义很少质疑假设的内在本性，该假设认为价值和意义以替代的可能性为基础，即使这种假设在意义的结构概念和整个语言的结构概念〔从语言（langue）和言语（parole）之间的辩证关系，到范例和语段之间的辩证关系，再到从理论上想象时间、空间和直证范畴的阐释和构建方式〕中发挥着基础性作用。的确，结构主义认为，这种假设对整个结构方案非常重要，以至于人们尚未探索其内在本性。相反，这种假设通常会转化为结构主义中一种无争议的假定，包括结构主义语言学和结构主义符号学（莱昂内 Forthcoming）。

3. 幻想与运动性

但现在有一个方法可以研究这种假设的内在本性。该方法有助于推动结构研究项目不仅在语言社会功能相关建构理论假设中研究人类困境，也在语言自然功能相关理论假设中研究人类困境。

这种方法恰好与某一进化假设相吻合：人类以替代可能性为基础体验和设

---

① 这篇文章，以一种不同于认知语言学的方式，暗示了概念隐喻的观点，或认知隐喻。隐喻的认知人类学和基于运动的潜在认知理论之间的交叉重叠是值得探索的；然而，本文不会详述这一研究方向。

想价值和意义，是因为此认知特征随着人类的进化①而具有适应性。人类体验、设想、意指和传播幻想之能力的适应特性可通过多种假设来解释。其中一种假设具有足够的抽象性和概括性来体现这种能力在人类进化中的积极作用。可通过下列陈述引出这一假设：在通常不具备运动性特征的世界中②，很难将人类体验价值和意义的能力的适应特性想象为基于设想和探索可能性的能力。

　　一方面，人类存在于一个不断运动的现实中，或者更确切地说，可能一直运动的现实中。在这里用"运动性"（motility）而不用"变化"（change），是因为"变化"概念便已暗示记忆和比较的可能性：现实即为变化是早已被人类或其他能够储存过去状态的表征的某物所注意到，并将之与现在的状态进行比较，然后预测将来的状态。相反，"运动性"的概念在某种程度上更加抽象，

---

　　①　作者很清楚达尔文主义所谓的"重言式异议"（tautology objection）。根据此异议，进化论会导致一种循环陈述：通过自然选择，"适者"生存。那么谁是"适者"呢？当然是幸存下来的人！然而，本文不仅声称人类物种在进化过程中取得成功的原因是因为他们能够适应环境（事实上，这是一个重复的说法），还制定关于这种成功原因的假设，基本上认为这是因为人类被赋予了一种更加精密的适应和认知工具，用于运动控制和潜在探索。用足球来做个比喻：首先一个队伍赢了比赛是因为踢得好；然后就要描述、分析和解释这个队伍取得成功的特殊因素，比如球员的技术、比赛的计划、与观众的互动等。脱离这个足球的比喻：进化论在一般原则的形成中可能是同义反复的（"适者生存"），但在一般原则做出的详尽的假设和解释中却不是这样。

　　②　制定相同假设的一个更强有力的方法是：人类体验价值和意义的能力的适应性特征，是基于在运动着的世界中构想和探索潜在的能力。更为谨慎的形成方式已被选定，因为本文还不能提供一个经验框架来证伪/佐证其假设，但更谦虚地说，本文可以提供一个启发式的结构，用以设想这种经验框架。在这方面，不容忽视的是，假想我们生活在一个"以普遍运动为特点的宇宙"中，从符号学观点来看此假设存在很大的问题：既然一切都在运动，那我们如何区分与符号有关的运动和与符号无关的运动？也许有人会说符号的基础不是运动本身，而是设想符号所包含的可能性替代的能力。在其最简单的公式中，这种能力在于一种可能性，即代表某个现实要素可能或不可能从某一状态转移到另一状态的可能性。因此，符号过程在于（其最小的公式）这种替代的象征模拟表现。因此，符号学作为一门学科，就在于研究被赋予这种能力的生物如何绘制替代扩散的图案。

没有了详细的道德内容①。

另一方面，人类不仅存在于不断运动的现实中，而且人类本身也会运动。人类的运动性与其存在其中的现实的运动性之间的相互作用，产生了大量不同状态和彼此位置的可能性加剧的可能性②。

要形成人类体验价值和意义能力适应特性的假设需要提出猜想，即在人类的运动性与现实世界的运动性之间的辩证关系中，这种能力在本质上允许人类在现实真正发生之前，体验到未来的可能状态。换言之，人类幻想能力的适应特性就是幻想可作为一种预测工具，或更确切地说，幻想起到可能性导向的作用③。

---

① 因此，这里的"运动"是指抽象的运动潜力，更好的说法是，抽象的位移潜力，即从宇宙的某一点运动到另一点，后者是空的或被占领。运动和运动（或位移）之间的区别是非常重要的，至少在一定程度上可以用来解决运动意向和主体之间棘手的问题（莱昂内 2009）。事实上，正如后来所指出的那样，有意运动可以被认为是运动的过度决定，这是一个或多或少由主体有意介入的决定。然而，设想有意运动动作也是基于相同的、赋予运动特征的一般动态，即参与不同潜在运动的可能性，是连接前者（与象征能力进化的再现联系在一起，因此也与语言联系在一起）与一种假设必不可少的，该假设关于前象征生物与递归前生物中运动意义的特点。这样的假设会被深入分析，但很明显，它指的是哲学研究最复杂的一个分支，始于亚里士多德对其神迹概念的反思。玛利亚·皮亚·波扎托（Maria Pia Pozzato）鼓励我思考现象学运动和意向/主体之间的关系，我对其表示感谢。此外，应该强调的是，本文绝不主张人类是一种缺乏自然历史和先例的物种［参见丹尼特（Dennett）1995］。相反，本文认为，人类控制运动的能力和潜在导向的能力是从不同的、适应性较差且具有同样目的的工具发展而来的。此外，本文还认为目前人类的可能性导航能力不应被视为唯一的物种特征，或一个其他物种完全被剥夺的特征，而是作为一个连续性的价值，在运动控制和可能性导航的认知手段中有细微差别。

② 顺便提一下，从本文的观点来看，运动的概念与移动的概念没有明显区别。众所周知，第一个术语并没有把大量的运动包含在内，而是包含生物以及其运动能力的科学研究的狭义语义范围内的运动。然而，由于本文的目的是构建一个关于意义的通用理论假设；以运动的生物学概念为出发点，后者必须根据一种扩大的接纳来构建，这指的是生物根据周围情况来改变自身位置的能力。

③ 这个假设可以被看作基于之前的学术趋势。这一点已得到了充分的例证，如作者詹巴蒂斯塔·维柯（Giambattista Vico）［Verene（韦连）1995］，以及最近的鲁道夫·利纳斯（Rodolfo R. Llinás）（"大脑是一个现实的模拟器"，2001：13；"大脑是原始动物运动的进化前提"，出处：18；"预测能力随着运动策略复杂化而提高"，出处：25；"感官输入和运动输出之间的转换是一个内部功能空间，它是由代表外部世界特点的神经元组成"，出处：65；神经系统主要是自我激活能力产生外部环境的认知表现，即使没有感官输入，比如在梦境中。［利纳斯和帕德（PARé）1996：4］。对于此学术研究的最近发展趋势，参见卡梅伦（Chemero）2009。此外，美国认知科学牢固地植根于美国哲学传统中，深受其实用主义的影响。在这种方法与本文提出的查询之间有重要的重合之处。

4. 运动性和本性

通过运动性来解释人类幻想能力的适应特性具有若干优点。首先，可以推导出：幻想能力可能不是人类独有的特性，而是所有受运动性影响的生物都具有这种特性。把幻想与运动性联系到一起可能会在存在所在的其中一端产生一种连续性，在其中一端该存在的运动性最小，如岩石，其中，它体验可能性的能力也最小[①]；而在另一端，存在的运动性最大，如海豚，它体验可能性的能力也最大[②]。

显然，该连续性的观点的灵感来自两个方面：第一个是海德格尔（Heidegger）设想根据"世界的丰富性"（richness of world）（1983）将存在进行排序，这种等级因其主张的人类中心论饱受批评，而且部分观点也被这位德国哲学家在其后续的思想阶段所舍弃；第二个灵感来源于海德格尔，又从冯·尤克斯库尔（von Uexkull）的作品（1921）中得到启示。但是人们不应该犯这样的错误，即以过于简略的方式表达这种连续性：运动性的增加并不总是与更为复杂的经验和可能性概念相对应，因为自然界中还存在一种极度活跃的生物——水母，其阐释运动中固有的替代可能性的认知能力似乎非常稀缺；但是，这种观点反过来却是成立的，从本质上来说，运动的减少经常意味着关于替代的不那么复杂的经验和概念。无论如何，通过动力性/可能性这一对概念，可能以概括和抽象的方式来解释认知以及其生理依据。换言之，似乎可合理地认为：所有被赋予运动性的存在，包括那些在生长过程中能够证明自己的

---

① 这里所说的"存在"是根据其本体论接受来使用的，主要是海德格尔，意为"指的是"。

② 根据理论生物学学术的一些趋势，在进化中不断增加的复杂性将导致生物越来越独立于环境因素［参见阿达米（Adami），奥弗里亚（Ofria）和克里尔（Collier）2000］；然而，复杂性概念本身是模糊的，而且往往从人类中心说角度解释。相反，本文并没有提到复杂演化的一般概念，而是试图指出代表此进化过程基本要素的内容，即通过日益复杂的可能性导航手段控制运动的能力；这种假设不应被解释为运动能力和认知能力之间一种简单直接的关系。关于这一点，请往下看。

"蔬菜"生物①，都需要一些可能性思考的形式，即使是一些基本形式；甚至生命本身（如我们所了解的那样）可能被重新定义为替代可能性中的或多或少具有复杂形式的导向能力。因此，生命在于能够随着周围环境来改变位置的可能性，以便更好地适应环境：比如树叶以这种方式向光生长，像舞者一样移动；因此，认知（至少在其最低准则中）也在于它能够通过象征模拟物来模仿位置变化②。

定义生命的概念和涉及运动性概念的认知推论，让人们得以检测这两者的局限。亚原子物理学表明，在一定的观察时长内，某些物体看起来静止不动，但实际上，它们不停地做着群集运动。认为电子从一种能态跃迁到另一种能态是基于一种神秘的逻辑，这种逻辑并非与推动生物不断改变自身状态以适应环境的逻辑完全无关，这样的观点并不荒谬；好像整个宇宙都充满着个体神经运动，分散于无数不同的事物中，但它一直都在进行一种总体调整，从我们所接受的观点的角度来看，这种调整的总体模式是我们无法理解的③。

4.1 水母的运动性

继续这一研究思路，又受到德日进（Teilhard de chardin）（1955）的某些

---

① 我们都看过树枝随风摇曳，茂密的树叶在复杂的交响乐中舞动着。当这已有一些生物的潜在符号内容时，运动本身这个事实会使它成为内在的符号吗？当然，例如树木会根据不同的时空轨迹扩张于周边环境（枝、根的生长、花的传播方向），这一事实可能会引发一个假设，即生物也被赋予了某种形式的潜能检测，确定它们的运动与环境的运动之间相互作用的方式，从而产生位移和变化。然而，赋予蔬菜同样可能性导航这一特点非常困难，这也是具有复杂认知手段的生物具有的特点，尤其是，如果这些手段意味着对无限范围象征模拟物的阐述。然而，本文认为无限的探索和随后源于符号学和认知的自由，根据离散模式，分布在宇宙演化历史统一体中。

② 在此假设和温贝托·马特拉纳（Humberto Maturana）所谓的"有限个体结构漂移"之间存在一个明显的类比［马特拉纳、瓦雷拉（Varela）1980和1987］。因此象征模拟物在其最小公式下，是认知的前提条件。但唯一的条件是这样的"象征模拟物"也意味着"在最小的公式"下，即某种可能性替代的表示。在史蒂文·平克［（Steven Pinker）2003］的观点中可发现类似的概念。本文采用"模拟物"而不是类似的术语，如"仿真"或"再现"，这是因为前者意味着最小的潜力认知构建（可能性替代），这一不一定是后者细节特征相同水平的特点。

③ 假设在文章一开始就提出了人类的能力和人类物种的进化。在这一段中，只是因为生物可以移动这一事实，这种假设被扩展到所有生物：不仅是所有的生物和整个生命的特征，还有如岩石或电子这种无生命的存在。这样的扩展无疑是大胆的，但同时也提出了一个可行的（虽然具有投机性）、制定所谓"理论的东西"的新版本的路径。换句话说：构思认知，特别是人类认知，作为"运动着"宇宙历史进化的最后一步，可能代表一种启发式假说，目的是设想生命在宇宙上的出现、认知在生命中的出现、人类智慧在认知中的出现，都出于相同的解释范式。

直觉的启发，即他所强调的"辐合原则"（principle of convergence），不可避免地涉及运动神秘性的一面。尽管这个研究思路本身很吸引人，但它不是本章所要探究的。本章研究的是一个更加温和的方向，更深入根植于目前海洋生物学最先进的研究。最近，一些关于水母行为的实验研究得出了惊人的结论。除了其他方面，水母研究的兴趣点在于水母这类无脊椎动物（其通用名称指的是上千种不同物种构成的一个群体）被认为是进化史上第一批动物，其出现时期可追溯到六七亿年前，因此，比第一批昆虫还早两倍，比恐龙还早三倍。大卫·艾伯特（David J. Albert）是温哥华罗斯科湾海洋生物实验室研究水母的专家，他认为水母是目前地球上最古老的多器官生物。

从本章所支持的观点来看，若直到前不久水母才被看作没有中枢神经系统的原生质生物，那么我们会很有趣地发现艾伯特的实验证明了现实中水母可以控制自己的运动。他的这些观察收集在一篇名为《水母的大脑在思考什么？》（*What's on the Mind of a Jellyfish?*）的文章中，并于 2011 年在《神经科学与生物行为评论》（*Neuroscience & Biobehaviral Review*）杂志上发表。艾伯特的研究在罗斯科湾持续了多年，研究对象是罗斯科湾常栖的海月水母。他的研究以一个非常简单的问题开始：如果水母无法控制自己的运动，它怎么可能是该地的常栖动物呢？

潮汐每天都击打着海滩，使得海水涌来涌去，它让水母像浮游生物一样漂向远处空阔的大海，与之相反的是，艾伯特发现，水母并不是被动地在海水里漂浮。当海水退潮时，它会在浪潮中勇进，直到触碰到了海水下面的碎石，然后它们潜在水中寻找更加平静的水域。为防止浮出水面或被冲到海滩上，它们待在平静的海水中等待涨潮时刻的到来。另外，多亏了盐检探测器，我们得以知道，在夏季随着冰雪融化，水母会避开沙滩周围的浅水区，因为这些水蒸发后，它们所在的地方就会变成裸露的沙滩，水母会游到深水处，直到发现盐分充足的海水。水母还会聚集成一个群体，并利用伞膜外部的分子信号来辨别在其周围的是对它们有害的捕食水母还是无害的水母。若海月水母触碰到了捕食水母，它就会溜之大吉①。

这些观察的有趣之处不在于水母像人类一样用相似的方法来意指或交流，

---

① 这些意见应与冯·尤克斯库尔对海洋生物的首创言论相比较（1905）。

因此所有生物都处于宇宙符号交流的这一过程中。这个利用科学研究结论来创造缺少理性的符号神秘感（若受到道德环境主义者观念上的少许影响，就更缺少理性）的观点没有不考虑水母与人类在控制运动性方面的巨大差别。但水母和人类都具有潜在识别的能力，这让它们能随着环境而控制自己的运动，但只有人类能从模拟物、象征、预测、幻想层面上管理替代运动中获益。也许只有在第二种情况下，人们才能理所当然地说符号就是当代符号学所定义的那样①。

相反，正确理解此研究的意义，就会发现其优点在于从长远角度重新界定语言的起源。从这个角度来看，物种的进化与越发复杂的运动潜在管理手段的兴起相吻合②。

---

① 这种观察促使人们重新思考运动与变化之间的区别。如果运动的概念允许人们根据包含整个宇宙进化的假设来构建人类智力的进化，那么变化的概念是至关重要的，以便捕捉认知在运动的宇宙进化史中所引入的特殊性。事实上，随着认知的出现，如随着符号的出现，其具有通过模拟物表现来预示运动替代路径的能力，运动与价值交织在一起，因此，通过认知替代设想改变为另一种状态，一个潜在的运动状态立即被视为一个潜在的变化状态，一个早已被意向视为价值模式的状态。水母探测盐度梯度的能力是现存生物中最古老的一种。这种额外的能力是下降或上升这个梯度。第二种能力必须比第一种能力更近一些，否则就不会有什么意义（它将如何被选择？）。只有当生物体能够察觉离开或接近某事物时才有意义。否则，什么可以导致运动开始或停止呢？变化的检测控制着运动。然而，生命被赋予了基本潜在检测的认知手段，动力立即被认定为潜在的变化。人们不应该得出这样的结论：概念的转变必须获得宇宙进化史中的理论逻辑科研，至少不会如上述概念所定义的那样，就这种方式的副产品来说，认知手段代表运动。换句话说，宇宙是"运动的"，因此宇宙充满了潜在的运动力；然而，一旦这种潜在的运动被认为是智力的一种形式，即使是最基本的一种，它也会转变成变化的潜力。正如上文所述，眼睑的打开和闭合，更像是响应打开和关闭囊泡的一种化学状态。这种化学状态给予了生物新陈代谢基本功能的特点。总之，运动性是派生的而不是生物的主要属性；这将是一个建立在新陈代谢能力基础上的众多反应之一，从功能封闭层面使所处的环境有意义；即他们身体上打开和关闭的膜，是其自我创造代谢需求的内在逻辑所确定的。然而，有必要再次强调位移（或运动）和运动之间的概念区别。位移可以被概念化为一个活人对环境的反应，因此，可以作为运动变化的表达，运动不是一种行为而是一种潜能。只是因为一些生物被赋予了某种潜在的探测手段，可以将宇宙认知为"潜在的"运动，他们可以体验并执行变化和位移。生物之所以能够位移和改变，是因为它们能够感知运动，反过来不是这样。因此，符号过程在于探索宇宙运动的认知能力，探索可以位移和变化的生物。CFR也是运动和运动之间的概念差异，在上文中已阐述过。上面包含"可能"一词的文章，因为当前生物符号学的理论与实验研究（杰斯珀·霍夫梅耶等）逐步扩大活动领域，以至于提出了符号可能与生活共存的假设。因此，未来的研究可能会再次表明，运动控制和可能性导航的认知手段能力没有沿着一个连续体发展，所有参与符号过程的生物都被认为有能力适应处于运动中的宇宙。

② 在这方面，应该注意到，运动与神经组织不完全相关，因为它在细菌的运动中是显而易见的。（参见 http：//www. microbiologybytes. com/video/motility. html）

5.　自然和语言

参照运动性来解释人类幻想能力的适应性特点会引发一个假设（因此，作为另一个优点），即人类对其语言的称谓基于同样的动态，在此动态下，其他可以运动的物种能体会到所处的现实状态，其可能被不同或相反的状态替代。根据这个观点，语言机制和感知机制可能起源于同样的适应性认知手段，这能让许多生物识别一定现实状态下的可能替代。通过语言机制，人们意识到语段中的每一个元素都可由不同的词形元素替代；通过感知机制，海豚可以意识到：带有某种矢量的暗流可能很快就会被带有不同或相反矢量的暗流所替代。换句话或概括地说，语言是一种极其复杂的认知手段，用来体验和感知现实的可能性[①]。

6.　语言和信仰

价值、意义、语言以此运动性为基础概念的第三个优点是：体现了信仰表征作为可能性参数的特点。

"大多数生物天生就具有认知手段，这让它们得以感知所处现实状态中的可能替代。"这一假设不仅意味着大多数生物能够不断创造现实状态中的替代象征模拟物，还意味着这种现实状态是可能替代象征模拟物之一。换句话来说，大多数生物在所处的环境中体验到的价值和意义，只是可能性范例中的一个主要替代。这不仅属于对当前处境感知（这种感知随时可被其他一系列的替代感知所取代）的情况，还适用于对现实状态的记忆或期待。从这个角度来看，语言是一种复杂的认知手段，让生物通过递归象征机制，创造无数个特殊环境的可能替代，不管是生物所处的当前状态，还是已保存在记忆中的过去现实状态，还是基于现在状态的将来现实状态。

这种用于可能性的构建和系统化可能替代的认知手段会从理论上将大脑从

---

① 这样的概念是兼容的，至少在一定程度上，与阿尔比布（Arbib）和佐拉蒂（Rizzolatti）在1998 年发表的观点兼容，然后制定了许多后续的发展目标。

神经心理角度所接收的东西理论图式化。在这一点上，叫作"大脑"（the brain）的器官或多或少是探索世界可能性替代的复杂机制。换言之，人的大脑实际上是一个"幻想机器"（delusional machine），在某些情况下更是如此。比如在特定情形下，一些生物具有构建和系统化某一情形的无限可能性替代的递归能力，因此，这种"幻想机器"像是能够穿越可能性世界的导航器或潜在GPS，能让生物随着周围环境和其他生物的运动来调整自己。

7. 信仰和现实感

尽管如此，对生物认知和神经心理学的结构解读还存在问题，包括那些具有语言能力的生物，结构主义从假设"价值和意义可作为可能替代的模式被体验和感知"（a1），延伸至另一假设，即"价值和意义总是以可能替代的模式被体验和感知"（a2）。换句话来说，结构主义似乎只抓住了基本的认知（主要是人类）动态，而没有意识到创造动态抽象工作方式模型与创造动态具体工作方式模型之间的不同之处。这种模型不是利用一般的人类认知系统，而是一些具体的体验。

尤其是当某种价值来源于可能替代系统时，它就需要一个特定状态。大众心理学通常参照"现实存在感"（sense of reality）来提及此特定地位，然而结构主义没有考虑这一点。在所处环境中的任何时候，能够检测到替代可能性的生物，似乎都能意识到从当前环境只可以接近其中的部分，其他一些生物却不会这么容易接近，还有一些根本不可能接近。支持构建和系统化可能性的认知手段以及支撑认知手段的神经心理学，似乎不允许可能性的随意增加，而是根据其可接近的适应性计算，来进行持续调整。

从这一点来看，"语法"（grammar）可被定义为一种认知手段，在特定情况下，它通过设定一系列可及性模式系统，来阻止其可能替代的象征模拟物的无限增加。这种系统并不十分稳定，但似乎可以充当网格的功能，限制对象征可能性的无限探索。另外，顺便提及一下，许多精神病状况，比如精神分裂症，可被认为是语法这一幻想GPS手段功能的无意识衰微。反之亦然，许多创作形式，比如诗歌，可被认为是有意阻止语法发挥作用，让我们能够测试可及可能性适应模式。

这是大多数结构主义，尤其在其解构主义中没有意识到的地方：认知的价值和意义，包括那些用语言构建的价值和意义，不仅来源于它与可能替代的关系，还来源于对此替代可及性的限制。皮尔斯（Charles S. Peirce）创建的符号学另一分支，通过理论化无限制符号过程与符号习惯之间的辩证关系，可以更好地抓住理解认知对可能性的渗透性与同时具有对可能性的抗渗性之间的辩证关系。从本章的观点来看，符号过程只是对可及性模式的建模尝试，通过此模式，认知通过世界恒定的模拟物测试，在替代可能性中通行。在此世界里，生物还要调整自身运动性以适应周围环境。

同时，人们认为，皮尔斯对认知构想的必要性具有坚定的直觉，他不仅将认知视为创造可能的替代世界可及性模式的手段，还将之视为通过某种形式的自然选择限制这些模式的手段①。"通过语言的象征手段，探究某一给定情形的可能替代的能力具有适应性特点，其可让具有这种特征的生物随着环境调整自身运动"，那么，此观点似乎也是合理正确的：若没有可以适应性地选择探索模式的语法，自我幻想能力就会转化成一个麻痹机制，把拥有自我幻想能力的人囚禁在无穷镜像的迷宫中。

从这一点来看，信仰通常可被解释为模式，即考虑到生物对处境的沉陷，选择可被视为可从该处境接近的可能替代的模式。因此，创造新的信仰就是创造连接目前现状和其可能替代的新模式，或者从结构主义角度说，是定义当前现状中与其可能替代有关的价值和意义。信仰概念的定义是受到格雷马斯（Greimas）和库尔泰（Courtes）（1979 sub voce）词典中结构定义框架所启发，也深受德雷斯科（Dretske）（1988）所主张的表象主义的启发。德雷斯科认为，信仰理论的构建是基于对运动性控制手段的哲学解读。这种运动性控制手段可以让海洋细菌使自己奔向地球磁场一致。

基于这种一般定义，信仰也可被抽象地解释为一种限制人们感知替代的动力。因此，人不可能没有信仰，因为什么都不相信无异于认知瓦解。的确，人们在以下两种情况中是没有信仰的，第一种情况是：生物天生没有幻想能力，因此它们不能在所处的环境中感知可能替代。如果运动的生物连最基本的潜在GPS的形式都不具有，这是难以想象的。第二种情况是：生物具有幻想手段，

---

① 皮尔斯对无限符号过程和习惯之间辩证关系的见解，可以从这个角度进行解释。

但这种手段不受语法控制，即探索特定情况的可能替代的能力失控，以至于上述"现实感"瓦解：可能性探测能力错乱的生物会陷入连续的感官、感知和认知错乱中，且在这种错乱中，不会对现状产生任何情感。另外，错乱的潜在GPS难以调整生物的运动性。

8. 运动性、符号过程和文化

认为"大多数生物，尤其是能够从象征或递归上识别可能性的生物，可沿着两个对立极端之间的连续体进行分类"，这一看法似乎有一定的道理。符号学，尤其是认知符号学，在创造方法模式中发挥着重要作用。利用此方法，不同种生物，尤其是具有复杂可能识别手段的生物，可以通过固化信仰，来控制可接近模式增加和限制之间的辩证关系。

最可能的是，就其探索可能性和限制这种探索的一般能力而言，所有运动的生物都有一个共同特点，但就其可能性导向的认知手段的特质来说，不同种类的生物各不相同。

可以说，能够产生可能运动替代象征模拟物的生物与不能产生的生物之间的区别（比如海豚和水母的区别），构成了生物进化史上第一个重要的分水岭；同时，能够通过递归方式，解释特定条件下的无数可能替代象征模拟物的生物①，与那些不具有递归潜在GPS的生物之间的区别，构成了第二个重要的分水岭。众所周知，乔姆斯基（Chomsky）定义人类的方法与语言的递归性有关，这一直是人们争论的焦点，尤其是在丹尼尔·埃弗雷特（Daniel Everett）以"亚马逊语言"（Piraha language 2005）不具有递归性为依据所写的书出版后。尽管如此，最近的神经语言学研究［由卡恩（Kaan）和施瓦布（Schwab）所叙述］似乎反而证实了乔姆斯基的假设，这个假设对格雷马斯意义生成观念的发展具有重要意义。

---

① "递归"这个术语是相当模糊的，因为它用于各个不同学科领域。在本文中，虽然"递归"的使用由语言学引起，特别是乔姆斯基，但它不能一意地指单纯的语法递归，而是更广泛的语法语义递归，或者更好的说法是，指某些生物的能力——但也许人类只有——构思和体验既定情况下的无限可能性替代。因此，该"递归"必须被理解为"能够引起想象和体验的可能世界扩张的能力"［由乔尔丹诺·布鲁诺（Giordano Bruno）而非乔姆斯基展开的一个愿景］，而不是当前的数学意义。我要感谢卢西亚诺和保罗·法布里，指出了这个术语和概念的困难。

加以必要的变通，第一个分水岭与符号过程产生的时间相同；第二个分水岭与文化产生的时间相同（这似乎有点抽象）。但是这两个"相同"都亟须进一步的解释。

9. 关于运动文化的符号学：内部自然性

关于这一点，需要指出：符号学作为一门学科，在解释人类困境原因（从进化角度）的假设框架下，对研究价值、意义和语言具有重要作用。

一方面，将文化自然化很简单的做法，比如认为调节语言的社会文化功能机制必须专门利用神经心理学和大脑的进化才能解释清楚①，正如我在其他场合下所说的那样，尤其是去年夏天在伊马特拉符号学研究学院（Insititute of Semiotic Studies at Imatra）的理论框架下所说的那样，我们的神经心理学知识不仅无法解释文化的复杂性，而且它也可能总是缺少进行这一解释的充分性。但最重要的是，人们是否承认语言和文化与其复杂程度的出现相对应这一假设，而且这种复杂程度不能用支撑它们的生物基础来解释（莱昂内Forthcoming）②。

另一方面，内在自然性假设，即从符号学角度发展多种自然概念的文化学，是十分有趣的［马罗内（Marrone）2011］。但对符号学来说，这一假设并不值得关注，因为人类文化学的某个分支早已对其进行了大量研究［德科拉（Descola）2005］。相反，与使文化生物化（自然化）相对立，除了纯粹的自然主义认识论（内在自然性）的文化研究，符号学还应该研究使自然文化化的机制，即内在自然性这一领域。

什么是内在自然性？内在自然性似乎将以下面的猜想为出发点，即管理运动可能性的象征手段的产生（产生在物种进化时期，这一时期生物的发展情况还有部分不为所知），和语言这类递归象征手段的产生（也产生在相同的时

---

① 这是缺少符号意识的神经学家和渴望神经学家资助的符号学家。

② 这种反对观点由文化历史心理［最好的例证作家是维果茨基（Lev S. Vygotsky），列昂节夫（Aleksei N. Leontiev）、亚历山大·鲁里亚（Alexander R. Luria）、迈克尔·科尔（Michael Cole）等］、社会心理学［自乔治·赫伯特·米德（George Herbert Mead）起］，从而阻挠任何对话和与自然科学的可能交叉，这正是本文所要克服的二分法。

期），导致了生物的出现，比如人类，人类不仅可以象征地自我展示周围环境的可能性，还能构建无数个象征模拟物，并为控制无限性而建造可及性社会文化网络①。语言的出现可以让人类控制同样的可能性管理认知手段的内部组织。

9.1 舞者的镜像神经元

从这一点来看，最近关于镜像神经元领域的研究十分有趣。通常，那些没有深入了解此领域的研究并且仅仅把它看作科学隐喻全书的人们，会引用这些研究结果来支持上文所说的文化自然化的假说。"在结束运动行为以及它表示的意义时，人脑中上百万个神经元都在'燃烧'（fire）"，这一发现是论证至今还饱受争议的观点的一个非比寻常的依据（即使还仍需谨慎），那就是描述人类之类的生物的特点的象征展示机制是生物进化过程中的产物，生物进化选择了更加复杂、可塑性更强以及适应性更强的运动控制手段。但是，在关于镜像神经元的热门研究领域，一些正在进行的实验似乎限制了把文化粗暴自然化的启发式价值，而强调仔细研究内在自然性的机会。

2004 年，英国伦敦大学学院的研究小组在网络期刊《大脑皮层》（Cerebral Cortex）杂志上发表了一篇影响深远的文章：《运动观察和习得运动技能：对专业舞者的功能磁共振研究》（Action Observation and Acquired Motor Skills：An FMRI Study with Expert Dancers）[研究对象是舞蹈家卡尔沃·梅里诺（Calvo-Merino）等，2004]。这篇文章叙述了实验的结果，此实验对芭蕾舞者和没有专业舞蹈技能的控制主体（在其观看芭蕾舞和巴西战舞表演视频时）进行了功能性核磁共振成像研究，结果表明：专业的舞者在观看自己受过训练的跳舞视频时，会比观看未经训练的舞蹈视频更大限度地激活大脑的运动前区皮质、顶内沟、右上方顶叶以及左边右上方颞叶②。

这些实验结果有多种解释，但从符号学角度来看，最重要的是从内在自然

---

① 参见与保罗·维尔诺（Paolo Virno）（2010）在理论上设想的语言相关的无限性概念。

② 感谢维托里奥·加莱塞（Vittorio Gallese）让我关注这个实验。科学家早已知道，镜像神经元只在被主体所熟知和执行的运动行为的再认知上起作用［阿廖蒂（Aglioti）、切萨里（Cesari）、罗马尼（Romani）和乌尔杰西（Urgesi）2008］；然而，上述实验似乎进一步表明：即使是复杂的文化模式，如舞蹈风格，也会深刻影响镜像神经元等人类认知的基本元素的功能。

性角度（本章所支持的观点），用于选择运动可能性的语法象征地储存在文化记忆中，并通过教授以及学习的方式分享、传播。这些语法可以调整深度认知的神经心理学基础的机制，甚至改变镜像神经元本身的功能。因此，若这些实验是可靠的，而且用符号学观点来解释是可信的，那么人们就不应该借助镜像神经元来解释文化①，而是借助文化来解释镜像神经元。更准确地说，人们应该摒弃任何关于文化自然化以及自然文化化的简单假设②，而应利用符号学和自然主义深入研究深神经节。通过深神经节，自然可转化为文化，而文化可转化为自然。

10. 运动性和无限性：关于自然和宗教的假说

这一视角也可应用于另一现象领域的研究，在此领域的研究上我花费了大量的精力，那就是宗教。这个假说可能是：被以不同的方式定义为"宗教"的众多人类文化和语言。其核心问题是，人们拥有通过语言递归机制无限探索可能性的能力，这个假说并不否认其他能运动的生物同样可以感知价值和意义，但它把这种感知的可能性与人类语言和认知必不可少的认知手段结合起来。

---

① 尽管本文明确地反对还原论，但仍然存在使运动性成为不可分割范畴的危险。事实上，这可以归结为一种物理主义，因为它可能在意义概念的基础上，通过持续使用"机制"这一术语而显示出来。然而，本文明确希望能够强调两种概念性策略。通过这两种策略，本文试图避免简化还原论和过度简化的机制：首先，正如多次强调的那样，根据本文提出的假设，符号过程恰恰在于认知模拟物所代表的不同可能替代中的导航能力；以人类为例，这种能力似乎没有界限，符号过程的这种理论化远远不够将其转化为一种机械动力。相反，把符号过程描述成可能替代中的导航，相当于解决"人类自由"概念的核心问题。其次，考虑到本文提出的假设，生物，特别是具有复杂的可能性导航认知手段的生物，没有机制动力。这不仅是因为他们可以在无限模拟物中航行，也因为这些模拟物的增加对认知手段本身的机械运转具有反作用。换句话说，像人类这样的生物似乎能够无限地探索可能性，并通过这种探索本身的（社会文化）结果，无限地改变这种探索的生物机制。

② 我们不应该忘记，1992 年在猕猴身上发现了镜像神经元；猕猴的样本匹配并不能证明他们拥有感知关系的能力，这种能力的缺乏会将它们定义为"病态的"〔参见汤普森（Thompson）和奥登（Oden）2000〕；人类镜像神经元的功能易受所接触的文化的影响，即通过与非遗传信息的联系受到的影响，这样的观点并不会引发对"猴文化"存在的争论。一方面，本文认为，一些运动控制最基本元素的文化渗透和人类物种的可能性导航可能构成一个特异元素。通过语言，在认知神经生理学和文化环境之间，特异性是相互作用的。另一方面，本文还提出，每一种运动性控制和可能性导航的形式，特别是以象征模拟物的参与为特征（如上文的广义定义），可能会产生文化，虽然这个词应该根据更广泛的接受度来理解，而不是作为常用的意思来理解。因此"文化"应该是可能性导航手段象征模拟物对这些相同手段的任何形式的社会反作用。

换言之，在既定情形下，创造无数个可能替代象征模拟物的能力是一种非常复杂、灵活且适应性强的认知手段。这个认知手段可以使得递归性生物随着周围环境而精心调整自身的运动性，还可作为副产物给予这些生物富有诗意的感觉——"无限的感觉"①。

若人们接受这一假说，历史宗教，即由各种人类文化形成的宗教，可以解释为一系列或多或少具有某些系统模式的信仰体系，它试图解决认知手段的可能消极影响。这些认知手段使得递归性生物能在所处的环境中，创造无数个可能替代的象征模拟物。换句话说，历史宗教仅仅是或多或少有一些复杂的语法，通过某种可及性模式，来调节递归性生物的"无限的感觉"②。

这一假说需要一系列重要的理论成果来支撑。

（1）宗教信仰体系本身可能不具有适应性，但它可被视为来源于具有适应性的认知手段，该认知手段通过引入递归概念提高生物可能性导向能力。

（2）宗教信仰体系只是在历史和文化上，尝试解决认知内部的、以神经心理学为基础的"无限感觉"。因此，这种感觉与试图控制它的历史、文化之间的辩证统一，应该在传统的宗教范围内外被视为开放和创造性。

（3）宗教信仰系统不应只作为一个孤立的现象来研究，而可与其他信仰体系一起来研究。这些信仰体系通过可及性模式，也会限制认知的可能分解。这是由把递归用作可能性导向的认知手段导致的。

（4）宗教研究应该与自然科学、文化研究关联；自然科学应该研究可能性导向认知手段的神经心理学，特别是关于递归进化的出现和肯定递归是这些设备的适应性特征；文化研究则应该研究历史和文化社会动态，通过这些动态，

---

① 本文绝不会认为宗教可以被定义为一个"有限"的精神状态；相反，本文声称赋予了精神分裂症（意为可能性导航认知手段的症的意外紊乱）和诗歌（意为这些手段的故意扰乱）一些特点的动力学可以被发现，即发现于一种辩证逻辑。该辩证逻辑源自一种内在（基于神经心理的）或特定物种"无限的感觉"与试图控制它的社会文化尝试之间。像精神分裂症，人感"无限的感觉"可能瘫痪。像诗歌、宗教，特别是在他们最冒险、神秘的创造中，寻求赋予人类管理他们无限的可能性导航的能力。

② 因此，意为"无限语法"的宗教信仰体系差异之间的差异，引发了这个微妙的问题。正如他们已在本文定义的那样，是一种通过可能性导航手段控制可能性替代装置的可及性模式。如果这个问题一方面存在识别关于其他语法历史宗教的象征特殊性的困难，另一方面它也会提供理解宗教信仰体系与其他信仰之间深刻相似性的机会，在一定程度上，一个神圣的基础，建立在控制无限能力的基础上，可见于所有语言现象中都可被检测到。感谢弗朗西斯库·塞达（Franciscu Sedda）鼓励我朝这个方向思考。

不同的可及性模式已被强加给内部认知的"无限感觉"，这就形成了我们通常所说的历史宗教或者传统宗教；同时，文化研究还应该研究认知和信仰的辩证关系，通过这种辩证关系，递归性认知手段借助创造、发展和消除信仰体系来与这些文化模式互动①。

（5）符号学在形成观点和假设方面发挥着重要作用，这些观点和假设把对认知性"无限感觉"的自然主义研究和对其历史实现的文化研究联系到一起。

致　谢

此篇文章的第一版已于 2011 年 5 月 6 日至 8 日在伦敦大学的北欧符号学研究协会的第七次会议（Seventh Conference of the Nordic Association for Semiotic Studies）上做了陈述，这个大会的主题是"认知符号学：从符号学角度研究认知—从认知角度看待符号学"（Towards Cognitive Semiotics：A semiotic perspective on cognition-A cognitive perspective on semiotics）。第二版于 2011 年 7 月 18 至 20 日在意大利乌尔比诺大学的"国际符号学研讨会"（研究语言学和符号学的国际学术中心）上做了陈述。首先我要向这两次会议的组织者戈兰·索内松（Göran Sonesson）、保罗·法布里（Paolo Fabbri）和詹弗兰科·马罗内（Gianfranco Marrone）表示感谢，同时还要感谢在会上向我提问，并在会后对我的陈述给予评论的朋友。最后，还要谢谢三位匿名的审稿员对本章提供的评价和建议。

参考文献：

Adami, C., Ofria, C., and Collier T. C. 2000. Evolution of Biological Complexity. PNAS (Proceedings of the National Academies of Sciences of the United States of America), 97 (9), 4463－4468.

---

①　这两个观点非常有趣的交叉点体现在克劳迪亚·斯科萝莉（Claudia Scorolli）等进行的调查中。例如，其中一项调查，旨在通过实验参数证实宗教文化可以作为文化模式来影响行为这一假设；调查表明，特别是强调个人主义和社群主义的宗教，通过将慢性偏见变为"排除"或"包容"的决策状态，以一种特定的方式控制行为［霍梅尔等（Hommel）forthcoming］；另见霍梅尔和科尔扎托（Colzato）2010，和这两篇文章引用书目中的文本，以及最近由阿利斯特·E. 麦格拉思（Alister E. McGrath）解释的"自然神学"学术趋势（2011）。

Aglioti, S. M., Cesari, P., Romani, M., and Urgesi, C. 2008. Action Anticipation and MotorResonance in Elite Basketball Players", Nature Neuroscience, 11 (9), 1109—1116.

Albert, D. J. 2011. What's on the Mind of a Jellyfish: A Review of Behavioural Observations on Aureliasp. Jellyfish. Neuroscience & Biobehavioral Reviews, 35 (3), 474—482.

Arbib, M. A. and Rizzolatti, G. 1998. Language within our Grasp. Trends in Neurosciences, 31 (5), 188—194.

Chemero, Anthony. 2009. Radical Embodied Cognitive Science. Cambridge, MA: MIT Press.

Dawkins, R. 2006. The God Delusion. Boston: Houghton Mifflin Co.

Descola, P. 2005. Pardela nature et culture. Paris: Gallimard.

Dretske, F. 1988. Explaining Behavior. Cambridge, MA: MIT.

Eco, U. 1975. Trattato disemiotica generale. Milan: Bompiani.

Everett, D. 2005. Cultural Constraints on Grammar and Cognition in Piraha. Current Anthropology, 46 (4),

Goody, J. ed. 1968. Literacy in Traditional Societies. Cambridge, MA: Cambridge University Press.

Greimas, A. J. and Courtés, J. 1979. Sémiotique: Dictionnaire raisonné de la théorie du language. Paris: Hachette.

Havelock, E. 1963. Preface to Plato. Cambridge, MA: Belknap Press, Harvard University Press.

Heidegger, M. 1983. Die Grundbegriffe der Metaphysik: Welt, Endlichkeit, Einsamkeit (1929—1930). In Gesamtausgabe, 29—30.

Frankfurt am Mein: Vittorio Klostermann. Hommel, B. et al. (Forthcoming). Religion and Action Control: Faith—Specific Modulation of the SimonEffect but not Stop—Signal Performance. Cognition (2011); accessible on—line at the website http://www. ncbi. nlm. nih. gov/pubmed/21546013; last access 24 July 2011.

Hommel, B. and Colzato, L. S. 2010. Religion as a Control Guide: on the

Impact of Religion on Cognition. Zygon，45（3），596—604.

Kaan，E. and Swaab，T. Y. 2002. The Brain Circuitry of Syntactic Comprehension. Trends in Cognitive Sciences，6（8），350—356.

Leone，M. ed. 2009. Attanti，attori，agenti-Il senso dell'azione e l'azione del senso；dalle teorie aiterritori — Actants，Actors，Agents-The Meaning of Action and the Action of Meaning；from Theories to Territories. Monographic issue of Lexia，new series，3 — 4，December 2009.

Leone，M. 2011a. Rituals and Routines：A Semiotic Inquiry. Chinese Semiotic Studies，5（1），in press.

Llinas，R. R. 2001. Iof the Vortex：from Neurons to Self. Cambridge，MA：MIT Press.

Llinas，R. R. and Pare，D. 1996. The Brain as a Closed System Modulated by the Senses. In Llina，R. R. and Churchland，P. S. （Eds），Mind —Brain Continuum：Sensory Processes. Cambridge，MA：M. I. T. Press，1—18.

Lord，A. B. 1960. The Singer of Tales. Cambridge，MA：Harvard University Press.

Luriia，A. R. 1976. The Cognitive Development：Its Cultural and Social Foundations. Cambridge，MA：Harvard University Press.

Marrone，G. 2011. Addio alla natura. Torino：Einaudi.

Maturana，H. R. and Varela，F. J. 1980. Autopoiesis and Cognition：The Realization of the Living. Dordrecht，Holland：D. Reidel Pub. Co.

Maturana，H. R. and Varela，F. J. 1987. The Tree on Knowledge：The Biological Roots of Human Understanding. Boston：New Science Library.

McGrath，A. E. 2011. Darwinism and the Divine：Evolutionary Thought and Natural Theology. Oxford：Wiley—Blackwell.

McLuhan，M. 1962. The Gutenberg Galaxy：The Making of Typographic

Man. Toronto: University of Toronto Press.

Ong, W. J. 1982. Orality and Literacy: The Technologizing of the Word. London and New York: Routledge.

Parry, M. 1971. The Making of Homeric Verse: the Collected Papers of Milman Parry, ed. by A. Parry. New York: Oxford University Press.

Pinker, S. 2003. "Language as an Adaptation to the Cognitive Niche. In M. Christiansen and S. Kirby (Eds), Language evolution: States of the Art. New York: Oxford University Press, 16—37.

Teilhard de Chardin, P. 1955. Le Phénomène humain. In Œuvres, 1. Paris: Éditions du Seuil.

Thompson R. K. R. and Oden D. L. 2000. Categorical Perception and Conceptual Judgments by Nonhuman Primates: the Paleological Monkey and the Analogical Ape. Cognitive Science, 24 (3), 363—396.

von Uexkull, J. 1921. Umwelt und Innenwelt der Tiere, II edition revised and augmented. Berlin: J. Springer.

von Uexkull, J. 1905. Leitfaden in das Studium der experimentellen Biologie der Wassertiere. Wiesbaden: J. F. Bergmann.

Verene, D. P. 1995. The Bodily Logic of Vico's Universali Fantastici. In J. Trabant (Ed.), Vico und die Zeichen/Vico e i segni. Tubingen: Narr, 93—100.

Virno, P. 2010. Ecosi via, all' infinito. Logica e antropologia. Torino: Bollati Boringhieri.

九、意义之外：至上主义符号学的展望①

> 6. 然后就会出现真理的记号；首先是天空中出现征兆，
> 然后是吹号的声音，再者是死者的复活。
> 7. 然而，这些迹象还远未完结。但正如所言，
> 主必来，众圣徒将与祂一道同行；
> 8. 那时，世界会看见主降临，脚踏浮云。

> （使徒遗训 16：6-8）查尔斯·H. 胡尔（Charles H. Hoole）译

1. 引言

本章界定了宗教语言的语言学学科领域，从而将该领域与范围更大、更具包容性的宗教意义的符号学领域进行区分。本章指出了后者与前者之间存在必然的联系，以及这一必然联系对其他宗教科学的作用。然后，本章提倡一种宗教意义哲学，意在推测神圣意义的起源。然而，本章也强调，只有对符号学宗教哲学中高度抽象的领域进行探索，才能进行上述推测。在该领域中，符号学质疑自身基础，并怀疑它们是否受到意义的宗教意识形态的影响。本章认为，在哲学研究的后期阶段不能采用分析符号学所用的工具。相反，符号学必须构建一个新的元层次，来观察自身的元语言。但是，本章认为，不能用分析的方

① 本文很大程度上得益于考特尼·汉德曼（Courtney Handman）、克里斯托弗·雷里希（Christopher Lehrich）和罗伯特 A·耶尔慷慨提供的意见。在向他们表达感激之情的同时，本人对本文的最终版本全权负责。

式来设计元元层次，而必须形象地将之构建在主体间的清晰度与"至上主义"诗学之间的艺术平衡中。本章第二部分便着重描述此做法。本章通过八个理想阶段来把握"意义的宗教意义"的产生：（1）超凡性；（2）不妥协；（3）透明；（4）转换；（5）转换性；（6）交易；（7）符码转换；（8）传统。

2. 宗教语言的语言学

语言和宗教之间的关系可在几个抽象层次上进行研究（莱昂内 Sémiotique）。具体来看，语言学家可以研究宗教团体的语言［基恩（Keane）1997］。宗教团体通常使用与非宗教场合不同的语言来标记边界［达尔凯纳（Darquennes）和凡登布舍（Vandenbussche）2011］。例如，在第二次梵蒂冈会议举办前，天主教弥撒便显示出语言标记边界［耶尔（Yelle）2013：158］。在当时，拉丁语用于表达天主教仪式，而时至今日，除了梵蒂冈，其他居民区已不再使用拉丁语［莱昂哈特（Leonhardt）2013：245-276］。在那次会议之后，这种边界就不那么明显了［温奇（Vincie）2013］。但是，不同的、更加微妙的语言特征开始标记宗教与非宗教、神圣与世俗之间的边界［兰布（Lamb）和利弗林（Levering）2008：101-146］。现在天主教神父也会说方言，但仍然保留其独特的韵律。这种韵律在日常语言中是不存在的，而以独特的方式出现在弥撒祷告、阅读经文与讲道传教中［克里斯特尔（Crystal）1990］。语言学家可以研究这种韵律，可分析这种韵律改变语言的标准韵律和语音学的方式［霍尔特（Holt）2006］。例如，在意大利语中，大多数神父会发出轻微的鼻音、独特的高音、延长的元音，并在句子中引入一种声调很平的低音［兰（Lang）2012］。这些神父从天主教的行话中取词，来谈论"salvezza"（救赎）、"pentimento"（忏悔）和"peccato"（罪），但同时也尽量避免"干瘪的"神学习语［科莱蒂（Coletti）2015］。句子则通常采用并列结构，频繁地重复某些词汇。在发音层面，谨慎地避免提及神父的个体性，目的是系统地唤起祷告群体中"我们"的概念。[1] 在语义层面，群体对抗"邪恶"的斗争经常被选为主要的叙事模式。然而，对立面却很少被拟人化。"现代"

---

① 这与《礼仪宪章》（*Sacrosanctum Concilium*）中要尽可能多地参与集会的指令有关。

天主教神父很少提及魔鬼。[①] 从语音、句法、语用和语义等层面中任取其一，都可以作为严格语言测试和语言分析的对象。现在，语言学及其各分支学科（音韵学、语法学、语用学和语义学）已完全具备了进行此类研究的条件。这些将精确地阐释当今的天主教社区如何在语言上标记其宗教空间。拉丁语的边缘化，使得天主教弥撒变成了一种不同的语言体验[②]［利布兰迪（Librandi）2012］。在会议之前，许多礼拜者并不懂拉丁语［贝卡里亚（Beccaria）2001］，但现在大多数信徒能很快理解祷告、读物和布道的内容[③]［约翰逊（Johnson）2013］。然而，与日常语言的连续性，在某种程度上破坏了仪式的灵韵，也模糊了其语言边界。因此，为了重现这种神韵，必须引入或者保留其他语言元素。分析的最终结果是一幅清晰的多层图。这幅图将显示天主教仪式话语的特定实例与相邻的语言变体之间连续性和非连续性构成的线条。一方面，弥撒语言通过引用教会话语及其各种内部表达方式（如在天主教神学院教授和学习的讲道术、祷告、礼拜以及具体的圣礼惯用语）来标志其差异之处。另一方面，弥撒的语言通过非标记特征（采用地方口音，零星地引用当代媒体的词汇，在某些情况下与其他流派进行融合——比如政治演讲等），与世俗语言领域联系在一起。不仅要将意大利天主教弥撒作为一种语言学现象进行理解，还要把它作为宗教、文化和社会事件进行理解，所以这幅多层图是必不可少的，它提供了一些相关仪式在社会中演变过程的客观线索。例如，由于意大利神职人员减少，目前许多教区神父主要来自非洲、拉丁美洲或者菲律宾。通常，他们能说流利的意大利语，但有独特的口音。当地的礼拜者大多是讲意大利方言的老年人，那么，这会对这些礼拜者产生什么语义效应呢？一方面，这一定会产生一种隔阂感：一种外国口音突然取代当地口音来向人们传播宗教信息（莱昂内2010 *On my Accent*）。另一方面，这种隔阂感不一定是消极的，它可能有助于重现拉丁语所丢失的神韵。此外，它可能让信徒感到自己是超国家社群的一员，从而鼓励人们从不同视角处理一些棘手的全球化问题（如移民和战争等问题）。毕竟，在若望·保禄二世（John Paul Ⅱ）之后，意大利天主教徒已经

---

① 除了洗礼。

② 拉丁语脱利腾弥撒仍在特定教区或特定场合举行，教皇本笃十六世（Benedict XVI）试图放宽对其举行的限制。

③ 或者至少法典问题不是理解祷告的主要障碍。

逐渐习惯甚至喜欢上了在礼拜中听到外国口音（波兰口音、德国口音以及现在的阿根廷口音）。

3. 宗教语言的符号学

根据索绪尔（Saussure）最初的建议（索绪尔 1972），天主教话语的语言分析可以成为更具包容性研究的范例，其中不仅涉及语言，还涉及许多符号系统，这些符号相互交织，形成了天主教弥撒的现象学（莱昂内 2014 *Annunciazioni*）。第二次梵蒂冈会议影响了这些方面，完全改变了弥撒的语言，但也影响了其他一些表达代码。神父开始面对信徒，新的姿态也需要对其他符号系统进行改变（兰 2004）。教堂建筑适应了新的仪式编排（Schloeder 1998）。材质也有所改变，其表意性符码也随之改变（莱昂内 2016）。数个世纪以来，天主教堂通过展示精致摆放的金银和宝石来标志其仪式空间（莱昂内 2014 Wrapping）。与最优秀的（也是身价最贵的）艺术家们签约，来设计和装饰教堂，并用超凡（transcendence）[①] 及其神秘使者的奢华表征填充教堂［卢肯（Lukken）和赛尔（Serle）1993］。教堂内开展的一些宗教活动（如方济会）曾经质疑物质与形而上学光辉之间的对等性。然而，通过与教堂中主流的奢华材料相比较，教堂的"贫乏"材料［如圣·方济（Saint Francis）的岩石枕头和木制十字架］将代表一种不同的宗教和存在主义风格。黄金之于教堂的材料符号学，犹如拉丁语之于语言学。它标记了仪式空间的边界［瓦克（Waquet）1998］，创造了神韵。同样，由于第二次梵蒂冈会议将方言（亵渎的语言）引入了教堂庙宇，同时剥去了庙宇的金色装饰，转而用塑料这种具有世俗现代性的典型材料装饰加以填充。[②] 语言学既不意在研究这种非语言变化的范围，也不具备相关条件来进行此类研究。但符号学却可以。结构主义符号学[③]源自结构主义语言学，采用了结构主义语言学的理论框架和概念框架，其

---

① 本文中"超凡性"一词的含义会在下文中详细阐述。

② 相应的，应该注意到在早期宗教改革中，珍贵材料也有所缩减；然而为了避免过分简化，人们应该记住天主教堂内一直有和金、银、宝石一同使用的非贵重材料；注意到这些材料并没有完全消失在当代天主教美学中；关于"大众物质性"在美国基督教历史中的持久度，参见 McDannell，1995。

③ 符号学还有其他传统，下文将对此进行阐述。其中，结构上的传统可能最适合解决文本细读问题和分析问题。

中包含了关于差异、价值、纵聚合轴和横组合轴、语言（langue）和言语（parole）、[叶尔姆斯列夫（Hjelmslev）称之为"系统"和"过程"]、能指与所指（叶尔姆斯列夫称之为"表达"和"内容"）、物质、实质和形式等结构概念。同时，符号学必须把此框架发展成一种特定的工具箱，从巴尔特（Barthes）开始，已经有记号学家和符号学家做了大量的相关工作。但鉴于符号对象在本质上具有多样性，必须继续发展，并适应特定的符号系统。例如，在材质方面，叶尔姆斯列夫的符号模式就是一个很好的出发点（1943）。符号不仅涉及表达和内容这两个平面之间的辩证关系，也涉及每个平面中的三个"层次"之间的辩证关系："物质""形式""实质"。第二次梵蒂冈会议之前，教堂工艺品的表达代码会选择一种特定的物质——黄金，再通过参照一种普遍的文化形式，把黄金转变成象征性物质。根据这种形式，黄金就成了无与伦比的材料，最能体现贵重、独享、永恒和差异等价值观[维纳布尔（Venable）2011][1]。第二次梵蒂冈会议后，教堂保留了许多之前的陈设。然而，与其说全球现代化已经通过物品渗入仪式中，不如说是通过物品的材质渗入其中。早在 1884 年，法国作家约里斯·卡尔·于斯曼斯（Joris Karl Huysmans）撰写的书 À Rebours（译为"违背自然"或"违反常规"）中有一个著名选段，该选段讽刺性地批判了天主教在气派的圣餐仪式中特意使用"穷酸"（poor）材料的行为（于斯曼斯 1884）。既然现在的神父不再使用小麦面包，而是使用各种替代品，比如"糟糕的"马铃薯粉面包，那么圣餐变体论是否真实发生了呢？[卡斯佩斯（Caspers）、卢肯和鲁斯特（Rouwhorst）1995]与语言学不同，符号学需要且已具备相关条件来研究物质性的意义，不仅要像作家通常所做的那样从主观上对其进行研究，还要从科学上对其进行探究。[范·通厄伦（van Tongeren）和卡斯佩斯 1994]。例如，黄金可以分解为一系列结构特征，如颜色（饱和度、亮度、色度）、质地、色泽和弹性[弗洛克（Floch），1984][2]。其中每个特征都附有象征意蕴的特定范围，嵌入一系列体裁和话语

---

① 在这个例子中，黄金这个物质是具有物理和化学特性的金属；一种建立在这些特性上、但在很大程度上独立于这些特性的文化形式，把物质转化为文化表达的实质——在这种文化表达中，通过与其他不珍贵的材料相比，黄金具有了意义。

② 与约翰·洛克（John Locke）的《人类理解论》[An Essay Concerning Human Understanding (1689, II)]中黄金名义本质的探讨相比较。虽然符号学家与哲学家不同：哲学家主要关注黄金的文化本质，而非关注其"真正的"本质，所以哲学家首先普及"符号"一词。

中。结构性分析指出了材料替代的语义效应。木材消除了黄金的光泽和质地，但在一定程度上保持了黄金的弹性。相反，塑料完全颠覆了黄金的"物质话语"，这种颠覆不可避免地"玷污了"礼拜的陈列品［博斯卡利（Boscagli）2014］。在一个塑料十字架中，其材料的无机质地、不透明度和极端可锻性对仪式对象的语义学产生了影响。信徒可超越物质性，并相信物质其实并不重要。然而，如果教堂想消除误解①，这种对物质的漠视就需要元符号的指引，该指引必须由教堂提供（至少从圣·方济开始，木质十字架就是"穷人教堂"的符号；相反，塑料十字架被认为是"背弃宗教"的符号）　［桑迪诺（Sandino）2004］②。

4. 宗教意义哲学

语言学，尤其是符号学也可以在更抽象的层次上研究宗教（莱昂内 2012，*Libertà*）。在宗教环境中，分析语言和其他符号系统的运行方式肯定是有用的。沿着这个思路，语言学和符号学都提供了更统一的宗教学科，如宗教史或宗教人类学，这些学科具有强有力的新型分析框架（耶尔 2013）。然而，在语言与宗教关系层面限制符号学的功能和目的会成为一种过度的限制。符号学可以是宗教史或宗教人类学的辅助学科，也可用于更抽象的研究。从根本上来说，这种研究在于建立一个元层次，换言之，一种螺旋（convolution）（莱昂内 2013，*The Semiotic*）。结构语言学和符号学将其理论框架和分析框架应用于特定的宗教语言实例，或者更广泛地说，宗教意义实例，从而产生了一些关于语言和宗教的见解。然而，此类分析无法排除对结构范式本身基础的反思。

---

① 怎么解释黄金到塑料的转变？为了节约吗？《礼仪宪章》并不明确支持这种改变。然而，"塑化"必须被视为与语言本土化并行的文化，只有文化（趋势或风尚）的符号学能解释吗？

② 这也许是塑料经常被掩饰的原因，例如通过选择形状、颜色和纹理让塑料像更"天然的材料"，如石膏。当然，这个问题涉及本杰明（Benjamin）的光环概念和马克思的拜物概念；关于"机械复制时代的宗教"（见莱昂内 2016，*Galeries*）。然而，黄金和塑料之间的物质对比和符号对比不是普遍的，而是局限于欧洲（也许尤其是南欧）天主教；其他宗教团体可能认为塑料有不同的象征内涵。然而，根据近来非常流行的观点，男性、白人、有钱人、受过良好教育者和新教学者会取消大众物质性，以便隐晦忽视性别、种族、贫富、教育的宗教狂，而宗教"大他者"也许不会完全对某一元东方主义免疫（指某些指责他人成为东方主义者之人的东方主义，从而复制同样的"大他者"刻板印象）［见恩格尔克（Engelke）2007］。

例如，为什么意义来自结构？为什么结构来源于差异？差异的本体由什么来定义？此类本体又如何产生价值？什么是认知？人类在构建意义时，什么是文化？文化是自然界中独特的现象？或者说在非人类的认知中也可以发现文化？在一些较为具体的层面：为什么大多数文化要通过对抗模式来组织意义？这种结构的框架与叙事的产生有什么关系？为什么大多数文化需要通过故事来传播价值和意义（莱昂内 2015，*signatim*）？①

所有这些理论问题都与宗教有关：宗教传统中意义的本体结构是什么？它是如何转化为形而上学的拓扑结构、礼制建筑和叙事传统的？正如结构范式表现的那样：宗教总是以对立的方式来构建意义，或者结构范式本身就受到"摩尼教"宗教意识形态的潜在深刻影响？相反地，是否有宗教将意义看作一个连续体，而没有辩证层面的对立或叠加（能指／所指、系统／过程等）？在这个抽象层面上，简化几乎是不可避免的：我是用符号学来分析宗教，还是在宗教中分析符号学？分析者要把这个恶性循环变成良性循环，就必须有能力在符号学领域和宗教领域对结构范式的基础提出质疑。此处的"宗教"应是非常抽象的宗教。这种范式转变的确存在下述自我追问：意义的根源有神圣之处吗？或者，用一种不那么神秘的方式来说：是否创立结构主义的本体论之物（差异、价值、结构本身）的假设方式让人们联想到宗教的基础［杜尔凯姆（Durkheim）］？大多数分析者不会接受这一转变。符号学源于科学研究，是一门世俗学科，而非本体论，更不是形而上学或者神学。对大多数（即使不是所有的）符号学家而言，这门学科的假设可能与宗教思想共享本体论预设，虽然这样的假设听起来很有威胁性。

5. 符号学宗教哲学

此处的重点既不是"转变"符号学，也不是研究宗教思想对学科创始人

---

① 此处，这些都是跨历史的普遍问题。鉴于很多人在这一点上对于普遍定义的宗教是相当谨慎的，所以当代学术在原则上拒绝把这些普遍主义者的问题相联系，是重要的。本文作者认为，放弃任何普遍主义主张都是阻挠理论比较的可能性，甚至从符号伦理的角度来看，更让人激动的是对话。这无异于将宗教文化谴责为刻板孤立的问题。因此，问题不在于普遍性是否存在，问题在于如何发展跨主体、跨文化的元语言以把握普遍性。本文认为元符号学提供了这样抽象但可行的舞台。

[始于皮尔斯（Peirce）] 的深刻影响 [鲁滨逊（Robinson） 2010]。更确切地说，此处的重点是说明可以在一个更抽象的理想层面研究宗教与语言之间的关系。在此层面上，宗教语言的语言学以及宗教意义的符号学，都必须服从宗教语言哲学①。这一哲学分支有什么目的呢？其目的主要是推测隐含在意义之语言学和符号学理解中的宗教预设；探索"意义的意识形态"的起源，并把这些起源与宗教维度联系起来。人类对意义的理解是否根植于人类认知的生理机能呢？② 这种理解是否属于文化结构？在这两种情况下，"认知硬件"/"文化软件"与宗教思想的出现之间有何种关系？宗教语言哲学必须研究这些典型问题（莱昂内 2012，*Motility*）。不同的范式可以用以推测，比如分析哲学、认知语言学和符号学等。然而无论采用何种范式，对于那些想要达到分析符号学通常表现的相同清晰度的人来说，结果注定是令人非常失望的。例如，采用符号学来理解天主教弥撒中方言的象征意蕴是一回事，而探究一个元反应——关于基督教宗教意义的意识形态如何影响"西方"语言观，又是另一回事 [基恩（Keane） 2007]。后者注定要比前者更具有推测性和尝试性，也注定更加冒险。的确，关于宗教语言哲学的终极问题把这门学科变成了语言的宗教哲学：语言中的神圣之处是什么？该神圣之处的符号学又是什么？

下面的章节将尝试在符号学范式中探讨这些问题。然而，在继续探讨之前，应该指出，这种做法的高度推测性并不排除其重大的社会文化影响。其中之一就是对"世俗化"的彻底反思。我们是否仅通过把宗教传统的引言驱逐出我们的语言和符号系统来变得世俗化？或者，是否有一个更深层意义的社会框架不断受到宗教意识形态的渗透？③

6. 神秘主义的符号学

下文不仅保持高度的思想性，还希望唤起读者的共鸣。符号学——尤其是

---

① 指宗教所指的哲学。

② 认为仪式反映了动作发出者－动作－动作接收者（agent－action－patient）的基本认知和语言结构。[罗森（Lawson）和麦考利（McCauley） 1990]。

③ 尽管宗教意识形态可以看作符号意识形态的亚种，但是宗教意识形态在文化中的中心性有时可以让其发挥与符号意识形态一样的主导作用。这些意识形态从何而来？这个问题最简单且最神秘的回答是：历史。

索绪尔/叶尔姆斯列夫/格雷马斯（Greimas）的传统——试图创建一种净化的元语言，来避免语言对象的意义受到任何玷污（格雷马斯 1966）。结构主义符号学，尤其是生成符号学，追求乌托邦的境界，简明清晰地区分出分析与对象之间的差别。因此，他们创造了术语内部严格相互定义的神话，其最终演化出的编辑产物就是词典：在格雷马斯的《符号学词典》（*Sémiotique: dictionnaire raisonné de la théorie du langage*）中，格雷马斯定义了符号学元语言的各种关键术语，关键术语可进行内部定义，这是一劳永逸的方法［格雷马斯和库尔泰（Courtés）1979］。作为一个富有经验的词典编纂者，格雷马斯自己也知道在定义上所作的努力不可能详尽无遗。首先，理论会演变。几年之后很有必要出版另一本词典［格雷马斯和库尔泰 1986］。第二，没有元语言，甚至没有数学运算能免于受到语言对象的影响。要证明这一点，能够意识到把格雷马斯的词典翻译为其他语言（特别是翻译成非罗马语系语言）有多困难这一点就够了（莱昂内 2016，*On Depth*）。然而，在符号学分析层面，符号学的元语言必须是精确的、主体间的。元语言必须致力建立专家间讨论意义的元语言场。对于研究宗教语言的语言学家和研究宗教意义的符号学家而言，建立元语言场是关键一步（莱昂内，*Agency*）。尽管分析者不可避免地会受到来自个人社会文化（语言和宗教）背景的压力，他也必须争取客观性，或者至少要争取主体间性（莱昂内 2012，*From Theory*）。

然而，如果要审视符号学本身的元语言，以探索其宗教预设，或更深入地说，以探索其仪式预设，那么这个元元语言应该是怎样的？一方面，宗教语言哲学这块实践不应该放弃主体间性。毕竟，每个理论都有其内部定义的词典。另一方面，不能采用结构主义符号学和生成符号学通常采用的方式，来塑造或者装饰此类场所。深入探究抽象层面，不仅要探索意义，也不仅要探索意义的意义，而且要探索意义的起源本身，分析者必须站在哲学家的角度，在某种程度上，还必须站在神秘诗人的角度。但实际上，神秘的符号学可行吗？这种符号学可能不会冒丢失沟通度的风险，却最终会冒丢失学术修辞信度的风险？这其中为了保持平衡而做出的努力（甚至杂技）都是井然有序的。神秘话语通常就是杂技［佩蒂特（Petit）1997］。此类话语在意义的深渊上保持平衡而不会坠落。同样，宗教意义的元符号学也必须在努力沟通的同时，屈服于来自抽象的诱惑。这种杂技的例子在人类创造元级别意义中并不少见。可以说，大多数当代艺术在集中创造元级别意义。例如，至少从乔托（Giotto）开始，西方艺术界就提出马列维奇（Malevich）的至上主义（Suprematist），绘画[1]不单单是为了创造图像来反思现实。马列维奇作画时雄心勃勃，更加复杂地展现了对绘画、对西方绘画精髓以及对其假设的反思（马列维奇1999）。为了达到这一目标，马列维奇没有放弃视觉传达。对观赏者而言，他画的黑方块似乎仍然像可识别的图形，他在画布上展现出可识别的颜色，并绘在能理解的位置［沙茨基赫（Shatskikh）2012］。观赏者仍然可以谈论这个图像的意义，并设法将其用文字表达（如图9-1所示）。然而，视觉传达所处的背景由元图像反映的需求来决定。其中重要的不是要显示黑方块的形状、颜色和拓扑结构，而是要邀请观赏者深入这个模糊的二维隧道，深入这个元图像黑洞。这种做法很有风险：人们会发现马列维奇开启的元图像场所不是预先设定的。解决方法就是不要靠近方格，回归到画家乔托身上。一方面，对于视觉纯真而言，这种回归是不可能的；另一方面，要回应马列维奇发出的挑战，正确的方法不是不受约束地神秘游荡，而是元符号的复杂性。那么黑方块揭示了绘画思想本身的何种起源？

图9-1　**卡济米尔·谢韦里诺维奇·马列维奇**［Kazimir Severinovich Malevich（**俄文**：*Казимир Северинович Малевич*）］. C. 1923. 《**黑方块**》（*Black Square*）。**布面油画**，53.5cm×53.5cm，**圣彼得堡，俄罗斯：俄罗斯博物馆。**

---

① 　不可误认为是"种族优越主义"（Supremacist）！

因此，接下来要提到的是以马列维奇方式存在的元符号运动（存在的方式）——一个至上主义者对宗教意义的看法。能保证不陷入完全主观意义深渊的绝对安全之桥是不存在的，但是发展现有的符号元语言，也将保证至上主义在主体间性统一框架和学科术语方面的努力。

7. 超凡性

超凡性（Transcendence），仅仅这个词语就描绘出了障碍、界线与壁垒，但也开辟了一条通道。超凡性建立起一个差异，或者至少建立了一种倾向，同时也构成一种关系。对人们而言，有事物体现出"超越"（beyond）是很正常的，以至于人们很少注意到这一点。然而，它可能是一种独特的能力，得益于曲折的进化过程（莱昂内 2012，*Bacteria*）。动物符号学表明：许多现存的物种——也许是所有现存物种——都具有信号系统［西比奥克（Sebeok）1990］。比如，人们已经知道蜜蜂能够精确指示花粉源的距离，也能确定花粉源的正确方向［弗里希（Frisch）1965］。然而，人们怀疑蜜蜂并不能屏蔽此类信息；人们也不确定蜜蜂能否向其他工蜂传达"不，那里没有花粉"，转而到其他地方去采花。如果以后的研究发现非人类物种具有这种能力，我们人类与他们就会更接近了［马郎（Maran）、马丁内尔（Martinelli）和图罗夫斯基（Turovski）2011］。的确，否定是实现"超越"不可或缺的先决条件。为了构想出一个"超越"之物，人们不仅要体现"此处"，还要否定"此处"。同样的道理也适用于"彼时"，即过去或将来某个遥远的时间点。这个道理也同样适用于与我们不同甚至相反的某人或某物。似乎所有的自然语言都有否定符号，这些符号允许人类否定某种精神状态：我不在此处；我在他处［霍恩（Horn）2001］。

人们可以推测出产生这种能力的古生物学环境（莱昂内 2012，*Motility*）。想象而不是立即直接体验环境中的种种危险和机遇，必然给拥有这种能力的人赋予非同寻常的优势。我不可能在逃离捕食者之前看到他们，捕食者也不可能在追赶猎物前将其捕获。我想象这些。但是，这样的意识势必带来一个更大的优势——这些心理图像可能与现实不符。整个科学都起源于这个否定的想象以及比较意象图的能力，人们用这种能力来确定什么与事物状态相符，什么与之不相符。这是人类必不可少的能力。这种能力让饱受折磨的囚犯或者激进主义分子计划越狱之事（莱昂内 2013，*Protesta*）。当酷刑打败这种能力，人性随之消失。机器人虽然诞生了，但只要加强限制约束，机器人就不会有意识。相反，想象力出于自然倾向，会否定现实以便建构可能性。其后，追求这种可能性的意志与乌托邦是一致的，乌托邦在词源学上也是一个"非场所"[non-place（源自希腊语"*ou + topos*"）]。

但是"超越"（beyond）的符号学意义是什么？读者（尤其是西方读者）会立即联想到"神圣者""神秘者"，或者至少联想到"形而上学"等概念；会联想到通过某种限制，与现实隔绝的不同本体论，只有宗教或者灵性承诺摆脱限制：通过苦行、化身、启示，或者其他方式，借助不同的符号找到超凡与内在之间的通道入口。然而，"超越言辞"不仅存在于宗教之中（莱昂内 2014，*Annunciazioni*），还存在于非严格的宗教现象中。由此可推测出一个常见的系统。的确，否定的能力必不可少，这种能力不仅与形而上的超凡拉开距离，还叙述其与"内在"的联系；而且还可以产生无数"平凡的超越"，即在每一个时代、文化和地点中勾勒出一幅"超越图"，并且加强人类的符号能力。

"超凡性"的词源通过简单地表示某个运动来承认这种变化。实现超凡性就是要越过障碍，到达某处：一个人类不能通过感知来触碰该处，而只能通过符号来想象和了解该处。因此，要假设超凡性，就需要意识到："我/我们—此处—此时"（I/we-here-now）——至少在印欧语系的语言学领域中是这样的，但这也需要设置障碍，或者至少要有某种限制。在基督教的超凡性中，此类限制是天空或者死亡。只有《旧约》（*Old Testament*）中的启示或者《新约》（*New Testament*）中的化身才能让大地和天空、生命和死亡处于恒久相通之中。

平凡的超越描绘的不是形而上学分水岭，而是现象学分水岭。否定实际状态是为了构思可能性，这无异于创造差异，并由此产生意义。索绪尔完美地解释了这个过程。但是，否定也意味着点燃叙事之火、构建斜坡、营造紧张关系和创造对立。要建立故事主体，只有通过否定存在之物，并标记将其与"超越"区分开来的界线。从这一点来看，叙事（或者称之为"叙事性"更佳）无非就是通过建造堤坝，借助该紧张关系尝试激发意义，与此同时，构建可以跨越堤坝的渠道（格雷马斯 1970—1983）。①

但是超凡性与超越之间有何种联系？宗教话语或精神话语之间又有何种联系？这些联系突出了一种形而上学视野——连同之外所有的他者，而无数"关于超越的叙事"，就如同涌流的动脉或者细微的毛细血管一样，勾勒出围绕个人、社会和文明的日常意义之非常密集的网络。第一种联系是此类"超越的修辞"所需的逻辑符号操作。每个叙事的共同策略都是否定此刻，用壁垒将其围住，想象一种"此处"与"超越"之间的沟通方式，不论是将两个本体分割开的同时又将两者整合的事物，还是形成一种身份及其对应物的事物。实际上，"超凡性"这个术语刚开始并不是宗教词汇。在拉丁文中，"超凡性"一词多见于军事战争故事，讲述军队必须越过障碍（通常是山脉）来接近敌人，与之战斗，获得胜利②。所以，"超越"一词的本意是"超出"（going beyond），但是也带有穿越障碍，奔向"超越"之处的含义。只有在神学－哲学反思中，"超凡性"这个拓扑表达才更具有精神上的意义。因此，超凡空间不可避免地带有乌托邦色彩：越过障碍后，常常会有更充分、更卓越、更完整的存在。

掌握这第一个共同点是有意义的，因为它形成了"超凡性修辞"（rhetorics of transcendence）中的一种类型学。此外，还有助于我们理解超凡的神圣想象是如何影响世俗想象的，即装点我们生活的无数个"关于超越的小故事"。这一反思表示即使在当今的大多数背景下，这些关于超凡的古老故事依然对于文化如何假设、隔离以及再次到达"超越"之境有着影响。③例如假定邪恶群体把真理禁锢在某个秘密场所中，阴谋论要推测出"怀旧启示"——像是在一个本体论格局中，真理总是处于屏障之外，没有信使的帮助就无法获得真理，才能对其进行解释。接着，在这种情况下，超凡的幸福存在于绝对透明的乌托邦之中，只能通过英雄的启示，且战胜那些守卫"超越之墙"的邪恶军队，才能到达这个乌托邦［基米尼希（Kimminich）和莱昂内，

---

① 这不仅指范式包含组合，而且也指叙事是创造价值的组合——是人类安排。叙事不仅是（时间和顺序）组合，也是（意义和价值）方向。

② 在 2015 年 6 月 19 日举办的"解释超越"（Interpreting Transcendence）学术交流会中，宇合·沃里（Ugo Volli）所著的《讨论（及争论）超凡性》［*Talking (and Arguing) with Transcendence*］。

③ 此处暗示为假设超越本身起初是（和在进化方面）宗教的。"宗教"在这种情况下不仅仅指符号意义的能力，而且是通过符号来达到无限（莱昂 2012，*Motility*）。

Forthcoming]。

这些超凡的传说，当然还有那些"超越的小故事"都需要对立面，即反对乌托邦式攀登和穿越的力量。如果是在基督教中，这种力量就是阻碍基督再临（parousia）的恶魔；而在救世话语的世俗变体中，这种消极意志无处不在，但是这些意志往往继承了恶魔的特征，因此进一步显露出"世俗"话语和"神圣"话语之间的进一步类比。[①] 正是压迫性的大他者（Other）、可怕的野蛮人、门前的"不同之处"：所有的力量赫然耸现，运作起来让超凡的传说发生逆转；高级本体不再转变成低级本体，完美不再沦为瑕疵，包容不再演变为偏袒，相反的是，卑鄙者大行其道，邪恶蔓延，庸俗弥漫。要假设超凡性意味着要构建障碍，也就是"建构一个敌人"——正如安伯托·艾柯（Umberto Eco）为自己的近期新书命名一样（艾柯 2011）。

的确，所有革命话语同时也是"超越的传说"，是障碍，是维持障碍的对手。为了证实这一点，只需将这种冲动的言辞类比其他形而上学的不可避免的政治平静主义，那些宣扬现实与完美之间无缝契合之人，内在自身的扭曲以及所有努力的虚幻特征。远东的本体式平静并没有逃避否定的进化中心，而是根据不同的言辞对其进行引导，热衷于揭露"超越"的思想［兰贝利（Rambelli）2013］。但矛盾的是，因此他们的目标成了否定"否定"，在完成"超越"之后，其要与其他任何"超越"随之消失，在眩晕的涡旋中，通过将其抹杀来达到圆满。然而，超凡性话语在世界地图上的位置是相当粗略的。例如，神秘主义者（这种普通的横向地理分区）滋养了消灭任何欲望的想法，并通过让其整体崩塌并依附于内涵词汇，来重新占用超越空间［塞尔托（Certeau）1982］。

从平凡的超凡性追溯到想象中的超凡性，能发现的不单单是杂乱的谱系。一方面，"超越"及其界限和敌人沿着宗教流传下来的形而上学传说线路进行设想。要想象出完美的革命人物，就如同想象天堂一样。另一方面，在更高层次和更抽象的阶段，可以认为日常的超越不仅在形式上模仿超凡性，也在内容上对其进行模仿。换句话说，每个"超越的叙述"（最终是所有叙述）不仅得

---

① 此处假定宗教话语一定比假定其他话语早，但只有当宗教话语作为认知通向无限的抽象机制，而不是作为这种机制的历史具化。文化指定具体的敌人，但敌人不过是（由每种乌托邦叙事固然产生的）抽象反对者的具体体现。

益于其从宏大的形而上学叙述中继承而来的符号逻辑学，此外，叙事性似乎整体呈现出形而上学，来同时表达和确保一个成见，这个成见源自"超越"——这个整体的、遥不可及的且最终渺茫到无法实现的想法。①

格雷马斯符号学仿佛咒语一样重复，每个传说将这一咒语包含在生死之争、自然与文化之争中（格雷马斯 1970－1983）。② 事实上，这仅仅是把符号学假说与意义哲学的研究联系起来，让起初显得过于抽象的论断变得有意义。叙事是假定一种"可触及的超越"，因此才可以通过符号来安抚对于"最终超越"不可遏制的焦虑。从这个角度来看，超凡的伟大宗教性和无数个与"普通平凡的超越"相关的故事，仅仅是预示了"积极的和可能的超越"，其最终是"沟通"（communication）。

把符号学与传播研究重新表述为一项关于"超越的科学"，是本篇核心，即正在呈现的内容。但是这个课题不仅需要哲学思维，也需要分析能力。这遵从了一个简单的假设：在众多学术学科中，特别是在研究表达方式时，很少有人能够采用符号学这种复杂的方法，表述现实与可能性、"此处"和"超越"之间的关系［马内蒂（Manetti）2008］。的确，从符号学的角度来看，"超越"不过是一个表达的例子，正如格雷马斯称之为 débrayage（法语，意为"罢工"）；再次"超越"只不过是模拟回归，即 embrayage（法语，意为"离合器"）。比起其他学科，符号学研究分离与联系的辩证法更有效。符号学就像呼吸，再次提醒人们超凡的神话。这不是因为一些认识论固有的优势，而是因为符号学的关注点是语言。超凡性确实出现在语言中，在否定的可能性中。而且人们无须惊讶，一个最微妙的意义和语言学科，能够通过一系列的符号假设超凡性，来重新阐述"超越的幻想"（fantasies of the beyond）。③

---

① 再次，宗教叙事是非历史宗教话语的隐喻扩展的基础，是共同的认知人类学原理的特殊表现形式，通过符号过程获得无限。

② 建立在乔姆斯基学派（Chomskyan）和列维·斯特劳斯学派（Levi-Straussian）的认知普遍原则的结构主义模型之上。

③ 因为能够构思象征中的无限，人类也可以（实际上被迫）不断制造话语，把自己与无限相联系。人类（悲剧）状态源于对无限的认知能力，而无限又源于身体在生理上是有限的。因此，需要不断地叙述和重述与超越的关系，从而在有限的文化形态中使无限概念可理解。

8. 不妥协

此处建议，第一步要试验性地建立一套"障碍"符号。正如之前所提出的那样，作为其对应物，若没有确定限制、障碍和与内在隔离开来的否定，就不可能假设超凡性。任何潜在可能性想法都源于这种边界的可能性和设置。就拓扑结构而言，否定或多或少如同无法穿透的面纱，搁置在心态及其感知之间，存在于表达这种状态的语言和存在概念之间。否定构建出包围意义的屏障（莱昂内 2011，*Négation*）。正因为如此，符号学必须研究人类的分离形式。结构主义符号学和一般符号学都意识到：在意义之前，先有差异，但是替代性想法如果不起源于分割和划界，这种差异就不可能存在（莱昂内 2011，*Rituals*）。超凡性的故事和有关平凡超越的小故事，在意义的两极之间假定了一种紧张局势，还建立了价值论。的确，如果价值论不是意义产生的倾斜，那么何为价值论？鉴于一个由限制预设的二分法，并根据每次由超凡性话语和超凡性修辞决定的动力和渠道，价值论将从一方向另外一方偏移。价值论是一阵风。

例如，在犹太教中，先知，尤其是摩西（Moses），常常被拔高为神，然而把这种拔高和随后与超凡性的联系总是困难的，四处是障碍，有时还是致命的。通常来说，犹太人超凡话语的倾斜确实需要向下的开口和沟通渠道，只有神才能决定渠道的开口和闭合（Volli Forthcoming）。在基督教中，化身也是下降，以至于无数图画表明，其形而上学开端犹如圣灵/鸽子向圣母马利亚子宫俯冲的图像［阿拉斯（Arasse）1999］。然而，具体化的超凡性必然成为通往神的直接的、朴实的大门，所有人都可以接触并与之对话的守护神，而且所有人也可以拒绝、迫害并将其钉在十字架上的守护神（最严重的诋毁）。

正如前文所强调，本节所讨论的"不妥协"障碍，不是形而上学障碍，而是符号学障碍。这些障碍是群体假设的边界、界线、限制和分界，以此捍卫群体的解释习惯，原因是可怕的围困、潜在的攻击和外部的势力都可能会扰乱微妙的平衡。这些是不妥协的实例，它们阻碍了人和物的流动，但同时也是不妥协的特别文本实例，用于构建符号域的形态学，正如它们确认其门槛的多孔性和抗渗性［洛特曼（Lotman）2004］。然而，每种不妥协都需要超凡性，即，关于对"超越"的价值论张力概念，其中，移除障碍物，破坏边界，群体的部分平衡成为完全静态的，不受来自内部或外部的干扰。

　　明确不妥协符号学最重要的一个目的是展示各种超凡性话语并不相同。一方面，一些人是为了排斥、征服和歧视而援引乌托邦可能性。这种至上主义的幻想与完美无缺的民族观念、群体观念或国家观念有关。在这种情况下，超凡性存在于没有超越和替代的世界，但最重要的是这个世界没有大他者，没有一些出于种族、宗教、性取向等原因，来扰乱绝对社会中怀有基督再临梦想的人。另一方面，在这种两极分化的另一端，超凡性话语不仅能消除边界之外的大他者，也能在大他者这一侧消除边界本身。这些宗教或者革新话语引发完美替代现实的想法，用以消除其表达：没有黑人白人之差、男女之差和穷富之差，而是人为进行划分，人本质上注定要达到一种共同的"超越"，即废除财产或者获得丰富的宗教启示［韦斯特（West）2004］。

　　检验不妥协，最微妙的一点就是要考虑到这两类话语表面上完全相反，而实际上可能是相互交织的。每个措辞——假定障碍，概括不妥协态度，从而勾勒出其超凡性计划的措辞，朝向无紧张关系的理想状态，实际上是关于克服的措辞。在这个意义上讲，差异并不认为是内在的，而是差异是个难题。假设把一个人从出生时自然赋予的差异中解放出来，以建立一个共同生活、由文化概括的共同计划，这似乎比消灭各少数群体的计划更可取。但是，他们是如此纯洁可辨的吗？与无限延伸的君权观念相比，基督教普世的福音有那么遥不可及吗？换言之，难道不是本能引起对障碍的叙述？在某个特定的超凡意识形态消除障碍后，障碍就不可避免地终结了？与其他文化的比较表明，尽管取决于（特别是宗教的）无条理的指称领域，受到不同的方式改变，但这可能是一种普遍特征。比如，在远东的一些措辞中，障碍不是含蓄地邀请他人来将其消除——通过内在突袭超然的（革命），或是对内在（启示）超越的淹没，而是相反的情况，悖论的确暗示了其自我虚幻的特点：自我超越障碍是无用的，因为超越障碍之后一切皆空［朱利安（Jullien）1996］。

　　符号学角度的不妥协话语所发出的挑战，在于从形式术语中展现其特征。从符号学角度来看，正如已经表明的那样，"超越"的构建与表述相一致。事实上，这种话语只有在表述中才可以预设。同时，关于所有可能替代物共存的想法——在抽象的实例之中先发声，和关于其选择的想法，都需要驱逐"超越"，驱逐话语中心及其模拟物间边界，以及语言抽象的来源及其话语间边界的隐秘构建。这意味着，阐述符号学类型的不妥协无异于研究下列部分的符号学，即话语力量和话语形式。通过话语力量和话语形式，时空和主观差异，尤其是价值观和意识形态的差异，耸立在假想中心和"超越"之间，也耸立在在场的假定完整内核和不在场可能性拓扑结构之间；它们依然不在场，这是因其为语言的修辞障碍所隐蔽，但通过神秘"力"（élan）、革命"力"、启示、化身，或者通过所有这些方式，同时勾勒并克服"超越"的界线。①

9. 透明性

早有人写到引发超凡性最实际有效的一个方法就是将其遮盖（莱昂内2014，*Wrapping*）。这无疑会在所谓的神启教中发生。神启教中对面纱的样式、用法和隐喻的具体引用比比皆是（莱昂内2015，*Signatim*：121—96）。在所有亚伯拉罕宗教、圣言文本、解经、圣餐仪式中都有无数面纱的例子，更不必说故事、圣徒传记、图像了。此外，面纱也是跨文化工具：面纱是西方和东方的形而上学元素。② 事实上，如果启示在字面上意为超凡者愿意褪去一点神秘感来给予帮助，那么这种宗教隐喻面纱起源于延续场地意识的日常面纱。向社会献出自己的肉体，为文化做准备，将肉体插入通信装置的电路中，在大多数文化中，或多或少地受到厚厚面纱的包围（莱昂内2010，*Pudibondi*）。然而，正如在属灵启示录中提及的，在日常生活中，面纱不是简单地充当遮蔽工具。面纱固然用来遮盖东西，但面纱总是按照物体模式和形态来进行遮盖，从未完全消除透明性。

因此，本节认为"透明性"是超凡的诱人之处。预设超凡已经重复了无数次，相当于定位障碍以及障碍之外的可能性。然而，如果障碍不知何故，作用并不完全像面纱，那么现实和虚拟之间、在场和不在场之间、不完美的现实和完全的理想之间的紧张关系是无法触发的，因此，故事和段落、神话和行动才

---

① 此处并没有提出约翰·皮特（John Peters，1999：63—108）书中提及的"唯心论者错误"：让语言成为世界上所有差异的源头（成为那些没有身体，不以语言进行交流的天使）。结构主义符号学不会做任何"类似的相互赋予灵魂之梦"（John Peters，1999：30），而是观察到每个发音关系到可能性系统，因此，不仅可以让可发出的音产生意义，对于那些忽视的发音也产生意义。当我说"我"这个词时，不仅是确信这个"我"的意思，也是含蓄但有时又极其有力地否定"她/他/它"。

② 此处的"西方"和"东方"指的是东西对立面。

应运而生。障碍确实划定了"超越"，将其定位为内在本体的替代物，但是同时眨眼、建议和邀请。不存在超凡性，即使在最严峻的反传统宗教中也不存在。被视为完全从所有关系中脱离出来的想象超凡性，超凡性孑然立于其不可穿透性中。相反，正如人类通过否定现实思考"超越"，人类不仅想象渠道、桥梁和通道，他们也暗示"此处"和"超越"之间的边界是比喻义上的边界，是隐藏的面纱，同时透过这层面纱可以瞥见形式、动作和光。因此，透明性是超凡性的知觉预期，通过模态在"此处"中过滤"超越"。符号学称模态为调查和分类。

　　符号学提供了概念和理论，能够将所有这些展现透明性的过程和关于启示与再次遮掩的动态转化为形式。例如，在格雷马斯符号学中，人们能理解作为隐藏的行动主体的障碍与作为"超越"符号的障碍之间的辩证关系，是因为旁观者－行动者的概念，也就是文本的叙事功能，文本利用叙事功能提出关于叙事中的意义循环的具体展望［丰塔尼耶（Fontanille）1989］。超凡性话语，以及所有的"超越叙事"，一方面创造了一个旁观者－行动者，其根据权力（权力缺乏）进行模态化：当一个人处于障碍的这一侧时，就会沉浸在阴影、阴暗和无知之中。从这个角度来看，障碍（隔墙、面纱和边界）起着反对者－行动者的功能，以防止叙事价值降低。另一方面，障碍功能有时以一种非常矛盾的方式扮演着发送者－行动者的角色，这意味着其根据寻找、体验和了解的欲望，将"叙事之眼"模式化。这正是所有面纱的运作方式：由于视力衰退，同时由于知觉行动主体性的刺激。

　　在"超越的透明性"中，可在面纱的另一侧瞥见意义，该面纱既隐瞒意义又暗示意义。透明性的细微光影以不透明和半透明的形式呈现修辞，目的是与现有"超越"的知觉维持紧张关系。在对宗教的符号学研究中，必须对这种修辞进行细致审察。

10. 转换

　　转换与上一章所述的不妥协相反。但是，转换与超凡之间有概念上的差异。正如已经提到的，超凡性是语言直觉的产物，也许是一种通用产物，既能否定存在事物，也能越过障碍，将其与虚拟和可能性相连接——人们往往认为这种可能性是一组更高的价值。价值论源于这种优选性，而叙事源于这种价值论；此处的叙事意为一系列不同排列的渠道，这些渠道允许"价值之风"吹入。转换与超凡性不一致，相反，转换是超越的体验。每次都存在转换，意向性以及因此产生的行动主体性，将自身从错综复杂的"我/此处/此时"中抽离出来，以便想象或尝试再次取用"超越"。①

这种意向性会导致几种结果，其中一些结果是自相矛盾的。跨越边界的转换并没有摧毁边界，而是确认边界，而且在这种情况下，转换的最终目标是带有超凡可能性的乌托邦联盟。例如，基督教的复活思想就不排除死亡观念。复活思想承诺要克服死亡观念，通过无数图像形式描绘了这一过程。但在这种承诺中，复活思想自相矛盾地加强了终极障碍难以逾越的概念，要克服障碍只有借助神力。基督教不废除死亡，而是使人超越死亡。同样的，在日常转换中（例如那些挑战政治边界的社会行为），转换不是革命，而是一种重申限制的行动，这是自相矛盾的。

符号学须绘制这一机制，因为其在符号域的运行中必不可少。正如前文强调的，其形态来自一系列或多或少互相交织的不妥协。建立意义群的支撑点（ubi consistam）相当于确定其理想事物，即否定的示意图要勾勒出虚拟界限，界限中的意群成分要根据符号学原理进行运作。洛特曼曾说，依附于一种文化，就必然意味着要预设"超越"，这种超越或多或少被视为具有威胁性，且在任何情况下都不具有符号惰性（洛特曼 1973）。符号域边界意味着超越边界的拓扑空间要么是攻击的对象（超越计划在于符号域无限制的完全扩张，像在基督教中那样），要么是防御对象（超越计划避免相反的价值溢漫，例如，在犹太教中特定历史阶段，多神教扩张到一神教的少数群体上）。更一般的情况，每次超凡修辞都起作用，产生转换，即符号操作打开了跨越边界进行沟通的全新渠道，从而自相矛盾地有助于将其确定为多孔性与抗渗性，以及不妥协与过渡之间的辩证关系。

此外，其后宗教符号学的任务是阐述这种操作的类型学，最终归结为离合器（embrayage）的范畴，即不同语言中的杂乱机制构建起符号域两侧之间的

---

① 正如所有谈话事件所发生的那样，这是否包括任何谈论任何种类的"他们/他处/那刻"的时刻？在某种程度上，确实包括，尽管大多数说话者并未思考"语言的奇迹"。毕竟，在列维纳斯哲学中，超凡性的全部意义围绕着简单的本体论飞跃而展开——人们简单地把"你"称为"我"的对立面。

桥梁。通过将神秘的诗歌或设计作为内在与超凡之间入口的图像，来挑战超凡中难以形容的特性（莱昂内 2014，*Détrompe*），这只不过是常见转换修辞的不同显示，试图再次取用超越，同时矛盾地挑战又确保意义的不妥协。

11. 交易

符号学还应探讨假定、叙述和传播超凡话语的分段特征。如果所有超凡——无论是揭示宗教的"宏观"超凡性，还是关于人类想象力日常行为的"微观"超凡性，都起源于对存在事物的否定，以及随后产生于否定的对"别处"的推测，那么，此处的"传递性"指所有的过程，即采用无限嵌套式结构在内在本身中重现遮蔽和启示之间的辩证关系的过程。正如前文强调过的，超凡性的宗教意识和精神意识影响所有关于"别处"的想象，其中包括"世俗"和"别处"。两者都是由相同的人类本能以及可能性本能引起的；然而，在宗教文化中，这种本能产生了特定的、最重要的社群主义习俗。在宗教中，不仅在已揭示的宗教中，人类对可能性的使用权不仅是保持简单的遐想（rêverie），而且成为编纂超凡性质的习惯体系，及其与圣言文本、礼仪习俗甚至一些例外中的内在关系。这种千年以来的习惯结晶，构成人类历史一大部分。在相当长的时期内，所谓的"世俗化"无非是近期转瞬即逝的附属物。因此，有理由认为每个超越想象实际上都遵循某些模式，这些模式抽象地、下意识地参照超凡的宗教叙事。[1]

然而，符号学不应该满足于记录超凡的宗教想象对日常"超越叙事"的影响。相反，这是理所当然的。符号学探究俄罗斯套娃效应（matrioska-effect），其实就是预设超凡性通过转换性内在维度本身中构造的类似层级结构。总体而言，这一领域的研究必须回归（每个研究从一个特定角度进行）到同一机制，本质上就是解释机制。研究须表明，即何处有解释——即使该处显然没有提及超凡性或者"超越"，解释意向性本身具有一种面纱，导致阶层分裂甚至增多。对于解说者而言，现实从来不是其本身，而常常是其他东西。能指的功能恰如面纱的功能，阻碍了意义的完全展开，同时能指似乎又是唯一接近意义的方

---

[1] 会另撰一文对此进行详细阐述，处理世俗化的具体形式和世俗主义可能的类型。

法。然而，这种接近——完全像超凡叙事一样——向来都是不明确的，但在不断地趋近，通过累加，逐渐移除障碍，这种接近慢慢步入"他处的领域"。因此，分段传递性指在每次阅读中达到"超越"，这几乎就是假设在某处通过某种方式超越文本，即通过一些严格的方法，与文本外壳相割离以达到圆满。

12. 符码转换

神不是一座孤岛。孤立的超凡性是不存在的。没有哪个宗教，其文化超凡性完全超出人类的范畴。如果规划至上可能性意味着通过否定和想象的天赋才能驯化界限观念，那么这类规划永远不能以自我为中心，也不能产生"绝对超越"的幻想。因为"他处"正是为了挽救存在事物而设的。然而，超凡性不是和语言一起诞生的。相反，正如之前强调的那样，超凡性起源于战壕，起源于对不妥协的概述。正如否定创造可能性一样，正是障碍产生"超越"。然而，一旦这样构想障碍，它就开始像面纱那样起作用——正如在"透明性"一节中指出的那样，这层面纱既有隐藏功能又有诱惑功能。超越的萌芽存在于虚掩之中，但这不再是绝对的，而是在与内在性的交流中。跨越"超越"边界（转换），打击理想（交易），或者也想象其内在中的幻象（传递性）是逐步建立习俗制度的所有步骤，也就是开放社会共享渠道，允许超凡性不再只是来势汹汹的替代物，而是一种规划。

在这场运动中有一些自相矛盾之处，预设超越只是为了随后再次取用超越，但是，为了包揽现代性概念，只有遗忘前现代的叙事概念，这似乎是矛盾的。消费叙事是一个传说，其中最重要的是要向一个潜在的无限新事物开放。确实，对不停进行自我复制的新奇之物的幻想触发了欲望，从而触发了价值转移以及生命转移。全球娱乐系统以此为基础：一切都是想象之物，用以掩盖重复，并传递不断创新的错觉。这也是一种对比界限概念的方式，但与前现代叙事中内含的方法相比，可能不那么奏效。在此，新事物的意义不是不断重复提及，而是纯粹简单地重复（莱昂内 2011，*Rituals*）。一个人已经知道故事的结局，但还是会跟着故事走，因为重要的不是知道结局，而让自己在开始和结束之间、在始于发送者的超凡性和经过叙事变迁后的限定附加物之间建立的循环中得到平息。现代故事不是仪式。现代性的真实仪式是消费。这就是现代性让许多人不满意的原因；因为现代性就像吸血鬼一样，是一场不断需要新鲜血液的仪式。不同的是，前现代的仪式故事是自给自足的，不需要消耗新的象征资源，也不产生消费或利润，因为它建立在礼仪条约上：一切都将根据惯例发生，重要的不是结局而是故事本身——故事的循环。

之后，符码转换尝试建立这样的循环：与超凡性建立条约——"超越文字"的最初结晶。在皮尔斯符号学中，习惯和语言都不与第三性（Thirdness）的首次出现相一致。[①] 第一性如果不是抽象形式，那么它就不存在。在结构符号学表述中，第一性与多样性共现的实例重建（假设）相一致。预设障碍已经引发了第二性：在障碍（诸如面纱）之处看得见与看不见之间的辩证关系中，存在事物不再是盲目的，而是开始设想与另一存在的关系。从这一点来看，不妥协尚未与之有关，但不妥协的开端或不妥协的挑衅与之有关。透明性、转换乃至交易全都是关于第二性过渡到第三性的现象学。它们试图找到一种关系、一条渠道和一个仪式，通过"此处"与"他处"对话，以赋予"此处"意义。符码转换把这样的尝试变成语言的萌芽。正如将会见到的那样，超凡性的符码转换的确可以证明其有效性和感染力，因而成为代码，即语言和仪式。[②]

在这方面存在两个问题。第一，是否有超凡的语法，这种语法会决定构建以及巩固某些渠道而非其他渠道？当历史在一些超凡话语上施加压力，让这些话语变成逐渐被共享的习惯时，历史起着何种作用？此外，"历史"一词包含何种具体力量和行动主体性？毫无疑问，理想的符号转换的选择——不是自然选择，而是文化选择——确实存在，但是这种选择会对哪些过程产生反应？这个问题直接关系"宏观"超凡性语言的历史，例如某些文本、礼拜仪式和符码转换逐渐边缘化，人们称之为无法提供有效和满意的理想途径。但仪式是如何消亡的呢？消亡的仪式是如何失去竞争力，被其他仪式所替代的？此外，在"微观"的超凡性领域：社会认为何种"超越"代码不合适而将其抛弃？原因是什么？研究超凡性与超越两者的符码转换意味着将整个人类交流视为自我交

---

① 在宗教意义现象学的框架中，第三性的出现恰逢第一次建立与超凡相关的主体间模式，随后编入法律中。

② 皮尔斯所言的第一性（Firstness）、第二性（Secondness）和第三性（Thirdness）具有不同定义，但一般而言，它们是指意义在现象学中重建理论，其中，对象不意指如此（第一性），而只有与符号形体有关（第二性），影响转化成由解释项产生的解释习惯（第三性）。

流的一种尝试（洛特曼 1990）。这不仅需要探索并明确宗教话语之间的关系，还要在常见的可能性修辞中，探索不断设计远方的理想话语，以便随后构建重新整合的规划。

第二，成功的符码转换有什么神韵？这种神韵是否可以构建一个渠道，同一个群体内的信徒主体间，不仅在宗教领域可以共享这个渠道，而且在符号域的其他任何领域中也可共享？当符码转换变成神话时，其不再涉及其信徒，并变成常规、倦意、存在之物以及无可能性但却平凡真实之物的新领域，符码转换是平息所有不安的甜蜜味道，还是传说的苦涩味道？换言之，也许驯化的理想是内在①及其法则和陈词滥调的怪诞扩张？②

13. 传统

传统不是简单的搬运。从词源学上看，传统是一个物体超越边界的阶段。因此，传统意味着此阶段构建和捍卫的价值观念。越过障碍确实需要斗争和体力，最后运出去的才是本质。正如本章给出的定义，传统与超凡性相关，存在于友谊之中，也即存在于团结之中。传统既是横向团结，也是纵向团结。横向上，人不会独自建立传统，也不会独自发明一种语言。苦行者或个人信徒与"宏观"超凡性交流已确立为主体间的习惯。传统的社群主义方面的必要性源于纵向目的：越过障碍传递意味着决定何物在符号域中值得成为文化，值得留存。在这些存留中，有些东西在句法上显得矛盾。一方面，人们可以认为理想的各种语言相互竞争，像物种一样消灭其他语言，直到最优语言占据了符号域的核心。然而，因为历史本身就是符号的混合体，所以历史并没有像自然界向基因施加压力那样，在符号上施加相同的压力。传统的句法特性与非语义矛盾特性在于传统在本质上是一种自我交流：人们将有价值之物进行"超越"运输，但价值之物正是被超越运输的东西。仪式没有理由要挑战几个世纪的演

---

① 比较：韦伯（Weber）的神授能力常规化思想。
② 前两段的问题似乎涉及政治差异、经济高低和社会学差别的影响。问题似乎与前面章节中的结构问题或叙事问题——宗教的形成演化必需品——有很大差异。但如果意义的终极命运是回归到本体论沉寂，正如天文理论认为宇宙在爆炸后收缩成虚无，但却越来越疲软地扩展那样，又会发生什么呢？

变。仪式是神圣的，只要仪式允许生存者朝着理想不断复兴。

因此，本章提出的辩证关系不是黑格尔派的辩证关系。相反，在这个过程中，零阻力流动性预设了一个障碍，让超越者穿越其中，跨越边界，征服空间，模仿形式，探索语言，直到障碍成为一座固若金汤的大桥。所有这一切都是单个游戏的一部分，其中，制造深渊只是为了随后建造这座桥。目前尚不清楚这种自我沟通是否会对动机做出反应，或者自我沟通只是失控的人类学认知机制的产物。对其进行确定不那么重要，重要的是要掌握众多人类文化（如果不是所有人类文化）抵制关于人类文化有限性的想法，以及抵制人类文化在受限制的身体内被束缚的方式。预设超凡性意味着想象"超越"这一限制，但是只有在传统中，超凡性才向现实打开大门。

然而，传统并不是历史的终结。只有当传统作为陈腐政治的方式解读时，以传统作为切入点，与超越交流才是一种保守的立场。而从符号学的角度来看，传统意味着竭尽全力来控制现实，这基本上会在一系列的法典编纂中体现出来。确实，如果代码不是尝试锁定问题，那代码是什么？如果传统不是成功的、巩固的符码转换，控制现实事件，以追寻与超凡性的沟通渠道，那么什么是传统？礼拜仪式和政治宣言勾勒出一条通往理想的道路，但仪式和宣言一定要向历史烟海妥协，正如仪式和宣言不仅仅存在于词语排列，也存在于手势、行为甚至革命中。因此，顺产（traditio facilis）即将与超凡沟通，编纂为严格的、几乎不可更改的符号系统。圣言文本正是如此，人们仔细复制，用心学习，以武力来捍卫。但也有慢递（traditio difficilis），旨在不仅编纂文字，也编纂身体甚至是想象。如果前者存在错误和缺陷，后者就是传统向叛逆屈服之处，方式产生偏差之处，而且相比传统，符码转换往往产生更多无效试验。身体最终抗拒传统，但也许正是这种阻力滋生了超越词汇。人没有不羁的身体，就不会梦想拥有一种完美的语言。

参考文献：

Arasse, Daniel. 1999. L'Annonciation Italienne： Une histoire de perspective. Paris：Hazan. Beccaria, Gian Luigi. 2001. Sicuterat：Il latino di chi non lo sa：Bibbiae liturgia nell' italianoe nei dialetti (1999). Milan：Garzanti.

Boscagli, Maurizia. 2014. Stuff Theory: Everyday Objects, Radical Materialism. New York: Bloomsbury Academic.

Caspers Charles, Gerard Lukken, and Gerard Rouwhorst, eds. 1995. Bread of Heaven: Customs and Practices Surrounding Holy Communion: Essays in the History of Liturgy and Culture. Kampen, The Netherlands: Kok Pharos.

Certeau, Michel de. 1982. La fable mystique: XVIe－XVIIe siècle. Paris: Gallimard. Engl. trans. Smith, Michael B. 1992. The Mystic Fable. Chicago: University of Chicago Press.

Coletti, Vittorio. 2015. "La lingua della messa", online. Accademia della Crusca, March 15, 2015; available online at http://www.accademiadellacrusca.it/it/tema－del－mese/lingua－messa (lastaccess August 29, 2015).

Crystal, David. 1990. "A Liturgical Language in a Sociolinguistic Perspective", 120－46. David Jasper and R. C. D. Jasper, eds. 1990. Language and the Worship of the Church. London: Macmillan.

Darquennes, Jeroen and Wim Vandenbussche, eds. 2011. Sprache und Religion / Language and Religion / Langue et Religion, monographic issue of Sociolinguistica, 25 (Berlin and Boston: Walter de Gruyter).

Eco, Umberto. 2011. Costruire il nemico e altri scritti occasionali. Milan: Bompiani. Engl. trans. by Dixon, Richard. 2012. Inventing the Enemy and Other Occasional Writings. Boston, MA: Houghton Mifflin Harcourt.

Engelke, Matthew Eric. 2007. A Problem of Presence: beyond Scripture in an African Church. Berkeley, CA: University of California Press.

Floch, Jean－Marie. 1984. "Pour une approche sémiotique du materiau". In Renier, Alain. 1984. Espace: Construction et signification. Paris: Éditions de la Villette.

Fontanille, Jacques. 1989. Les Espaces subjectifs: Introduction à la sèmiotique de l'observateur (discours － peinture － cinéma). Paris:

Hachette.

Frisch, Karl von. 1965. Tanzsprache und Orientierung der Bienen. Berlin New York: Springer.

Greimas, Algirdas J. 1966. Semantique structurale: Recherche de methode. Paris: Larousse. Engl. trans. McDowell, Daniele, Ronald Schleifer, and Alan Velie; with an introduction by Ronald Schleifer. 1983. Structural Semantics: An Attempt at a Method. Lincoln: University of Nebraska Press.

Greimas, Algirdas Julien. 1970 − 1983. Du sens: Essais sémiotiques, 2 vols. Paris: Editions du Seuil. Partial Engl. trans. Perron, Paul J. and Frank H. Collins; foreword by Fredric Jameson; introduction by Paul J. Perron. 1987. On Meaning: Selected Writings in Semiotic Theory. Minneapolis, MN: University of Minnesota Press.

Greimas, Algirdas J. and Joseph Courtés. Sémiotique: Dictionnaire raisonné de la théorie du langage. Paris: Hachette. Engl. trans. by Larry Crist et al. 1982. Semiotics and Language: An Analytical Dictionary. Bloomington, IN: Indiana University Press.

后　记

　　宗教是人文研究最坚实的堡垒。很多研究术语的背后都会隐藏对宗教意识形态的思考，在符号学领域中，当然也绕不开标记为"精神"或者"灵性"的宗教。意大利都灵大学符号学教授马西莫·莱昂内以严谨的治学态度，丰富的知识背景，悲天悯人的情怀，多角度地构建出了宗教符号学的理论和应用框架。在作者笔下，面纱、念珠、瑜伽、葬礼、灵魂、主体、超越等术语，看似熟悉，却隐藏了丰厚的宗教符号意识形态。作者"欲擒故纵"的写作技巧也让读者爱不释手，经常在最后一段，才恍然大悟；掩卷沉思，方领略到作者犀利的视角。在当前日趋频繁的跨文化交流中，在人类精神文明亟待重建反思的时代，这样的著作更是雪中送炭，让人在不同宗教的符号框架穿插中，领悟存在的超越之途。

　　作为本书的第一译者，感谢原作者为我们呈现理性且充满人文关怀的宗教符号学大作，感谢导师赵毅衡教授的指点和同门彭佳教授的信任，让我可以为宗教符号学研究做一点细微的工作。感谢帮助我翻译法语、德语、拉丁语、希腊语的同仁，感谢黄蓝和朱围丽两位译者在翻译过程中所做的贡献，以及在幕后默默参与的谭乔虹、施瑞、程阳等MTI研究生。在本书的校正过程中，我尚在病中，没有你们的帮助，这本书无法及时完成。此外，感谢四川大学出版社的编辑老师在出版中为该书所做的精心编校和设计。

　　由于译者知识背景有限，翻译失误在所难免，如有宝贵意见，敬请指正；如有冒犯，纯属无意，敬请谅解。

魏全凤

电子科大成都合院

2018 年 5 月 19 日